高职高专
旅游管理类
规划教材

导游实务

仪孝法 冯 静◎主 编
王 爽 申雨璇 代玉岩◎副主编

中国发展出版社

图书在版编目（CIP）数据

导游实务/仪孝法，冯静主编. —北京：中国发展出版社，2011.1

（高职高专旅游管理类规划教材）

ISBN 978 – 7 – 80234 – 389 – 4

Ⅰ. 导… Ⅱ. ①仪… ②冯… Ⅲ. 导游—高等学校：技术学校—教材 Ⅳ. F590.63

中国版本图书馆 CIP 数据核字（2010）第 258642 号

书　　　名：	导游实务
主　　　编：	仪孝法　冯　静
出 版 发 行：	中国发展出版社
	（北京市西城区百万庄大街 16 号 8 层　100037）
标 准 书 号：	ISBN 978 – 7 – 80234 – 389 – 4
经　销　者：	各地新华书店
印　刷　者：	北京瑞哲印刷厂
开　　　本：	787×980mm　1/16
印　　　张：	18.25
字　　　数：	360 千字
版　　　次：	2011 年 1 月第 1 版
印　　　次：	2011 年 1 月第 1 次印刷
印　　　数：	1—5000 册
定　　　价：	32.00 元
咨 询 电 话：	(010) 68990642　68990692
购 书 热 线：	(010) 68990682　68990686
网　　　址：	http://www.develpress.com.cn
电 子 邮 件：	fazhanreader@163.com
	fazhan02@drc.gov.cn

版权所有·翻印必究

本社图书若有缺页、倒页，请向发行部调换

前言
FOREWORD

1978年12月，十一届三中全会的召开，确立了改革开放的基本国策。30年后回顾历史，中国在政治、经济、社会与文化等各个方面都有了巨大的发展。旅游，这一涉及前述所有层面的文化、经济、社会现象，同样也发生了深刻变化。由改革开放初期以外汇创收为主要目的的单一入境旅游，到今天入境、国内、出境全面发展；由少数人所从事的奢侈消费，逐步成为国人社会生活的必有项目；由主要以团体观光为主的旅游方式，到今天越来越注重个性化需求，各类旅游形式日益丰富多彩；总体来看，中国的旅游事业有了长足的发展。

社会在不断进步，知识在不断更新。旅游高等职业教育在不断发展的过程中，已经逐步形成了自己的规律和特点，在教材的编写和使用上，越来越侧重对学生各种专业技能的培养。为此本教材在编写过程中注重如下几点：首先，理论与实践相结合。实践知识，以够用为度；理论深度，以能被学生掌握为准。对学生实践技能的培养，主要体现在导游服务各种操作规程的介绍上，力求具有实用性和操作性。其次，注重任务驱动教学，教学做一体化，便于学生学习。最后，在语言的使用上，力求简明扼要、通俗易懂。

《导游实务》以导游主体（导游员）、导游客体（游客）、导游服务为研究对象，重点研究导游服务的基本原理和导游服务的工作规程及方法，是一门应用性、综合性非常强，涉及很多学科类别的课程，是旅游管理大类专业的核心专业课。

本课程的培养目标：通过该课程的学习，使学生具备良好的思想素质、知识素质、业务素质和身心素质，在了解导游服务基本原理的基础上，熟练掌握导游服务工作程序及带团技能、讲解技能，成为能在各类旅行社从事导游服务工作的实用技能型人才。

本教材设计了全新的编写架构，突出理论知识的实际运用。每项目开头有本项目知识目标与技能目标，由典型导游案例导入，以任务驱动教学为主，项目内穿插小型案例或者导游经验总结，每项目结尾处均有针对性的实训项目，供教师与学生根据需要选用，每项目附有案例与补充阅读材料，进一步充实学生知识。因此，较好地满足职业技术教育注重理论与实践结合的需要，是本书的重要特征。

本书由多年从事导游实务课程教学的高职高专教师编写，所有参编教师都具有丰富的导游经验并是国家导游资格考试考官，在从事教学工作的同时，经常亲自参加导游实践工作，积累了丰富的专业知识，教材中不少内容即是来自导游实践的结晶并在《中国旅游报》或者《旅行社之友》上公开发表。部分内容还被政府机构推广学习。教材项目一由江西旅游商贸职业学院冯静负责编写，项目二、六、七由日照职业技术学院旅游学院仪孝法负责编写，项目三由沈阳工程学院王爽负责编写，项目四由中国环境管理干部学院申雨璇负责编写，项目五由大连工业大学职业技术学院代玉岩负责编写，全书由仪孝法负责整理与统稿。

在《导游实务》的编写过程中，我们拜读了国内外许多专家和学者的相关著作，并借鉴了其中部分内容，参考引文、文献中可能没有详尽列出，在此对各位专家学者表示衷心的感谢！本教材的顺利出版，中国发展出版社的编辑付出了很多的心血，在此深表谢意。旅游业是年轻而又快速发展的行业，旅游知识处在不断更新的过程中，导游知识也需要不断地总结、提高。因此，在某种意义上，参编人员的知识总会存在局限性。教材中难免有一些尚不能反映导游实务最新实践的不足甚至是错漏之处，敬请专家和读者不吝指正，以便再版时修订完善。联系邮箱：yixiaofa1234@163.com。

编　者
2011年1月

目录
CONTENTS

项目一 导游工作认知 / 1
  任务一 了解导游人员的类别 / 4
  任务二 了解导游服务的性质、特点、类型和范围 / 6
  任务三 掌握导游服务的原则 / 12
  任务四 理解导游工作对导游人员的素质要求 / 15
  任务五 掌握各类导游人员的职责 / 23
  任务六 了解导游人员的职业道德和职业修养要求 / 26
  任务七 掌握导游人员的培训、考核和管理方法 / 32
  任务八 了解旅行社的业务知识 / 41
  任务九 了解礼貌、礼节知识 / 44
  能力实训 / 55

项目二 地方陪同导游员实务 / 57
  任务一 接团准备 / 63
  任务二 接站服务 / 68
  任务三 入住饭店服务 / 76
  任务四 核对、商定参观游览项目 / 81
  任务五 参观游览服务 / 82
  任务六 购物、餐饮、社交娱乐服务 / 91
  任务七 送客服务 / 96
  任务八 后续工作 / 100
  能力实训 / 103

项目三 全程陪同导游员实务 / 105
    任务一　工作准备 / 106
    任务二　首站接团服务 / 110
    任务三　饭店内服务 / 119
    任务四　核对、商定日程 / 120
    任务五　各站服务 / 123
    任务六　离站、途中、抵站服务 / 126
    任务七　末站服务 / 128
    任务八　善后工作 / 131
    能力实训 / 134

项目四 出境领队导游实务 / 135
    任务一　出境前的准备工作 / 137
    任务二　全程陪同服务 / 149
    任务三　后续工作 / 170
    能力实训 / 171

项目五 常见问题和事故的预防与处理 / 173
    任务一　预防和处理漏接、空接和错接事故 / 176
    任务二　处理旅游活动计划和日程的变更事宜 / 179
    任务三　预防和处理误机（车、船）事故 / 181
    任务四　预防和处理遗失事故 / 182
    任务五　预防和处理游客走失事宜 / 186
    任务六　预防和处理游客患病、死亡的问题 / 188
    任务七　处理游客越轨言行事宜 / 192
    任务八　预防与处理旅游安全事故 / 194
    能力实训 / 204

项目六 导游人员的讲解技能 / 205
    任务一　掌握导游讲解应符合的具体要求 / 208
    任务二　掌握5种以上的导游讲解方法 / 210

　　　　任务三　针对同一个景点的不同导游词 /221
　　　　能力实训 /245

项目七　导游人员的带团技能 /247
　　　　任务一　掌握导游人员形象塑造的方法 /254
　　　　任务二　掌握提高心理服务技能的方法 /255
　　　　任务三　提高导游人员之间的协作技能 /266
　　　　任务四　提高重点游客的接待能力 /269
　　　　能力实训 /279

参考文献 /280

项目一
导游工作认知

学习目标

　　知识目标：了解导游服务的产生与发展历程、导游工作涉及的各项知识；熟悉导游人员的分类，导游服务的类型、性质和特点，导游人员的素质要求，导游人员的职业道德和修养要求；熟悉旅行社业务知识、礼貌礼节知识；掌握导游人员的职责以及导游人员的培训、考核和管理方法。

　　技能目标：能正确认识导游和导游服务，树立正确的导游观，能熟练应用导游带团中所涉及的业务知识。

工作项目

　　小冯应聘到一家旅行社工作，由于他是非旅游管理专业或者导游专业毕业的，根据旅行社的员工入职培训计划，他应先从导游行业的基础知识学起，循序渐进，逐步向专业方向迈进。他需要预先学习一些导游知识以及旅游知识。小冯拟定了一个学习计划，他需要完成以下任务：

【任务一】了解导游人员的类别

【任务二】了解导游服务的性质、特点、类型和范围

【任务三】掌握导游服务的原则

【任务四】理解导游工作对导游人员的素质要求

【任务五】掌握各类导游人员的职责

【任务六】了解导游人员的职业道德和职业修养要求

【任务七】掌握导游人员的培训、考核和管理方法

【任务八】了解旅行社的业务知识

【任务九】了解礼貌、礼节知识

【导入案例】

腹有诗书气自华
——论导游不是吃青春饭的

不少人认为导游是吃青春饭的。抬眼看看,活跃在各景点手拿导游旗的似乎都是些年轻人,许多旅行社在招聘启事上也会写年龄要求20岁以上、30岁以下,在旅行社内部干了五年、八年的老导游也都转行当了内务。难道导游真的是吃青春饭的?

其实从导游这个职业的发展史来看应该不是这样的。在古老的欧洲,贵族们出游,到了当地都要找一位精通典故和风土人情的老人当向导。这才对头呀,那些少男少女们怎么会知道这些呢?

而且导游除了知识丰富,还要会做人。阅历这个东西是没办法教的,一定要靠几十年的磨炼才能形成。老人们知道怎样待人接物,会察言观色,知道每一句话该怎么说,对什么样的人说什么样的话。

有游客遇到过这样一件事:导游小姐告诉游客"贵州是个公园省,全省人口共33万人",刚听此言,大家都以为是口误,并没怎么在意,有客人赶紧提醒她是不是弄错了。"哦,应该是300多万。"导游小姐马上改了口。车上游客开始议论纷纷。因为实际上,稍有常识的人不会说出这样一个数字,因为贵州省人口至少应该是3700多万。

另一个游客在海滨城市碰到过类似的事:地陪导游是一个年轻的小姑娘,游客本想这海边长大的女孩会为大家带来一丝欣喜,可谁知小姑娘没说几句话就让所有的人大失所望了。因为"腼腆"的导游小姐可谓一问三不知。

而一个老人就不同了,他一肚子都是故事,他用一生的积累来给你讲一两个小故事,那才真叫厚积而薄发。其实在上海、华东一带就有许多这样中年以上的导游,客人们对他们的评价都非常高,对他们都十分佩服、尊重和敬爱。这是年轻导游所能得到的吗?

记得以前看过一位游客在网上发的短文,说到在华东见到一个导游是个"老头子"。刚开始她心里也咕嘟:"怎么是个老头?"没想到"老头"导游开口说:"大家一看我,肯定会说导游怎么不是帅哥靓姐,而是个老头,其实老头也有老头的好处。"果然,在接下来几天的旅程中,"老头"确实表现不俗,他广博的知识、丰富的人生经验,还有他那豁达的人生观,都令大家受益匪浅。

我们常说导游应该是"杂家"。要成为"家",一个十八九岁的少年怎么可能做到呢?但为什么如今国内形成了导游吃青春饭的状况?仔细分析其中的原因可能有以下几个方面:

一是导游工作很辛苦，起早贪黑，跋山涉水，确实需要一个强健的体魄，大家总认为年轻人的体力充足，比较合适。但是，在现实的出团工作中，我们常可以看到年轻的导游早上为了贪睡迟到，到了景点因为怕苦找理由躲在空调车里，爬山时没走几步就叫疼叫累，更怕日晒雨淋损坏了皮肤。

二是以前一些小旅行社只有导游和计调这两种工作，没当过导游几乎是没办法当计调的。因为对整个团队运行不了解、不懂得导游工作程序就没办法安排好行程、处理好订餐订房等工作，所以新人只好先当导游，干熟了再当计调，这就造成了导游较内务年轻的现象。更有一些旅行社认为导游这个工作是最低层的工作，招进来的新人都先派去当导游，熬上几年，才让其走上旅行社内的其他岗位。其实这样的做法是很有害的，导游工作非常需要应变和处理问题的能力，年轻的新人哪有这种能力呢？所以这样的安排往往导致团队出了问题，导游却处理得一团糟。

三是现在的一些游客喜欢帅哥靓妹，甚至有的旅行团点导游时会说非靓女不要。这也确实是中国某些游客的现实情况。旅游心理学中专门说到：素质较高的游客，大多严谨持重，不太爱表达自己的意见。随着中国全民素质的逐渐提高，这样的高素质游客会越来越多，我们千万不要忽视了他们的心声。不能因为少数游客的大叫大嚷就错误地判断全部游客的水平和需求。

也有旅行社的人员说："有些客人出来玩并不想知道太多关于景点的知识，那样让他觉得像在上课，他们只是想出来放松一下，开开心心就得啦。年轻的导游有朝气，能给人带来欢乐。对于景点的知识，这些客人只需要导游知道基本的就行了，你讲太多他还嫌你烦。"但其实有社会阅历的人才会知道该讲多少东西，他们比较会观察、推测客人是什么样的人，知道讲到何种深度合适。而年纪太轻的导游只会背很多资料给客人听，或者什么也讲不出来。

四是因为导游工作是一个相当耗费心力的工作，所以很多导游是干不了太长时间的，少则三年，多则五载，就都受不了要"退休"了。因此有些旅行社也烦恼，导游换了一茬又一茬，刚把一个酸涩的青苹果磨炼成才，能全面应付团队运行中的突发事件了，人却一个个相继离开了。为此，就更应该在一开始就选择有社会经验的30岁以上的新人，把这样的人培养成能应对突发情况的熟练导游，比把一个才从学校毕业全无社会经验的学生培养出来要容易得多。如此不但可以大大缩短培训时间，而且这些人在适应期中也要过得轻松愉快得多。

在实践工作中，我们经常看见那些年轻的新导游在带团的过程中，处在一种怕、痛、被骂（因为办事不周到）、被嘲笑（因为讲不出多少东西来）、瞎碰（因为不懂得分析游客的心理）等种种痛苦状态中，实在为他们难受。回想自己十多年前大学刚毕业，也是这样乱碰乱撞地走进这条路的。而同时我们也看到有些已是中年的有许多阅历和知识功底的人，刚走上这条路却已是那么得心应手，总觉得让那些年轻孩子承担这件复杂的工作实在不妥，就像一个还不会走的孩子非要他上来就学跑一样，这个用人方向不对。

中国的旅游业还是一个新兴的行业，才会出现这样吃青春饭的不正常现象。现在社会上对导游的负面评价已越来越多，我们应该正视这个问题。有一个兼职导游曾说："我也常常做游客，其实我们更喜欢知识丰富，同时能让人产生信任感的人做我们的导游。"确实，"信任"二字可不是靠青春靓丽建立起来的。

所以我认为导游非但不是吃青春饭的，正相反，它是吃年龄饭的。因此我建议：旅行社应当转变观念，招一些有社会经验的、30岁~60岁的人入行当导游；现在正工作的导游应把眼光放长远一些，不要认为导游是吃青春饭的，而应该在工作中不断地充实自己、提高自己，同时，也不要做那种宰客的短见行为；而那些刚毕业的学生不要太急于去当导游，嫩肩挑重担，可能会体验到太多痛苦，反而从此痛恨起这个职业。

导游不是吃青春饭的，未来的路还长着呢。我们要放慢脚步，回头看一看，低头想一想。

本案例中黎泉是如何认识导游工作的？她的经历对于我们这些初学者有什么借鉴意义？

资料来源：黎泉，《中国旅游报》。

了解导游人员的类别

导游人员由于业务范围、业务内容的不同，服务对象和使用的语言各异，其业务性质和服务方式也不尽相同。下面从不同角度对中国导游人员进行一下分类。

1. 按业务范围划分

导游人员分为境外领队、全程陪同导游人员、地方陪同导游人员和景点景区导游人员。

境外领队是指经国家旅游行政主管部门批准可以经营出境旅游业务的旅行社的委派，全权代表该旅行社带领旅游团从事旅游活动的工作人员。

全程陪同导游人员（简称全陪）是指受组团旅行社委派，作为组团社的代表，在领队和地方陪同导游人员的配合下实施接待计划，为旅游团（者）提供全程陪同服务的工作人员。

地方陪同导游人员（简称地陪）是指受接待旅行社委派，代表接待社实施接待计划，为旅游团（者）提供当地旅游活动的安排、讲解、翻译等服务的工作人员。

景点景区导游人员亦称讲解员，是指在旅游景区景点，如博物馆、自然保护区等为游客进行导游讲解的工作人员。

2. 按职业性质划分

导游人员分为专职导游人员和兼职导游人员。

专职导游人员是指在一定时期内以导游工作为其主要职业的导游人员。

兼职导游人员亦称业余导游人员，是指不以导游工作为其主要职业，而利用业余时间从事导游工作的人员。目前这类人员分为两种：一种是通过了国家导游资格统一考试，取得导游证而从事兼职导游工作的人员；另一种是具有特定语种语言能力，受聘于国际旅行社，领取临时导游证，临时从事导游活动的人员。

3. 按导游使用的语言划分

导游人员分为中文导游人员和外语导游人员。中文导游人员是指能够使用普通话、地方话或者少数民族语言，从事导游工作的人员。外语导游人员是指能够运用外语从事导游工作的人员。

4. 按技术等级划分

2005年7月，国家旅游局公布的《导游人员等级考核评定管理办法（试行）》规定："导游人员等级分为初级、中级、高级、特级四个等级。导游员申报等级时，由低到高，逐级递升，经考核评定合格者，颁发相应的导游员等级证书。"

（1）初级导游人员。取得导游人员资格证书一年后，就技能、业绩和资历对其进行考核，合格者自动成为初级导游人员。目前，他们占据了我国导游人员队伍的绝大部分。

（2）中级导游人员。取得初级导游人员资格两年以上，业绩明显，经考核、考试合格者晋升为中级导游人员。他们是旅行社的业务骨干。

（3）高级导游人员。取得中级导游人员资格三年以上，业绩突出，水平较高，在国内外同行和旅行商中有一定的影响，经考核、考试合格者晋升为高级导游人员。

（4）特级导游人员。取得高级导游人员资格三年以上，业绩优异，有突出贡献，有高水平的科研成果，在国内外同行和旅行商中有较大影响，经考核合格者晋升为特级导游人员。

【知识链接】

导游人员

导游人员是指依法取得导游证，接受旅行社委派，为旅游者提供向导、讲解及相关旅游服务的人员。或者说，导游人员是指持有中华人民共和国导游证，受旅行社委派，按照接待计划，从事陪同旅游团（者）参观、游览等工作的人员。

1999年5月国务院颁布的《导游人员管理条例》规定："国家实行全国统一的导游人员资格考试制度。具有高级中学、中等专业学校或者以上学历，身体健康，具有适应导游需要的基本知识和语言表达能力的中华人民共和国公民，可以参加导游人员资格考试；经考试合格的，由国务院旅游行政部门或者国务院旅游行政部门委托省、自治区、直辖市人民政府旅游行政部门颁发导游人员资格证书。"

在中华人民共和国境内从事导游活动，必须取得导游证。已取得导游人员资格证书的，经与旅行社订立劳动合同或者在导游服务公司登记，方可持所订立的劳动合同或者登记证明材料，向省、自治区、直辖市人民政府旅游行政部门申请领取导游证。具有特定语种语言能力的人员，虽未取得导游人员资格证书，应旅行社需要，聘请来临时从事导游活动的，由旅行社向省、自治区、直辖市人民政府旅游行政部门申请领取临时导游证。导游证和临时导游证的样式规格，由国务院旅游行政部门规定。

了解导游服务的性质、特点、类型和范围

1. 导游服务的性质

导游服务的性质，因不同国家和地区的社会制度、意识形态和民族文化的不同而各不相同，但具有下述共同之处。

（1）服务性。导游服务与第三产业的其他服务工作一样，属于非生产劳动，是一种通过提供一定的劳务活动，例如翻译、导游讲解等，来满足游客游览、审美的愿望和安全、舒适地旅行的需求。然而，导游服务不同于一般的、简单的技能服务，其是一种复杂的，需要高智能、高技能的服务工作，因而是高层次的服务。

（2）文化性。导游服务是传播文化的重要渠道。导游人员向来自世界各地的各民族游客宣传中华文明，通过引导和生动、精彩的讲解给游客以知识、乐趣和美的享受。同时导游人员还吸收着各国、各民族的文化，并有意无意地传播着异国文化。因此，导游服务起着沟通和传播精神文明、为人类创造精神财富的作用，直接或间接地起着传播一个国家（地区）、民族的传统文化和现代文明的作用。

（3）社会性。旅游活动是一种社会现象，在促进社会物质文明和精神文明的建设中起着重要作用。导游人员接待着四海宾朋、八方游客，推动着世界上这一规模宏大的社会活动的运行。所以，导游人员所从事的工作本身就具有社会性。同时，导游工作是一种社会职业，对大多数导游人员来说它是一种谋生的手段。

（4）经济性。导游人员通过向游客提供导游服务，创造特殊的使用价值而获取报酬；旅游经营者通过导游的服务工作使游客的正当要求得到满足，使旅游产品的消费价值最终得以实现，从而获得盈利；早期，我国通过导游人员努力促销商品，促进了科技交流，从而创收外汇、回笼货币、积累建设资金，促进了经济发展。因此，导游人员应树立起商品经济的观念，把提高导游服务质量与创收、创汇、提高经济效益结合起来，为国家建设做出应有的贡献。

（5）涉外性。外语导游人员在对外宣传中国、促使国民了解外国以及中外民间交往中起着重要作用。导游人员要利用自己的无语言障碍、接触面广等有利因素，广交朋友，积极主动地宣传中国，让外国人更多地了解中国和中国人，更多更深入地认识中华文明和中国的大好河山。同时，我们也要更多地了解外国，了解客源地的经济、文化，了解外国人的兴趣爱好、需求及其变化。这样做，不仅有利于导游人员向游客提供更具针对性的导游服务，也有利于有关部门改进旅游产品的开发、设计并更具针对性地对其进行宣传、促销。导游人员还要努力了解外国旅游企业的经营方式和管理模式，以提高中国旅游业的经营管理水平。

2. 导游服务的特点

导游服务是一种复杂的，需要高智能、高技能的服务工作，贯穿着旅游活动的全过程，具有与旅游服务行业中其他服务不同的特点，而且随着社会的进步和旅游业的发展，其特点也将会发生变化。目前，导游服务基本上具有以下五个特点。

（1）独立性强。导游人员在接受旅行社委派的任务后，在带团外出的过程中往往要独当一面。导游人员要独立地宣传、执行国家政策，要独立地根据旅游计划组织活动，带旅游团参观游览，尤其是在出现问题时，导游人员还需独立地、合情合理地对其进行处理。此外，导游人员要根据不同游客的文化层次和审美情趣进行有针对性的导游讲解并回答问题，以满足他们的精神需求。这是导游人员的工作，每位导游人员都应独立完成，他人无法替代。

（2）脑体高度结合。高智能的导游服务要求导游人员掌握渊博的知识，具备综合的语言表达能力，能够运用知识、语言和智慧灵活地为旅游者进行导游讲解，回答他们的提问，处理各种问题。旅游活动的性质要求导游人员要会走路、能爬山，要能适应各地的水土和饮食，要能帮助旅游者解决各种各样的困难；在旅游旺季，导游人员的工作会十分繁忙，往往需要连轴转；长期在外工作，导游人员体力消耗大，又无法正常休息。因此，可以说导游服务是一项脑力劳动和体力劳动高度结合的服务工作。

（3）复杂多变。导游人员的服务对象是来自五湖四海的旅游者群体，他们的旅游目的多种多样，文化修养参差不齐，要求也复杂多变；导游人员需讲解的内容也十分庞杂；导游人员要与各种各样的人打交道，所处环境人际关系复杂，这些都决定了导游服务的复杂性。入境旅游和出境旅游的导游服务还具有涉外性、政策性强的特点，这又增加了导游服务的复杂性。

（4）诱惑性大。导游人员的工作流动性大、活动范围广，可周游全国甚至全世界；导游人员工作时，接触的人多面广，可认识各式各样的人并与之交往；在带旅游团（者）旅游的过程中，可经风雨见世面，可开阔眼界，增长知识，这对充满活力、求知欲强、渴望认识世界的年轻人具有很强的诱惑力。

另一方面，旅游活动的发展有利于各民族之间的相互了解，能促进各种文化的交流。与此同时，也会产生不健康的"精神污染"，即一个国家（地区）在发展旅游业的同时往往会"引进"不良的思想意识、处世方式和生活作风。导游人员直接面对这种"精神污染"的机会大大多于常人，于是一些意志不坚、抵抗能力不强的导游人员会或多或少地受到各种不良思想的影响，有的甚至会沦为其"俘虏"。

面对伴随部分海外旅游者而来的物质诱惑和"精神污染"，每个导游人员在思想上都应给予足够的重视，千万不要掉以轻心。

（5）跨文化性。导游服务工作是传播文化的重要渠道，然而，世界各国、各地区之间的文化传统、风俗民情、禁忌习惯各不相同，游客的思维方式、价值观念、思想意识迥异，这就决定了导游服务工作的跨文化性。导游人员的工作必须面对各种文化的差异，甚至各民族、各地区文化的碰撞，所以导游人员应尽可能多地了解中外文化之间的差异，力争圆满地完成传播文化的重任。

【知识链接】

导游服务

导游服务是导游人员代表委派其的旅行社，接待或陪同游客旅行、游览，按照组团合同或约定的内容和标准向其提供旅游接待服务。导游服务的内涵，具体说应包括以下几层：

(1) 导游人员是旅行社委派的，可以是专职的，也可以是兼职的。未受旅行社委派的导游人员，不得私自接待游客。

(2) 导游人员的主要业务是从事游客的接待服务。一般说来，多数导游人员是在陪同游客旅行、游览的过程中向其提供导游服务的，但是也有些导游人员是在旅行社设在不同地点的柜台前接待客人，向客人提供旅游咨询，帮助客人联系和安排各项旅游事宜的，他们提供的同样是接待服务。不同的是，前者是在出游中提供接待服务，后者是在出游前提供接待服务。

(3) 导游人员向游客提供的接待服务，对于团体游客必须按组团合同的规定和导游服务质量标准来实施，对于散客必须按事前约定的内容和标准来实施。导游人员不得擅自增加或减少甚至取消旅游项目，也不得降低导游服务质量标准。一方面，导游人员在接待游客的过程中要注意维护其所代表的旅行社的形象和信誉，另一方面也要注意维护游客的合法权益。

对于参加旅行社组织的旅游活动的游客而言，导游服务工作是其顺利完成游程的主要依托。因此，导游服务是整个旅游服务过程中的灵魂。导游人员在旅游过程中的服务艺术、服务技能、服务效果和组织能力对游客综合的旅游感受会产生最直接的影响。不仅如此，导游服务工作的优劣，还会直接影响到整个旅游行业的信誉，对旅游经济的发展产生直接或间接的影响。

3. 导游服务的类型

导游服务的类型是指导游人员向游客介绍所游地区或地点情况的方式。导游服务的范围极广，内容相当复杂，不过，就现代导游服务的方式而言，大致可分为两大类：图文声像导游方式和实地口语导游方式。

(1) 图文声像导游方式，亦称物化导游方式，它包括：导游图、交通图、旅游指南、景点介绍册页、画册、旅游产品目录等；有关旅游产品、专项旅游活动的宣传品、广告、招贴以及旅游纪念品等；有关国情介绍、景点介绍的录像带、录音带、电影片、幻灯片和CD、VCD光盘等。

旅游业发达的国家对图文声像导游极为重视，各大中城市、旅游景点以及机场、火车站、码头等处都设有摆放着各种印制精美的旅游宣传资料的"旅游服务中心"或"旅游问讯处"，人们可以随意翻阅、自由索取该资料，工作人员还会热情耐心地解答有关旅游活动的各种问题并向问询者提供有参考价值的建议。很多旅游公司通过定期向公众放映有关旅游目的国（地区）的电影或录像，举办展览会等手段来影响潜在的旅游者。组团旅行社通常在旅游团集合后出发前，在领队向团员介绍目的地的风俗民情及旅游注意事项的同时，为旅游者放映有关旅游目的地的电影、录像或幻灯片，散发《旅游指南》等材料，帮助旅游者对即将前往游览参观的目的地有一个基本的了解。此外，许多博物馆、教堂和重要的旅游景点都装备有先进的声像设施，方便游客参观游览并帮助他们比较深刻、全面地理解重要景观内含的深奥寓意和艺术价值，从而使其获得更多的美的享受。

（2）实地口语导游方式，亦称讲解导游方式，它包括导游人员在游客旅行游览途中所做的介绍、交谈和问题解答等导游活动，以及在游客参观游览途中所做的介绍和讲解。

随着时代的发展、科学技术的进步，导游服务的方式将变得越来越多样化、高科技化。图文声像导游方式形象生动，其便于携带和保存的优势将会得到进一步发挥，在导游服务中的作用会进一步加强。但同实地口语导游方式相比，它仍然处于从属地位，只能起着减轻导游人员负担、辅助实地口语导游方式的作用。实地口语导游不仅不会被图文声像导游方式所替代，而且将永远地在导游服务方式中处于主导地位。这是因为：

①导游服务的对象是有思想和目的的游客。由于社会背景和旅游动机的不同，不同的游客出游的想法和目的也不尽相同。有的人会直接表达出来，有的人比较含蓄，还有的人可能缄默不语。单纯依靠图文声像一类千篇一律的固定模式介绍旅游景点，是不可能满足具有不同社会背景和出游目的的游客的需求的。导游人员可以通过实地口语导游方式掌握游客对旅游景点的喜好程度，在与游客的接触和交谈中，了解不同游客的想法和出游目的，然后根据游客的不同需求，在对参观游览的景物进行必要的介绍的同时，有针对性、有重点地进行讲解。导游讲解贵在灵活，妙在变化，其绝不是一部机器，所以即使是一个高智能的机器人也是无法全然应付导游服务工作的。

②现场导游情况复杂多变。现场导游情况纷繁复杂，在导游人员对参观游览的景物进行介绍和讲解时，有的游客会专心致志地听，有的则满不在乎，有的还会借题发挥，提出各种稀奇古怪的问题。这些情况都需要导游人员在讲解过程中沉着应付、妥善处理。在不降低导游服务质量标准的前提下，一方面满足那些确实想了解参观游览地景物知识的游客的需求，

另一方面要想方设法调动那些对参观游览地不感兴趣的游客的游兴，还要对提出古怪问题的游客做必要的解释，以活跃整个旅游气氛。应付此类复杂情况也并非现代科技导游手段可以做到的，只有人，而且是高水平的导游员才能得心应手地做到。

③旅游是一种人际交往和情感交流活动。旅游是客源地的人们到旅游目的地进行游览参观的一种社会文化活动，游客通过对目的地社会文化的了解来接触目的地的人民，实现不同国度、地域、民族之间的人际交往，建立友谊。导游人员是游客首先接触而且接触时间最长的目的地的居民，导游人员的仪容仪表、言谈举止和导游讲解方式都会给游客留下难以泯灭的印象。通过导游人员的介绍和讲解，游客不仅可以了解目的地的文化，增长知识，陶冶情操，而且通过接触目的地的居民，特别是与其相处时间较长的导游人员，会自然而然地产生情感交流，从而促进不同国度、地域、民族之间的人们的相互了解和友谊的建立。这种游客与导游之间建立起的正常的人与人之间的情感关系是提高导游服务质量的重要保证。这同样是高科技导游方式难以做到的。

4. 导游服务的范围

导游服务范围是指导游人员向游客提供的服务的领域，即导游人员业务工作的内容。导游服务工作繁重纷杂，服务范围很广，食、住、行、游、购、娱、出入境迎送、上下站联络、邮电通讯和医疗等，几乎无所不包。但归纳起来，导游服务大体可分为三大类，即导游讲解服务、旅行生活服务和市内交通服务。

导游讲解服务包括游客在目的地旅行期间的沿途讲解服务、参观游览现场的导游讲解以及座谈、访问和某些参观点的口译服务。

旅行生活服务包括游客入出境迎送、旅途生活照料、邮电通讯、安全服务以及上下站联络等。

市内交通服务是指导游人员同时兼任驾驶员，为游客在市内和市郊旅行游览时提供的开车服务。这种服务在西方旅游业发达的国家比较普遍，目前在我国还不多见。

导游人员向游客提供的导游讲解服务和旅行生活服务是旅游接待服务的重要组成部分。

（1）导游讲解服务有助于传播文化、增进了解和陶情怡性。通过导游人员的介绍、讲解或翻译，可以帮助游客认识一个国家或地区及其民族的历史文化、传统风俗、生活方式和现代文明，进而了解他们的精神面貌、价值观念和道德水平，使游客对游览地的社会文化和精神风貌有一个切身体验，获得有关旅游目的地的一次难忘的经历和美好的回忆。高质量的导游讲解服务有助于加深游客对游览地的了解和对其自然景观、人文景观的认识，从而使他们增长知识，获得更多的旅游乐趣和精神享受，还可以在某种程度上弥补旅游活动中生活服务的某些不足，消除游客因生活服务的不尽如人意而产生的不愉快。

（2）旅行生活服务是目的地旅游接待工作不可缺少的环节。在现代旅游中，游客以实现享受需求为其出游的主要目的之一，因此，认真做好游客的旅行生活服务就显得十分重要。在这方面，导游人员的服务是做好游客旅行生活服务的重要环节。首先，导游人员除了要处理迎送游客、帮助游客住店离店、安排行李运送、注意保护游客安全等日常事务外，还负责与饭店、餐馆、商店等提供旅游接待服务的相关部门进行必要的协调、沟通，使游客在旅游期间的生活顺利、愉快。其次，提供令人满意的旅行生活服务，可使游客对导游人员产生信赖感，逐渐消除其初见时的隔膜和距离。同时，提供热情周到的旅行生活服务，可使游客的旅游生活丰富多彩，精神轻松愉快，游兴浓郁，游客和导游之间关系融洽，有利于游客集中精力倾听导游人员讲解，从而使导游讲解服务取得良好的效果。

掌握导游服务的原则

1. "宾客至上"原则

"宾客至上"是服务行业的座右铭，它不仅是一句招徕顾客的宣传口号，更是服务行业的服务宗旨、服务人员的行动指南，也是导游服务工作中导游人员处理问题的出发点。

"宾客至上"意味着"游客第一"。即在游客与旅游服务的关系中，游客占第一位，没有游客，旅游服务便没有了服务对象；没有游客的购买，旅游服务行业的产品价值就不能实现，旅游服务人员的劳动就失去了对象，失去了存在的意义。同样，导游服务也是如此，没有游客，导游人员服务的价值就无从体现，旅游产品就销不出去，旅行社的收益就更无从谈起，导游人员也会无法在社会中生存。

"宾客至上"表现在旅游服务人员在处理游客的关系上要尊重游客，全心全意地为游客服务。游客是买方，是"我们的衣食父母"；旅游服务人员是卖方，卖方要为买方服务好。导游人员提供的不是有形的商品，而是劳务，如果导游人员陪同游客走了一圈，不进行导游服务或导游服务做得不好，使游客没有享受到应得的服务，这就是对游客的不尊重。

"宾客至上"表现在导游人员在处理某些问题时要以游客的利益为重，不能过多地强调自身的困难，更不能以个人的情绪来对待或左右游客，而应尽可能地满足游客的合理要求。

2. AIDA 原则

A—Attention（通过有趣的、尽可能具体的、形象的介绍）引起谈话对方对所推销的商品的注意力（或吸引力 Attraction）。

I—Interest（通过进一步展开已经引起对方注意的谈话）激起谈话对方的兴趣。

D—Desire to act 促使谈话对方希望进一步了解情况，获得启示，激起对方对商品的占有欲望。

A—Action 继续努力，促使谈话对方采取占有商品的行为。

这本是商界在进行市场推销时的基本原则，现在已被运用到导游服务中去了，用以推销附加游览项目或处理游览活动内容变更等问题。

3. 合理而可能原则

满足游客的需要，使游客的旅游生活顺利、愉快是导游服务工作的出发点。因此，对于游客在旅途过程中提出的个别要求，只要其是合理的，又是可能办到的，即使有一定困难，导游人员也应该设法予以满足。

但是，有些游客在出游时常出于求全的心理，或完全出于个人利益，会提出一些虽然合理但无法办到，或看似合理但实际不可能办到，或完全就不合理的要求。导游人员在面对此类情况时，一要认真倾听，二要微笑对待，三要耐心解释，动之以情，晓之以理，切不可断然拒绝。

对于某些并非出于真正需要而无理取闹的个别游客，导游人员也应该待之有礼，做到有礼、有理、有节，不卑不亢，不损害游客的尊严。若这种游客的无理取闹影响到了整个旅游团的正常活动，导游人员可请领队协助出面解决，或直接请全体游客主持公道。

总之，为了满足游客的要求，导游人员既不可因有难度便将游客的合理要求拒之门外，也不能对那些提出不合理的要求和胡搅蛮缠的游客施以脸色，更不能因此而中断对整个旅游团的导游服务。

4. 维护游客合法权益的原则

游客的合法权益主要有：

（1）旅游自由权。旅游自由权包括旅行自由权和逗留权。旅行自由权是指游客在不违背有关法律规定和履行了必要手续的前提下，可以根据自己的意愿前往各地旅行，其旅行方式、旅行时间和旅行地点均不受任何不合理的干预；逗留权是指游客在旅游目的地或中途有合法停留的权利,其停留的时间、方式、地点不应该受到不合理的限制。

(2) 旅游服务自主选择权。旅游服务自主选择权是指游客有权自行选择从事旅游经营的企业、旅游线路、旅游项目和服务等级等,不受任何部门、企业、单位和个人的干预。

(3) 旅游获知权。旅游获知权是指游客在接受旅游服务时,享有获知包括服务内容和其他相关信息的权利。旅游经营企业有向顾客提供真实情况和信息的义务。如在游客接受导游服务时,导游人员具有如实向游客介绍有关景区、景点相关知识的义务;在游客购物时,商店有向游客介绍商品的相关知识,并提供货真价实的商品的义务等。

(4) 旅游公平交易权。旅游公平交易权是指旅游经营企业在同游客签订旅游服务合同或进行交易时,应遵循公正、平等、诚实守信的原则,不得有强制、欺诈和规避义务、违反公平的行为。游客对交易的商品和服务不满意时,有拒绝购买或签约的权利。

(5) 依约享受旅游服务权。依约享受旅游服务权是指游客有享受旅游合同约定的服务的权利,旅游经营企业和导游人员应按约定的日期、路线、交通工具、旅游活动项目,提供符合标准的服务。旅客对强加的计划外的项目享有拒绝权。

(6) 人身和财物安全权。在旅游活动中,游客享有人身和财物安全不受侵犯的权利,它是游客应享有的最基本的权利。旅游经营企业和导游人员有义务采取一切有效措施,防止盗窃、暴力、交通事故和食品中毒等事故的发生,为游客提供安全的服务和旅游环境。

(7) 医疗、求助权。游客在旅游期间如有患病、受伤等情况发生,有权享受与当地居民同等待遇的医疗服务权。旅客在旅游期间遇到困难时,有请求获得帮助的权利。

(8) 求偿权和寻求法律救援权。游客在其合法权益受到损害或侵犯时,有向有关部门进行投诉和要求有关旅游经营企业或保险公司赔偿的权利。如果游客的要求得不到满足,其有权在当地寻求各种可行的法律支持,或直接向法院提起诉讼。

5. 规范化服务与个性化服务相结合原则

规范化服务又称标准化服务,它是由国家或行业主管部门所制定并发布的某项服务(工作)应达到的统一标准,要求从事该项服务(工作)的人员必须在规定时间内按标准进行服务(工作)。关于导游服务,我国目前已经发布了两个标准,一个是1995年12月发布、1996年6月1日实施的《导游服务质量标准》的国家标准,另一个是由中华人民共和国国家旅游局于1997年3月13日发布、1997年7月1日实施的《旅行社国内旅游服务质量要求》的行业标准。这两个标准都规定了导游服务的质量要求,提出了导游服务过程中若干问题的处理原则,是当前指导我国导游工作的权威性文件,也是导游人员向游客提供服务工作的工作指南,每个导游人员都必须认真执行、切实贯彻。

然而，按照这两个标准进行导游服务还不等于是优质的导游服务，因为这两个标准只是对导游服务质量提出的基本要求。正如《旅行社管理条例实施细则》中规定的那样："旅行社应当为游客提供约定的各项服务，所提供的服务不得低于国家标准或行业标准。"也就是说，国家标准或行业标准只是旅行社必须达到的起码的标准，旅行社为了扩大经营，为游客提供的服务可以而且应当在此基础上做得更好。导游服务是旅行社向游客提供的各项服务中的一个重要方面，导游人员就应当在保证旅行社的利益的前提下，在标准要求的基础上，向游客提供优质的个性化服务，将规范化服务与个性服务有机地结合在一起，只有这样，游客才会高兴而来，满意而归。

个性化服务也可称之为特殊服务，它是导游人员在执行以上两个标准规定的要求以及旅行社与游客之间的约定之外，按照旅客的合理要求而提供的服务。这种服务一般是针对游客的个别要求而提供的，所以称之为个性化服务。

理解导游工作对导游人员的素质要求

早在20世纪60年代，周恩来总理就对我国的外事人员提出了"三过硬"和"五大员"的要求。结合当时导游工作的实际，提出了翻译导游人员要"三过硬"（即思想过硬、业务过硬、外语过硬）和做"五大员"（即宣传员、调研员、服务员、安全员和翻译员），这是对当时翻译导游人员职责的高度而明确的概括。

改革开放以来，我国旅游业发生了翻天覆地的变化，旅游行业由从前作为外事工作的一部分的政治接待部门转变为国民经济中的一个重要的产业部门；导游服务对象也由单纯的外国友好人士和海外华侨，转变为海外各阶层的旅游人士和数量更为巨大的国内公民。"五大员"就其精髓而言，至今仍有其现实意义，但其内涵和外延已发生了变化。我国导游翻译界著名人士认为，当今导游人员要真正做好导游服务工作，真正成为游客和自己工作单位所喜欢的导游员，必须要当好"八大员"，即国情讲解员、导游翻译员、旅游协调员、生活服务员、安全保卫员、情况调查员、座谈报告员和经济统计员。

具体来说，导游人员的素质可归纳为以下几个方面。

1. 良好的思想品德

在任何时代、任何国家，人的道德品质总是处于最重要的地位。中国导游人员的思想品德应主要表现出以下几个方面。

(1) 热爱祖国、热爱社会主义。这是作为一名合格的中国导游人员的首要条件。这是因为：

第一，导游人员所从事的工作是社会主义祖国整个事业的一部分，社会主义祖国培育了导游人员，为导游人员创造了良好的工作环境和发挥自己智慧与才能的条件。导游人员应该认识到这一点，摆正位置，正确对待个人、集体和祖国的关系，将工作做好。

第二，导游人员的一言一行都与社会主义祖国息息相关。正如前面所述，在海外游客的心目中，导游人员是国家形象的代表，游客正是透过导游人员的思想品德和言行举止来观察、了解中国的。

第三，导游人员向游客介绍和讲解的内容都是关于祖国灿烂的文化、壮丽的河山、中国人民的伟大创造和社会主义事业的辉煌成就的。没有这些丰富的内容，导游工作就成了无源之水、无本之木。

由此可见，导游人员应把祖国的利益、社会主义事业的建设摆在第一位，自觉地维护祖国的尊严，把热爱祖国与热爱社会主义统一起来，并把这种热爱化为工作的动力。

(2) 优秀的道德品质。社会主义道德的本质是集体主义，是全心全意为人民服务的精神。从接待游客的角度来说，旅行社和各接待单位实际上组成了一个大的接待集体，导游人员则是这个集体的一员。因此，导游人员在工作中应从这个大集体的利益出发，从旅游业的发展出发，依靠集体的力量和支持，关心集体的生存和发展。只有这样，导游人员的工作才能做好。导游人员要发扬全心全意为人民服务的精神，并把这一精神与"宾客至上"的旅游服务宗旨紧密结合起来，热情地为国内外游客服务。

(3) 热爱本职工作、尽职敬业。导游工作是一项传播文化、促进友谊的服务性工作，因而也是一项很有意义的工作。导游人员在为八方来客提供服务时，不但可以结交众多的朋友，而且能增长见识、开拓视野、丰富知识，导游人员应该为此感到骄傲和自豪。因此，导游人员应树立起远大的理想，将个人的抱负与事业的成功紧密结合起来，立足本职工作，热爱本职工作，刻苦钻研业务，不断进取，全身心地投入到工作之中，热忱地为游客提供优质的导游服务。

(4) 高尚的情操。其是导游人员的必备素质之一。导游人员要不断学习，提高思想觉悟，努力使个人的功利追求与国家利益结合起来；要提高判断是非、识别善恶、分清荣辱的能力；培养自我控制的能力，自觉抵制形形色色的"精神污染"，力争做到"财贿不足以动其心，爵禄不足以移其志"，始终保持高尚的情操。

(5) 遵纪守法。这是每个公民的义务，作为旅行社代表的导游人员尤其应树立起高度的法纪观念，自觉遵守国家的法律、法令，遵守旅游行业的规章，严格执行导游服务的质量标准，严守国家机密和商业秘密，维护国家和旅行社的利益。提供涉外导游服务的导游人员，还应牢记"内外有别"的原则，在工作中多请示汇报，切忌自作主张，更不能做违法乱纪的事。

2. 渊博的知识

旅游的本质就是一种文化活动。随着时代的发展，现代旅游活动更加趋向于对文化、知识的追求，人们出游除了为了消遣，还想通过旅游活动来增长知识、扩大阅历、获取教益，这样就对导游人员提出了更高的要求。实践证明，导游人员的导游讲解和日常交谈，是游客，特别是团体游客获取知识的主要来源。为了满足游客的这种需要，导游人员要知识面广，要有真才实学。导游人员只有以渊博的知识做后盾，才能使讲解做到内容丰富、言之有物。

旅游业不同于其他专业学科，旅游人才的知识结构不在于精，而在于博，因为旅游涉及的知识面太宽太广。所以，有人戏称导游为"杂家"，即什么都得懂一点，什么都得会一点。这样的知识结构是为了全方位满足旅游者的各种需求而必须的。因为旅游者来自世界各地，具有不同的教育层次和各自的特点，没有广博的知识是难以满足他们的。所以，导游应该有明确的学习目标，凡是涉及旅游者需求的知识，就应该去努力学习，牢固掌握。

实践证明，具备丰富的知识是搞好导游服务工作的前提。导游人员的知识面越广、信息量越多，就越有可能把导游工作做得有声有色、不同凡响，就可以在更大程度上满足游客的要求，从而使游客满意。具备渊博的知识是成为一名优秀的导游人员的必要条件之一。

导游知识包罗万象，下面介绍一下导游人员必须掌握的知识体系。

（1）语言知识。语言能力是导游人员最重要的基本功，是导游服务的工具。古人云："工欲善其事，必先利其器。"导游人员若没有过硬的语言能力，就根本谈不上优质服务。这就是说，导游人员若没有扎实的语言功底，就不可能顺利地进行文化交流，也就不可能完成导游工作的任务。而过硬的语言能力和扎实的语言功底则是以丰富的语言知识为基础的。这里所说的语言知识包括外语知识和汉语知识。

涉外导游人员至少应掌握并熟练运用一门外语，最好是能掌握两三门外语。掌握一门外语，了解一种外国文化，有助于其接受新思想、新观念，开阔眼界，在传播中外文化中做出贡献。

导游讲解是一项综合性的口语艺术，要求导游人员具有很强的口语表达能力。不过，导游人员的口语艺术应置于丰富的知识宝库之中，知识宝库是土壤，口语艺术是种子，二者结合才能获得收成——良好的导游效果。

目前，我国已形成了一支具有相当规模、会世界各主要语言的导游队伍，他们承担着接待中国游客和世界各国不同层次、不同文化水平的游客的任务。诚然，他们中大多数人语言水平较高，能适应工作的需要，但也有语言表达能力较差的，存在不少问题，需要进一步改善。目前绝大多数导游人员只会一种语言，会双语的人为数不多，懂多种语言的导游人员更少。这种情况不仅不能适应我国旅游业发展的需要，而且也不能顺应当今世界导游人员朝多语种方向发展的潮流，应当引起我们的重视。

（2）史地文化知识。其包括历史、地理、宗教、民族、风俗民情、风物特产、文学艺术、古典建筑和园林等诸方面的知识。这些知识是导游讲解的素材，是导游服务的"原料"，是导游人员的看家本领。导游人员要努力学习，力争使自己上知天文、下晓地理，对本地及邻近省、市、地区的旅游景点、风土人情、历史掌故、民间传说等了如指掌，并对国内外的主要名胜景区、景点有所了解，还要善于将本地的风景名胜与历史典故、文学名著、名人轶事等有机地联系在一起。总之，对史地文化知识的深入理解并能将其融会贯通、灵活运用，对导游人员来说具有特别重要的意义，它是成为一名合格的导游人员的必备条件。

导游人员还要不断地提高自身的艺术鉴赏能力。良好的艺术素养不仅能使导游人员的人格更加完善，还可使导游讲解的层次大大提高，从而使其在中外文化交流中起到更为重要的作用。艺术素质也是成为一名优秀的导游人员的必备条件之一。

目前，我国导游人员在这方面存在的主要问题是，其知识面较窄，只求一知半解，对其包含的科学内容不进行深入的探究。有的导游人员只满足于背诵导游词，在导游讲解时，单调生硬，激不起游客的游兴，更有甚者竟杜撰史实，张冠李戴，胡言乱语，欺骗游客，这不仅有违导游人员的职业道德，而且也有损于我国导游服务行业的声誉，不利于我国旅游业的发展。

（3）政策法规知识。其也是导游人员应必备的知识，这是因为：

第一，政策法规是导游人员工作的指针。导游人员在进行导游讲解、回答游客对有关问题的询问或对游客讲解有关问题时，必须以国家的方针政策和法规作为指导，否则会给游客造成误解，甚至给国家造成损失。

第二，针对旅游过程中出现的有关问题，导游人员需要根据国家的政策和有关的法律法规予以正确处理。

第三，导游人员自身的言行要符合国家政策法规的要求，要做到遵纪守法。

总之，导游人员应该牢记国家的现行方针政策，掌握有关的法律法规知识，了解外国游客在中国的法律地位以及他们的权利和义务。只有这样，才能正确地处理问题，做到有理、有利、有节地开展工作，导游人员自己也可少犯错误或不犯错误。

（4）心理学知识。导游人员的工作对象主要是形形色色的游客，同时还要与各旅游服务部门的工作人员打交道，导游工作集体三成员（全陪、地陪和领队）之间的相处有时也很复杂。导游人员是做人的工作，而且往往是与之进行短暂相处，因而掌握必要的心理学知识便具有特殊的重要性。导游人员要随时了解游客的心理活动，有的放矢地做好导游讲解和旅途生活服务工作，有针对性地提供心理服务，从而使游客在心理上得到满足，在精神上获得享受。事实证明，向游客多提供心理服务远比提供功能服务重要。

（5）美学知识。旅游活动是一项综合性的审美活动。导游人员的责任不仅是要向游客传播知识，也要传递美的信息，让他们获得美的享受。一名合格的导游人员要懂得什么是美，知道美在何处，并善于运用生动形象的语言向具有不同审美情趣的游客介绍美，而且还要运用美学知识来指导自己的仪容、仪态，因为导游人员代表着国家（地区），其本身就是游客的审美对象。

（6）政治、经济、社会知识。由于游客是来自不同国家的不同社会阶层的，他们中一些人往往对目的地的某些政治、经济和社会问题比较关注，会询问有关政治、经济和社会的问题，有的人还常常把本国、本地的社会问题同出访目的地的社会问题进行比较。另外，在旅游过程中，游客随时可能见到或听到目的地的某些社会现象，这也会引发他们对某些社会问题的思考，进而要求导游人员给予相应的解释。所以，导游人员掌握相关的社会学知识，熟悉相关国家的社会、政治、经济体制，了解当地的风土民情、婚丧嫁娶习俗、宗教信仰情况和禁忌习俗等就显得十分必要。

（7）旅行知识。导游人员率领游客在目的地旅游，在提供导游服务的同时，还应随时随地帮助游客解决其旅行中的种种问题。因此，导游人员掌握必要的旅行知识，对旅游活动的顺利进行就显得十分重要。旅行知识包括交通知识、通讯知识、货币保险知识、卫生防疫知识、旅游业知识等，必要的旅行知识往往能起到使导游人员做事少出差错、事半功倍的作用。

（8）国际知识。涉外导游人员还应掌握必要的国际知识，要了解国际形势和各时期国际上的热点问题，以及中国的外交政策和对有关国际问题的态度；要熟悉客源国或旅游接待国的概况，知道其历史、地理、文化、民族、风土民情、宗教信仰、民俗禁忌等知识。了解和熟悉这些情况不仅有利于导游人员有的放矢地提供导游服务，而且还能加强其与游客的沟通。

此外，导游人员若熟悉两国文化的差异，就能及早向游客进行说明，使游客意识到在异国他乡旅游,不可能时时都与在自己的家乡相同,从而使其产生领略异国、异乡风情的游兴,对许多不解之处,甚至一些令人不愉快之处也能谅解并配合导游人员的工作。

3. 较强的独立工作能力和创新精神

导游工作是一项难度较大、复杂而艰巨的工作,导游的能力直接影响到对旅客服务的效率和服务效果。导游的独立工作能力和创新精神既是其工作需要,也关系到其个人的发展。导游人员接受任务后,要独立组织游客参观游览,要独立做出决定,独立处理问题。导游人员的工作对象形形色色,旅游活动丰富多彩,出现的问题及其性质各不相同,这都不允许导游人员工作时墨守成规。相反,其必须根据不同的时空条件采取相应的措施,予以合理处理。因此,具备较强的独立工作能力和创新精神,能够充分发挥主观能动性和创造性,对导游人员具有特殊的重要意义。

导游人员的独立工作能力和创新精神主要表现在下面四个方面。

(1) 独立执行政策和独立进行宣传讲解的能力。导游人员必须具有高度的政策观念和法制观念,要以国家的有关政策和法律、法规指导自己的工作和言行;要严格执行旅行社的接待计划;要积极主动地宣传、讲解中国现行的方针政策,介绍中国人民的伟大创造和社会主义建设的伟大成就以及各地区的建设和发展情况;回答游客的种种询问,帮助他们尽可能全面地认识中国。

(2) 较强的组织协调能力和灵活的工作方法。导游人员接受任务后,要根据旅游合同安排旅游活动并严格执行旅游接待计划,带领全团人员游览好、生活好。这就要求导游人员要具有较强的组织、协调能力,要求导游人员在安排旅游活动时有较强的针对性并留有余地,在组织各项活动时讲究方式方法并及时掌握变化着的客观情况,灵活地采取相应的有效措施。

(3) 善于和各种人打交道的能力。导游人员的工作对象甚为广泛,善于和各种人打交道是导游人员应具备的最重要的素质之一。与层次不同、品质各异、性格相左的中外人士打交道,要求导游人员必须掌握一定的公共关系学知识并能将其熟练运用,具有灵活性、理解能力和适应不断变化着的氛围的能力,随机应变地处理问题,搞好各方面的关系。导游人员具有相当的公关能力,就会在待人接物时更自然、得体,其能动性和自主性的水平必然会更高,有利于提高其导游服务的质量。

导游工作的性质特殊,所涉人际关系比较复杂,要求导游人员应是活泼、外向的人;是永远精力充沛、情绪饱满的人;是具有爱心、与人打交道热情、待人诚恳、富有幽默感的人;是有能力解决问题并容易让人信赖、依靠的人。性格内向、腼腆的导游人员,应主动在实践中不断磨炼自己，培养自己处理人际关系的能力。

（4）独立分析、解决问题、处理事故的能力。沉着分析、果断决定、正确处理意外事故是导游人员应具备的最重要的能力之一。旅游活动中发生意外事故在所难免，能否妥善地处理事故是对导游人员的一项严峻考验。临危不惧、头脑清醒、遇事不乱、处理果断、办事利索、积极主动、随机应变是导游人员处理意外事故时应具备的能力。

4. 较高的导游技能

导游服务技能可分为操作技能和智力技能两类。导游服务需要的主要是智力技能，即导游人员与同事协作共事，与游客成为伙伴，使旅游生活愉快的带团技能；根据旅游接待计划和实情，巧妙、合理地安排参观游览活动的技能；选择最佳的游览点、线，组织活动，当好导演的技能；触景生情、随机应变，进行生动精彩的导游讲解的技能；灵活回答游客的询问，帮助他们了解旅游目的地的宣讲技能；沉着、果断地处理意外事故的应急技能；合情、合理、合法地处理各种问题和旅游投诉的技能等。

一名优秀的导游人员应具有指挥家的水平，也要有演员的本领。作为一名高明的指挥，一上台就能把整个乐队带动起来，并能调动全体听众的情绪。导游人员要有能力随时调动游客的积极性，使他们顺着你的导游思路去分析、判断、欣赏、认识，从而获得旅游的乐趣和美好的享受；作为演员，导游人员要熟练地运用丰富的知识、幽默的语言、抑扬顿挫的语调、引人入胜的讲解以及有节奏的导游活动来征服游客，使他们沉浸在欣赏美的愉悦之中。

语言、知识、服务技能构成了导游服务三要素，缺一不可。只有将三者和谐地结合起来才称得上是高质量的导游服务。导游人员若缺乏必要的知识，势必"巧妇难为无米之炊"。语言表达能力的强弱、导游方法的差异、导游技能的高低，会使同样的题材产生不同的甚至截然相反的导游效果：有的平淡无奇、令人昏昏欲睡，使旅游活动失去光彩；有的则有声有色、不同凡响，让游客获得了最大限度的美的享受。技能高超的导游人员对相同的题材能从不同的角度去讲解，使其达到不同的意境，满足不同层次和不同审美情趣的游客的审美要求；而技能低劣的导游人员的讲解或语言干巴，或"百病一方"，只有一种导游词，有的甚至只能当"哑巴导游"，令自己难堪，游客不满。

导游人员的服务技能与他的工作能力和掌握的知识量有很大的关系，需要其在实践中培养和发展。一个人的能力是在掌握知识和技能的过程中形成和发展的，而发展了的能力又可促使他更快、更好地掌握更多的知识和技能，并使之融会贯通，运用起来得心应手。因此，导游人员要在掌握丰富的知识的基础上，努力学习导游方法、技巧，并不断总结、提炼，形成适合自己特长的导游方法、技巧及自己独有的导游风格。

5. 竞争意识和进取精神

21世纪是知识经济的时代，其主要特征是，以智力资源为主要依托，把知识作为第一生产力要素。所以，21世纪是知识竞争的时代。

导游服务是一种高智能的服务，它以导游人员的智力资源为主要依托。因此，导游人员只有不断充实、更新知识，不断进取，才能面对充满竞争的新世纪的挑战。

我国加入世界贸易组织后，旅游业变得更加开放，现在不仅外国旅游企业纷纷进入了中国旅游市场，外国导游人员也可能踏上中国的国土。另外，随着改革的深入，面对国际国内旅游市场的激烈竞争，目前的导游管理体制正在发生巨大变化。因此，导游人员应有居安思危、优胜劣汰的思想准备。只有树立起强烈的竞争意识，将压力变为动力，不断开拓进取，才能在新世纪的导游事业中立于不败之地。

"物竞天择，适者生存。"每个导游人员都必须牢记英国博物学家赫胥黎的这一名言。

6. 身心健康

导游工作是一项脑力劳动和体力劳动高度结合的工作，工作纷繁，量大面广，流动性强，体力消耗大，而且工作对象复杂，诱惑性大。因此，导游人员必须是一个身心健康的人，否则会很难胜任这项工作。身心健康包括身体健康、心理平衡、头脑冷静和思想健康四个方面。

（1）身体健康。导游人员从事的工作要求他能走路，会爬山，能连续不间断地工作；全陪导游人员、地陪导游人员和旅游团领队要陪同旅游团周游各地，变化着的气候和各地的水土、饮食对他们都是严峻的考验。

（2）心理平衡。导游人员的精神要始终保持愉快、饱满，在游客面前应显示出良好的精神状态，进入"导游"角色要快，并且能始终保持而不受任何外来因素的影响。面对游客，导游人员应笑口常开，决不能把丝毫不悦的情绪带到导游工作中去。特别是现在，游客的自我保护意识越来越强，有时对导游的工作不能够理解，这就要求导游人员要能受得住委屈，保持良好的心态。

（3）头脑冷静。在导游过程中，导游人员应始终保持头脑清醒，处事要沉着、冷静、有条不紊；处理各方面的关系时要机智、灵活，做到友好协作；处理突发事件以及游客的挑剔、投诉时要干脆利索，要合情、合理、合法。

（4）思想健康。导游人员应具有高尚的情操和很强的自控能力，抵制住形形色色的诱惑，清除各种腐朽思想的污染。

总之，一名合格的导游人员应精干、老练、沉着、果断、坚定，应时时处处显示出其有能力领导旅游团，而且工作积极、有耐心、会关心人、体谅人，富于幽默感，导游技能高超。加拿大旅游专家帕特里克·克伦在他的《导游的成功秘诀》一书中对导游人员的素质作了精辟的总结：导游人员应"是集专业技能和知识、机智、老练圆滑于一身"的人。

掌握各类导游人员的职责

1. 导游人员的基本职责

根据当前我国旅游业发展的实际情况和各类导游人员的服务对象的情况，导游人员的基本职责可概括如下：

（1）根据旅行社与游客签订的合同或约定，按照接待计划安排和组织游客参观、游览。

（2）负责对游客进行导游、讲解，介绍中国（地方）文化和旅游资源。

（3）配合和督促有关单位安排好游客的交通、食宿等，保护好游客的人身和财物安全。

（4）耐心解答游客的问询，协助其处理好旅途中遇到的问题。

（5）反映游客的意见和要求，协助安排游客会见、座谈等活动。

2. 境外领队、全陪、地陪和景点、景区导游人员的职责

（1）境外领队的主要职责。

①维护客人的正当权益，保证旅游者境外旅游的服务质量；

②配合和监督旅游目的地国家或地区导游的工作，协调导游和旅游者之间的关系；

③做好各段游程之间的衔接工作，保证游程顺利进行。

（2）全陪导游人员的职责。

全陪导游人员是组团旅行社的代表，对所率领的旅游团（游客）的旅游活动负有全责，因而在整个旅游活动中起着主导作用。其主要职责是：

①实施旅游接待计划；

②联络工作；

③组织协调工作；

④维护安全，处理问题；

⑤宣传、调研。

（3）地陪导游人员的职责。

①安排旅游团（旅游者）在当地的旅游活动；

②做好当地旅游接待工作；

③负责旅游团（旅游者）在当地参观游览的导游讲解；

④维护旅游者在当地旅游过程中的安全；

⑤处理旅游团（旅游者）在当地旅游过程中发生的问题。

（4）景点、景区导游人员的职责。

①导游讲解；

②安全提示；

③结合景物向旅游者宣讲保护环境、生态和文物的相关知识。

【补充材料1-1】

导游规范

导游规范是指能够体现导游职业特点的统一的做法。旅游业是一个综合性的服务行业，在旅游服务的各个环节中，导游服务始终是重要的一环。旅游者到一个国家、一个地方最先和最多接触的人就是导游人员。有人把导游人员比作企业的代表，看为是一个国家（地区）的代表，是"企业形象"、"民间大使"，是很有道理的。在进行旅游服务时，导游人员必须有强烈的责任感和服务热情，行为举止要规范，符合服务标准，要反映出一个企业，乃至一个地区、国家的人民的精神风貌和道德水平。

狭义的导游规范包括以下内容：引导标志、社徽、导游证、话筒持法、所站位置、面对客人、点人方法、面部表情、使用敬语等。

1. 引导标志

导游应左手举导游旗，要保持正直，不要将旗扛在肩上或插在腰带里，不能来回摇晃旗子或拖在地上。为防止旗子滑落，可以用绳线扎一下旗子的底部，或者使用带顶夹的导游专用旗杆。

2. 社徽

社徽或旅行社标牌应佩戴在上衣左胸正上方。导游带团时一定要提醒客人佩戴旅游太阳帽和旅行社社徽，以方便进入旅游景点时点查人数和认找自己的团员。

3. **导游证**

根据规定，导游带团时必须佩戴导游证（胸卡）。导游证（胸卡）挂在脖子上，让其自然下垂在胸前正面向外即可。

4. **话筒持法**

导游应右手拿话筒（扩音器），应斜拿在嘴边，不要靠在嘴上，也不要遮住面部。一般来说话筒越小越好，但音量要够大。在车上尽量使用麦克，在车下也可以使用腰式麦克。

5. **所站位置**

在旅游车内，导游应站在旅游车中前部的中间位置（车内过道上），或者靠在旅游车第一排的靠背处，这样才安全，稳定。在景点内，导游应站在游客围成的扇面的中心。

6. **面对客人**

导游进行讲解时，应面对客人，指点景物时除外。但导游员在讲解过程中切不可背对着游客。在与客人交谈时，要注意体态的适当配合，但动作不要过大，更不要手舞足蹈，不要用手指着人；双手不能交叉胸前或背后，也不要手插裤袋，更不要攥紧拳头；不要疯笑，要温文尔雅。与客人交谈，最主要的一条，是让人家觉得你是有诚意同他沟通。表情要自然、大方，要注意与宾客在眼神上的交流：目光的高度要恰到好处，与宾客保持1米左右的距离，目光始终正视客人，但不能盯视；正视客人时，目光停留在客人的鼻眼三角区，这样可以让客人感受到交流者的诚意和专注，而没有被人盯视的感觉。与宾客交流时，不要畏畏缩缩、躲躲闪闪，更不能表情冷漠、面带倦容。

在车上讲解时，应面对游客，不能背对游客坐着导游。讲解时目光要巡视全体游客，不可仅注视一两个人。面部表情要亲切自然，使人如沐春风，姿态要端正、优美，给人落落大方的感觉。

7. **点人方法**

清点人数时，要使用国际通用的点人方法，以示对客人的尊重。具体做法是：用目光默数，但不能数出声来，切忌用手指指点点，或者用数空座法也可。

8. **面部表情**

导游要坚持微笑服务，多说"茄子"。

9. **使用敬语**

对游客提出要求或者回答游客问题时，导游应首先使用敬语。敬语是表示尊敬、恭敬的习惯用语。这一表达方式的最大特点，是接待与服务人员在与宾客交流时，常常以"请"

字开头,"谢谢"收尾,而"对不起"则常挂嘴边。称呼客人须用尊称,如"您、阁下、贵方"等。

10. 其他注意事项

讲解过程中,导游员不得吸烟(在景区内也要提醒旅游者不吸烟),不得吃东西。导游员在宾客面前应禁止各种不文明的举动:掏鼻孔、剔牙齿、挖耳朵、随地吐痰、打饱嗝、打喷嚏、打哈欠、抓头搔痒、搓汗垢、修指甲、伸懒腰、摆弄小物品使之发出声音等,即使在不得已的情况下也应尽力采取相应措施掩饰或回避。导游的伞要尽量是折叠伞,不要带长柄伞,以方便存放。

资料来源:导游考试网,仪孝法进行了改写。

了解导游人员的职业道德和职业修养要求

导游人员的职业道德是导游人员在其职业活动中应该遵循的、与其职业活动相适应的道德规范,以及逐渐形成的道德观念、道德精神和道德品质等,是人们评价和判断导游人员职业道德行为的标准。凡是符合这些规范的行为,就是美的、善的、高尚的,人们就会加以肯定和赞扬;否则,就是丑的、恶的、不道德的,人们就会加以批评和谴责。具体来说,导游人员的职业道德可以通过以下几个方面来理解。

1. 忠于职守、爱国敬业

这是对中国导游人员最基本的道德规范要求。这一条明确了导游人员以导游服务为中心,对国家、集体、服务对象和导游职业应该具有的态度。

(1) 对国家要有坚定的爱国心。导游人员必须树立起坚定的爱国心,要热爱祖国、热爱家乡、热爱社会主义制度,要努力将个人利益和国家利益结合起来,将导游服务工作与社会主义建设事业结合起来,要有历史使命感和社会责任感。

(2) 对集体要树立集体主义精神。导游人员要将自己融于集体之中,依靠集体,时时处处以大局为重,与其他旅游接待部门的工作人员通力合作,共同为旅游者提供高质量的旅游服务。

(3) 对旅游者要有强烈的服务意识。导游人员要树立真心实意为旅游者服务的思想,要有很强的服务意识,要热情周到地为旅游者服务,努力使他们高兴而来、满意而归。

(4) 对导游工作要有敬业精神。导游人员要热爱导游工作,要有敬业精神和竞争意识。

敬业,要求导游人员要忠于职守、认真负责、勤恳工作、努力拼搏、坚持不懈;要业务纯熟、刻苦钻研、精益求精、不断进取;要不怕困难、敢于竞争的勇气,要有勇于实践、勇于创造、百折不挠的精神。

2. 诚信第一、游客至上

"诚者不伪,信者不欺。"诚信原则是企业经营之本。

"诚招天下客,誉从信中来",企业无诚信不立,诚实守信是一项最基本的商业道德规范,是正确处理企业和顾客之间利益关系的行为准则,是促成企业良性循环的关键。

"诚信"、"公正"是建设社会主义和谐社会的重要内容,就旅游行业而言,就是要求旅游企业和从业人员重合同、守信用,维护旅游者的合法权益。真诚公道,就是要向旅游者提供质价相符的服务,不弄虚作假,不欺骗、刁难旅游者。

诚实守信是中华民族的传统美德,是社会主义职业道德的主要内容之一。古人云:"人无忠信,不可立于世。"诚实守信是人做人、做事的根本,同时也是人个人修养的基础。导游人员在为旅游者服务时,要视游客为朋友,维护他们的利益,保护他们的安全;在游客面前,办事、做人要表里如一、言行一致,要真实诚恳、公平守信;与游客交往时,要与人为善、遵守时间、信守诺言;在处理各种问题时要秉公办事、坚持原则、光明磊落、不牟私利、不徇私情。总之,导游人员应该坚决反对不讲信誉、不计后果的为人处世方式,努力维护自己的信誉,提高自己的信誉。

"游客至上"是旅游服务行业的座右铭,是导游人员应承担的职业责任和道德义务。"游客至上",就是要求导游人员在导游活动中要始终将游客放在首位,一切为游客着想,向游客提供规范化的服务以及具有针对性、富有人情味的个性化服务,维护他们的合法权益,尽力满足他们的正当要求。充分满足游客的正当需要,是导游服务工作的出发点,也是导游服务工作的目标。

3. 文明礼貌、优质服务

我国旅游业的根本宗旨是:"全心全意为旅游者服务。"对导游人员而言,就是要求导游人员在导游活动中讲文明礼貌,提供热情友好的优质服务。

"文明礼貌、优质服务"是服务人员最重要的业务要求和行为规范之一,是衡量服务人员工作优劣的最重要、最基本的标准。

讲究文明礼貌是社会公德的重要内容,也是导游人员职业道德中不可或缺的组成部分,更是服务行业的一项极为重要的道德准则和行为规范。文明服务是优质服务的前提和保证。

文明服务应该是礼貌服务，要求导游人员尊重旅游者，工作要认真负责，服务要热情周到，要学会说"谢谢"、"请"等柔性语言，要学会忍耐和宽容，要向游客提供微笑服务和个性化服务，努力使旅游者满意。

优质服务，应该是将规范化服务与个性化服务完美结合的服务，应该是真诚、高效率的服务，应该是具有特色、富有魅力的服务，应该是有针对性、富有人情味的服务。每个导游人员都应该具备很强的服务意识，在导游服务中尽心、尽力、尽职、尽责，精益求精，努力为旅游者提供高质量的导游服务。

4. 一视同仁、不卑不亢

"一视同仁、不卑不亢"是爱国主义、国际主义在导游活动中的具体体现，是导游人员进行国际交往、处理人际关系的重要行为准则之一。

导游人员必须明白，自己不仅是向旅游者提供导游服务的服务人员，更是国家（地区）、人民的代表，而且应该是一名优秀的代表。拥有民族自尊心、民族自豪感和自尊、自爱、自信是每个导游人员必须具备的基本素质。

在旅游者面前，导游人员要谦虚谨慎，但绝不可妄自菲薄。一名合格的中国导游人员应该做到不为蝇头小利而折腰，不因此而放弃自己的信念，不做出丧失人格、国格的行为。

总之，在接待旅游者的过程中，导游人员既要尊重旅游者，热情友好，关心他们的切身利益，尽到自己的职业责任，又要做到自尊、自爱、自信，体现出旅游从业人员的主人翁精神。

"一视同仁、不卑不亢"的核心是平等。导游人员必须坚持"为大家服务"、"平等待客"的原则，切忌厚此薄彼，反对崇洋媚外。以地位取人、以貌取人、以钱取人、以肤色取人是为导游人员职业道德所不允许的；在旅游者面前或低三下四、卑躬屈膝，或趾高气扬、傲慢自大，这都是导游人员行为之大忌。

5. 严于律己、自尊自强

自尊是表示人们对自己的尊重，维护自己的尊严和人格的道德概念。自强是一种道德情感，是指对自己的能力和行为产生的信任感。

导游人员的自尊来自于自我尊重和自信，即产生于对其自身的正确评价、对其自身价值的清醒认识。为了维护自己的尊严，导游人员首先必须严于律己，要注意自己的言行，检点自己的行为，尊重自己独立的人格，重视自己的人格尊严；要自爱、自重，不随波逐流、不自轻自贱；要坚信自己的能力，在工作中充满信心、勇于前进、敢于成功；遇事决不退缩，而是要勇于克服困难、清除障碍；在国家利益、集体利益与个人利益产生矛盾时，导游人员要维护整体利益，舍弃个人利益，正确处理二者关系，履行自己对社会的责任和义务。为了更好地维护自己的尊严，获得更多人的尊重，导游人员必须积极进取、勤奋学习、刻苦钻研、精益求精，不断完善自己，努力使自己成为一名优秀的导游人员。

导游人员不仅要自尊、自爱，而且还要尊重旅游者、尊重合作者。要尊重他们的人格，他们的劳动，他们的隐私，他们的宗教信仰、民族风俗和生活习惯；要重视旅游者的要求、意见和建议，在合理而可能的情况下要尽力满足他们的正当要求。

6. 遵纪守法、顾全大局

这是一个合格的公民正确处理各方面关系的行为准则，也是导游人员职业道德规范的重要要求。尤其在商品经济社会中，自觉地遵纪守法显得特别重要。

遵纪守法，就是要自觉遵守组织的纪律和国家的法律、法规。导游人员要努力将"道德"与"法制"紧密结合起来，不断提高自身的职业道德素质，提高自己的思想道德水平，自觉运用社会主义道德原则和规范来指导自己的言行。同时树立高度的法制观念，反对行业不正之风，自觉抵制形形色色的"精神污染"。

顾全大局，就是要求导游人员在工作时、在处理问题时，以高尚的品德选择符合全局利益的道德行为。

旅游业是一项综合性的服务行业，旅游服务由多个环节的服务构成，每个环节的高质量服务结合起来就构成了优质的旅游服务。所以，每个环节的服务都起着至关重要的作用，缺少其中任何一项都意味着旅游企业违背了服务承诺，而其中任何一项服务的不到位都会影响到高质量的旅游服务的形成，旅游业的声誉就会因此受到损害。因此，导游人员应该树立起国家旅游事业"一盘棋"的思想，与其他旅游从业人员一起发扬主人翁精神，团结协作、相互配合、相互支持；要有远大的目光，努力摆正国家、集体和个人之间的关系；不搞本位主义，反对以邻为壑，反对互相扯皮、推诿责任；不为眼前利益所动，不做损害国家、集体利益的行为，从而积极地与其他旅游服务人员密切协作，共同向旅游者提供优质服务。

【补充材料1-2】

导游眼中的导游职业道德

近几年来，导游职业道德的问题受到了人们的高度重视，人们对导游职业道德的教育培训内容和形式也进行了许多的探索，但是效果却不尽如人意。而原因主要在于其对导游职业道德的认识比较笼统，领导者和培训者以高高在上的姿态看待导游职业道德教育，从而使得导游人员的接受度不强。其实，以一个老导游的视角来看，我们必须将导游职业道德的内容联系到导游工作实际加以具体化、细化、明确化，从而增强导游人员的接受度。以下是一个老导游对导游职业道德内容的理解：

1. 对所在旅行社的职业道德

导游对外应积极宣传自己供职的企业，而不是故意或者无意地丑化企业和牢骚不断；导游应保护本企业的商业机密，而不是"里通内外"，脚踏两只船。

导游应节约本企业的物品，而不是故意浪费或者对浪费行为熟视无睹。导游在带好旅游团的同时，还要努力学习，善于观察思考，了解旅游业的发展趋势，把外地（国外）的好的旅游工作经验、旅游者对旅游产品的需求和感受反馈给自己供职的旅行社。要自觉维护所供职旅行社的品牌，抓住商机，为旅行社的业务扩展排忧解难，为当地旅游业的发展进言献策。导游做工作要有效率，要以没有任何借口的精神执行旅行社交代给自己的合理任务。

2. 对游客的职业道德

要努力做好本职工作，为游客服务要讲信誉，重责任，对违反导游职业道德的坏现象要敢于斗争。对于那些教育和鞭策了自己的游客，不能记恨，要更加注意服务中的每一个细节，把工作做好。导游要热爱游客，为游客提供接待服务要不讲条件，要想游客之所想，急游客之所急。为游客服务要力争做到倾其所有，尽其所能，对自己的敬业精神和工作能力，要力争做到精益求精。导游在讲解时不要情绪化，要嘴上有德，不要信口开河，要遵守宣讲纪律。要对自己的工作质量、自己的思想道德水平和综合素质的提高，永不满足。导游要按照规定为游客提供服务，做法律和纪律允许做的事情，做应该做的事情，要抵制得住各种物质和精神的诱惑，加强自己的法制意识。遇到一些总有理、认死理、不讲理，甚至讲歪理的游客时，导游员不要据理力争，应站在道理上，行于感情中，正确从容应对，以确保团队游程顺利运行。

导游对客人一定要有无可比拟的亲和力，这种亲和力要体现在对待每一个客人上。无论东西南北、贵贱贫富，导游人员要善待每一位游客，把他们当成自己的兄弟姐妹，重乡情，重人情，做到对其关怀备至，体贴入微。导游员要尊重客人的评判意见，这是对客人的尊重，也是一种真正的热情大度的表现。

导游要尽量避免旅游事故的发生，把可能给游客和旅游企业带来的损失和影响减少到最低程度，争取使事态向好的方向转变。

3. 对导游工作的职业道德

导游人员要干一行，爱一行，要敬业，不能应付工作，要热爱旅游事业，热爱导游岗位。导游服务工作要始终如一，长久坚持，不讲条件。

导游要加强学习，丰富自己的知识储备，对游客提出的各种问题，自己懂的要讲好，不懂的不能应付，应抓紧学习，丰富提高自己，还要善于汲取经验教训。导游员要做到虽然成百上千次地讲解同一个景点，却依然一丝不苟，精益求精。导游员不能满足于自己现有的知识和技能，一定要不断学习，自我完善，每带一个团都要进行一次经验教训总结，并长期坚持。

遇到问题时，导游不能抱怨，不能推卸责任，要把及时有效地解决问题始终放在第一位，只要还有一丝成功的希望，就决不放弃。导游要与时俱进，不能在工作中迷信已有的经验，要看到已经和正在发生变化的客观实际，以避免犯经验主义的错误。导游要以作为本地人为荣，以祖国为骄傲，要把自己对乡土的爱自觉地融入到自己的导游工作中去，要善于依托和挖掘自己乡土的旅游资源，形成自己的优势，要把本地最美好、最有特色的风物展示给旅游者。

导游不但要在工作中遵纪守法，还要在涉及原则的具体问题面前敢于发表和坚持自己的正确意见，要敢为天下先。

导游要善于运用正确的方法来求得合法的收入：君子爱财，取之有道。

4. 对合作者的职业道德

导游对待自己的同行，不能搞"同行是冤家"那一套，也不能搞"文人相轻"那一套，要相互支持，相互学习，共同发展，共同提高。配合导游工作的其他旅游从业人员碰到工作上的麻烦时，导游员不能漠不关心，应乐于助人，做到相互理解，相互支持。

5. 对国家、社会的职业道德

导游要坚持宾客至上、工作至上、社会责任至上、国家利益至上。一个导游员，平时要抱有一颗报效祖国的拳拳之心，一旦有了机会，就要为祖国、为旅游业、为企业扎扎实实地做一点好事，做一点奉献。导游在处理工作问题的时候，要自觉想到国家、企业和游客的利益，想到自己肩上的责任，不能因私废公。导游要全心全意为游客服务，就要多花心思，多花时间，甚至牺牲自己的利益。

导游要做到不该说的话不说，不该做的事不做，不该去的地方不去，不该结交的人不结交，要对国家负责，对企业负责，对游客负责，对家人负责，对自己负责。

资料来源：仪孝法，《中国旅游报》。

掌握导游人员的培训、考核和管理方法

1. 导游人员的培训

在旅游业的发展中,旅游人才的培训,旅游资源的开发,旅游设施的建设应同步进行,它们都是推动旅游事业向前发展的必不可少的条件。1994年,世界旅游组织为"世界旅游日"提出的宣传主题口号是:"高质量的员工,高质量的服务,高质量的旅游。"这一口号说明,高质量的旅游取决于旅游接待部门提供的高质量的服务,而高质量的服务则取决于高质量的员工。因而,高质量的员工是高质量的旅游服务的前提和基础。对高质量的服务的要求,实际是对导游服务人员素质的要求。而素质是可以培养、塑造的,方法之一就是培训。目前坚持不断、卓有成效的培训途径主要是学校深造和在职培训。我国处于旅游接待第一线的导游人员绝大多数均为在职人员,他们身负重任,除极少数人可以脱产进入学校深造外,主要依靠的是在职培训。而在职培训分为两个方面,一是旅游接待部门有计划、有组织地安排导游人员参加培训;二是其有意识地安排导游人员接待不同类型的游客,使其在实践中得到锻炼提高。

(1) 导游人员接受培训的重要性。对导游人员进行培训,是旅游行业的需要,是旅行社这类企业生存发展的需要,同时也是导游人员自身发展的需要。所以,导游人员的培训是旅游业和旅行社生存、发展的永恒主题,我们可以从以下几方面去理解其重要性。

①适应市场竞争的需要。国内外旅游市场的竞争非常激烈。在国际旅游市场上,竞争已不再主要表现为产品价格的竞争,而集中于产品质量的竞争,即为游客提供的服务质量的竞争。各旅行社和其他旅游接待单位都把提高服务质量作为竞争的主要手段,因为旅游产品是一种服务性产品,其质量主要表现为服务质量。

导游人员是旅游服务的提供者,而且为游客提供的是旅游的全程服务,其服务质量的高低直接关系到旅游产品质量的高低,对游客的影响最直接、最深远。优质的导游服务可以提高旅行社的声誉,劣质的导游服务则会败坏旅行社的名誉。而优质的导游服务来自于高素质的导游人员,所以旅行社要想在激烈的旅游市场竞争中取胜,其关键在于不断地对包括导游人员在内的旅游从业人员进行有计划、有组织地培训。

②导游人员知识更新的需要。为了做好导游服务，导游人员的知识需不断充实、不断更新。这是因为：

第一，目的地国（地区）的政治、经济、社会和旅游业的情况在不断发展、变化。导游服务，往往是外国游客认识一个国家或地区的窗口，也是外地游客了解当地的桥梁。在我国，随着社会主义市场经济的建立，改革开放的深化，国家的政策、法规在逐步完善。近年来，我国旅游业围绕旅行社、导游人员的法规、标准也相继出台，这些都是导游人员需要认真学习和掌握的。所以，一个导游人员应尽量了解有关城市和国家的情况，这样，他才能向游客介绍更多的东西。

第二，客源国和地区的政治、经济、社会和旅游业情况在发展、变化。国际形势在不同时期出现的一些热点问题，对导游人员来说，无疑也是需要了解的。

第三，游客的文化层次在提高，对知识的追求更强烈。根据我国国家旅游局的调研，在国内游客中，1996年的抽样调查比之1993年的抽样调查，大专以上学历的游客已由25.8%上升至31.9%；在海外来华游客中，政府官员、科技人员和医生、律师这些文化层次较高的游客所占的比重已由1994年的17.8%上升到1996年的24.9%。由此可见，游客的文化层次在不断提高，他们对知识的需求的广度和深度也在加强。导游人员要适应游客需求的这种变化，就需要不断充实和更新自己的知识。

③导游队伍建设的需要。我国的旅游业虽然起步较晚，但其发展速度却令世人瞩目，这就对我国导游队伍的建设提出了新的挑战。同其他国家和地区相比，我国的导游队伍是一支很年轻的队伍。随着时间的推移，我国导游队伍随时可能出现青黄不接的现象。一方面，一些从事导游服务工作多年，具有较丰富经验的导游人员，因年龄、体力、精力等诸方面原因，陆续退休或离开原工作岗位。另一方面，大量新生力量补充到了导游服务队伍中来。一般说来，这些新生力量在就业前接受过系统的导游服务专业训练的人为数不多。有些导游人员缺乏专业理论知识，不懂得游客的心理和审美情趣，导游艺术也不够讲究，导游内容千篇一律。还有的导游人员对我国的历史、文化、地理等情况缺少起码的了解。导游之间的水平差距显而易见。因此，要加快导游队伍的建设，必须加强导游人员的培训工作。

（2）导游人员培训的内容。导游培训内容的确定必须结合导游服务工作的范围与特点，结合导游人员类别的特殊性。注重普遍性与特殊性的结合，也就是要注重内容的针对性和现实性，要根据旅游业发展的趋势，注重培训内容的超前性。具体说来，导游人员的培训内容应主要包括：

①理念或价值观的培训（即职业道德培训）。它主要阐述导游人员在导游服务过程中，在处理各种关系时应提倡什么，反对什么，容许什么，并进一步问为什么提倡，为什么反

对。这就深入到了一个行业的理念或一个企业的价值观理念中了。价值观决定着一个群体及其个体的行为，因此，培植、树立起企业的价值观理念是培训的第一课，也是其最重要的一课。

②专业基础知识的培训。导游角色的特殊性要求导游人员必须掌握多方面的知识。导游人员可以不是专家，但必须是"杂家"，必须博学、多识，在此基础上还要分清主次。其内容包括旅游学概论、旅游心理学、旅游地理、导游业务、汉语言文学知识、中国历史、中外风俗、美学基础、中国艺术史、宗教、建筑、考古、中国的诗词歌赋欣赏以及法律基础和旅游法规等。培训内容的确定可结合旅行社的性质、经营范围、导游类别等，作出有所侧重的选择。

③语言素质的培训。语言是人际交流、沟通的基本工具，从事国际旅游业的导游人员必须掌握 1 或 2 门外语。国内导游人员则要求具备过硬的汉语语言能力，同时根据企业的目标市场应了解一些地方语言，如粤语、闽南语以及少数民族语言。此类培训一定要有针对性，缺什么就补什么。导游人员若没有过硬的语言表达能力是很难使导游服务生动、形象的。

④能力素质的培训。导游能力的高低一方面取决于导游人员所受的教育程度，另一方面取决于他对实践经验的思考与总结。对导游人员的能力素质的培训应主要注重以下三个方面：

第一，专业技术能力。这种技能就是导游接待服务的操作技术，也称导游业务技能，它包括技术技能与心智技能两方面。其中，技术技能是指导游人员能按照规范化操作程序操作的技术性工作能力，如办理入出境手续、住宿手续、兑换外币等；心智技能是指导游工作中没有规范化的操作程序，只能凭经验、知识、才智随机应变、灵活操作的能力。它有一定的规律可循，但灵活性较大。

第二，处理人际关系的能力。一个优秀的导游人员往往具备许多待人接物的技巧，他能理解人，善于领会别人的言语和行为所表示的意思；他能够容忍别人的过失；他善于观察人，并能及时地对自己的行为可能产生的后果作出判断；他能影响人，能通过自己的言行并以对方能接受的方式传递自己的观点；他能团结人，能使自己所带领的旅游团队成为一个短时但团结、愉快的集体。

第三，组织、协调能力。这是导游人员能力培训中需特别强调的一环。事实上，游客的"一次心情愉快的旅行"或导游人员的"优质导游服务"，无疑是各部门、各环节通力协作的结果，而协作的轴心正是导游人员。

此外，对导游人员能力的培训还要注重导游人员的观察力、记忆力、应变能力、自控能力和推销能力等。实际上若仅从狭义的导游服务培训而言，其内容就是服务态度、服务技能和相关服务知识三大板块。

（3）培训的方式。培训方式是指导游人员培训中所采用的方式、方法。一般情况下，导游人员的培训方法有课堂讲授、直观教学、专题研讨和实践培训等四种。

课堂讲授是把导游人员集中在课堂，由主讲人进行系统的讲授。此方法适用于思想道德教育、法律法规学习、导游基础知识传授和理论学习。

直观教学是通过声像资料和现场示范等方式进行教学。主讲人根据声像资料提供的背景或在导游现场一面进行导游讲解，一面讲述导游要领。这种方法的优点是形象生动，易于学员理解和接受，有利于提高导游人员的导游水平。

专题研讨是给受训导游人员提供一些导游中的实际案例，让他们进行分析、讨论。这种方法实用性强，有利于提高导游人员的实际工作能力。

实践培训是指在有丰富经验的导游人员的指导下，受训导游人员进行导游上岗实践，以掌握导游操作程序和服务技能，积累实践经验。

2. 导游人员的考核

（1）我国导游人员资格考试的背景情况。

①导游考试的发展演变。1988年国家旅游局在上海、浙江两地试点导游资格考试制度，1989年在全国推广。1989~1996年，全国导游资格考试按旅行社类别进行分类考试。当时的一、二类旅行社导游资格考试由国家旅游局负责组织；三类旅行社导游资格考试由省级旅游局负责组织。1997~1998年，全国导游资格考试按旅行社业务范围进行分类考试，国际社由国家旅游局负责，国内社由省级旅游局负责。1999~2000年又作了改革，按语种进行分类考试，外语导游资格考试由国家旅游局负责，中文导游资格考试由省级旅游局负责。从2001年起，国家旅游局将考试权力进行了下放，由国家旅游局制定政策，省级旅游局负责导游考试的培训、命题、发证等管理工作。

②国家导游考试改革的思路。

第一，下放权力，简化考试程序，调动各级旅游行政部门的积极性，发挥旅游院校的作用。

第二，加大地方部分的考试内容，增强导游考试的针对性。

第三，紧紧抓住职业道德教育和能力考试两个重点。

第四，强调培训、考试与管理工作的结合。

第五，要推进考试的规范化开展。

（2）导游考核的 A·S·K 原则。导游人员的考核是指对导游人员政治思想素质、业务素质和身体素质进行的全面考察和审核。由于导游服务工作强调实践性，所以此考核就不是一般考试能完成的。导游人员考核的另一个特点是长期性，它不是一次能完成的。由于旅游业是知识密集型的行业，所以要经常对导游人员进行考核，以适应旅游业日新月异的变化。

国外不少旅游管理专家在考核导游员时，坚持A·S·K原则。A（Attitude）即导游人员的工作态度，S（Skill）是指导游技巧和能力，K（Knowledge）是指导游人员知识的深度和广度。

一般来讲，考核包括三个方面：笔试、口试以及实践工作能力。考核可在全旅行社范围内进行，也可分部门进行。导游人员的考核包括新进导游人员的录用考核、在职导游人员的考核和兼职导游人员的考核。

（3）新进导游人员的录用考核。新进导游人员的录用考核，包括全面考核和择优录用两方面。

全面考核是根据旅行社招聘导游人员的条件，对求职者进行职业适应性的考查。它一般分四个层次进行：第一层次是报名时的初试，即通过简单问话、目测、验证、填表和测量，考核求职者的文化程度、身体素质、口语表达能力和其他基本情况，淘汰明显不符合招聘条件的人。这项工作主要由旅行社人事部门进行，也可由人事部门与用人部门代表联合进行。第二个层次是笔试，主要测试求职者的文化水平、外语水平、思维能力和文字表达能力等。这项工作一般由旅行社人事部门与用人部门联合进行。第三层次为面试，即通过与求职者面对面交谈（招聘外语导游人员还要增加外语口试），观察求职者的脸部表情、动作姿态、谈话态度、思维广度、反应速度以及个性需要、择业动机等心理素质和各种能力（招聘外语导游人员还要观察其外语水平、口语表达能力）。这项工作由旅行社用人部门进行。第四个层次是体检和政审，由旅行社人事部门负责。

择优录用就是把上述四个层次的考核和测验的结果归纳起来，对求职者进行综合评估，然后进行严格挑选，确定录用名单。这项工作一般由旅行社人事部门和用人部门联合进行。

国外对导游人员的选拔一般都通过考试进行，尤其是西方旅游业发达的国家，特别注重导游资格考试，而且录取条件相当苛刻。因为起点定得高，可以提高导游队伍的整体素质，从而使导游服务的质量有所保证。

（4）在职导游人员的考核。在职导游人员的考核分为考试和年审两种形式。考核的目的是为了全面了解和掌握每个导游人员的德、能、勤、绩，并建立导游人员业务档案，作为导游人员培训、奖惩和晋级的主要依据。

①考试。根据国家旅游行政主管部门的规定，导游人员的晋级要进行全国统一考试（初级导游人员除外）。旅行社为加强对导游人员的考核，也可按照不同等级导游人员的职业标准，对导游人员的语言、导游知识、专业知识和时事政策进行综合考试或分科考试，以了解

和掌握每个导游人员的业务水平，作为安排其培训的依据。

②年审。对导游人员进行考试是必要的，但考试是一次性的，往往具有偶然性，有时不能全面反映一名导游人员的真实情况。因此有必要对导游人员平时的情况进行考核，尤其是导游人员平时的思想表现和品德。所以，从一定意义上讲，平时的考核比考试更为重要。

导游人员的考核主要通过年审进行。考核的主要内容包括全年工作量、业务能力、游客投诉与表扬情况、学习与进修情况等。年审主要是按照省、自治区、直辖市旅游行政主管部门的规定和要求，旅行社再根据平时的考察情况和回收的《海外旅游者意见表》对导游人员工作的反映，以及游客返回后来信对导游人员的表扬或投诉情况进行综合评价。

要做好导游人员的考核工作，旅行社首先要建立起导游人员业务档案，对导游人员的实际工作量、游客评价、表扬信、投诉函、事故记录、培训与奖惩情况等进行记录，及时对导游人员的服务质量进行评价，作为导游人员年审的依据。

其次，为了做好导游人员的考核工作，旅行社应当制定导游人员考核等级标准，根据标准对导游人员进行分等定级。标准应具体，能量化的指标应尽可能量化。

最后，为使导游人员的考核发挥其应有的作用，旅行社还应建立导游人员奖惩制度，分别规定奖励与处罚的条例，对考核中的优秀者应给予奖励，对不合格者应予处罚。

(5) 兼职导游人员的考核。兼职导游人员是被旅行社临时聘用来接待游客的，不属于旅行社的正式员工。但他们的导游服务质量如何，对旅行社的声誉也会产生重要影响。因此，旅行社也应对兼职导游人员认真地加以管理，对其工作情况进行考核。旅行社还应对此建立必要的制度和管理机制。

①聘用时的审核制度。在同兼职导游人员签订劳动合同时，旅行社应对其所在单位的证明、导游资格证书、思想品质、身体状况、有无民事行为能力、有无犯罪记录等情况进行审核、登记，以确定是否与其签订劳动合同。

②导游工作的考核。为便于对其进行考核，旅行社应建立兼职导游人员业务档案，收录其导游天数的相关统计数据、游客评价、表扬或投诉信函和事故记录等。根据这些资料，定期对兼职导游人员进行考核，以确定是否需要对他们进行培训或延期聘用。

3. 导游人员的管理

(1) 计分制管理。为了加强对全国导游人员的管理，全面提高导游服务质量，国家旅游局从2002年4月10日起，在全国范围内推行了对导游员的计分管理制度。该制度的推行，可视为我国导游人员管理的一次革命，它将长远且深刻地影响到我国导游人员职业的未来发展趋势。

该制度施行的前奏,是国家旅游局启用了新版导游证。导游证是以 IC 卡的形式,储存了导游员的姓名、性别、民族、学历、语种、出生年月、家庭地址、身份证号码、导游证编号、导游资格证号等基本情况和违规计分情况,可凭借手持读卡机等电子设备读取其内容。国家旅游局于 2002 年 4 月 1 日起,在部分地区试行了新版导游证,2003 年 4 月 1 日起开始在全国实行。

导游员计分办法实行年度管理 10 分制。《导游人员违规通知单》是违规导游被扣分的凭据,一式三联,一联为检查单位留存,一联通知其发证单位,一联交违规人。

依据《导游人员管理实施办法》的规定,将导游人员扣分的违规行为归纳为 27 种:

①扣除 10 分的行为:有损害国家利益和民族尊严的言行;诱导或安排旅游者参加黄、赌、毒活动项目;有殴打或谩骂旅游者行为;欺骗、胁迫旅游者消费;未通过年审继续从事导游业务;因自身原因给旅游团造成重大危害和损失。

②扣除 8 分的行为:拒绝、逃避检查,或欺骗检查人员;擅自增加或者减少旅游项目;擅自终止导游活动;讲解中掺杂庸俗、下流、迷信内容;未经旅行社委派私自承揽或者以其他任何方式直接承揽导游业务。

③扣除 6 分的行为:向旅游者兜售物品或购买旅游者物品;以明示或者暗示的方式向旅游者索要小费;因自身原因漏接、漏送或误接、误送旅游团;讲解质量差或不讲解;私自转借导游证供他人使用;发生重大安全事故不积极配合有关部门救助。

④扣除 4 分的行为:私自带人随团游览;无故不随团活动;在导游活动中未佩戴导游证或未携带计分卡;不尊重旅游者的宗教信仰和民族风俗。

⑤扣除 2 分的行为:未按规定时间到岗;10 人以上团队未打接待社社旗;未携带正规接待计划;接站未出示旅行社标识;仪表、着装不整洁;讲解中吸烟、吃东西。

导游人员在 10 分分值被扣完后,原则上要求暂停其从事导游业务,并由最后扣分的旅游行政执法机构暂时保留其导游证,但要出具保留导游证证明,且需于 10 日内通报该导游人员所在地旅游行政管理部门和登记注册单位。须说明的是,如果是正在带团过程中的导游人员,可持旅游执法部门开具的保留证明完成团队剩余行程。事后必须接受旅游行政管理部门的培训,经考核合格方能继续从事导游业务。导游人员如一次性被扣 10 分,须接受旅游行政管理部门按相应规定给予的处罚。

(2) 年审管理。导游人员必须参加年审,通过年审旅行社能够比较清楚地了解到导游一年来的基本情况。年审以考评为主,考评的内容包括:当年导游人员从事导游业务的情况、扣分情况、接受行政处罚的情况、游客反映的情况等。考评等级为通过年审、暂缓通过年审和不予通过年审三种。

年审之前，导游人员必须参加由旅游行政管理部门组织的专业培训，从业人员每年的培训时间累计不得少于7天（56小时）。年审培训考核合格后，由负责年审培训的部门在导游人员的资格证书或等级证书上加盖印章，作为导游人员向年审管理部门申请年审的依据。没有参加年审培训或年审培训不合格者，不予通过年审。暂缓通过年审的，通过培训和整改后，方可重新上岗。

（3）等级管理。导游人员的等级管理是导游人员管理的一个重要方面。依照规定，高级导游员和特级导游员由国家旅游局组织评定；中级和初级导游人员由省级旅游管理部门或委托地市县级旅游管理部门组织评定。按照国家旅游行政主管部门制定的导游人员等级考核标准，相关部门应认真做好导游人员的等级评定工作。它对促进导游人员努力提高自己的业务水平和导游服务质量具有重要意义。

（4）旅行社管理。由于导游人员的导游服务质量关系到旅行社乃至国家整个旅游业的声誉，旅行社必须加强对导游人员的管理，其管理主要包括如下几个方面。

①加强培训与考核，确保导游人员的素质。导游人员素质的高低，是决定其导游服务质量高低的关键因素，因此旅行社应不遗余力地提高导游人员的素质。

伦敦旅游局教学大纲中对导游人员素质的看法是："知识是导游的基础，这种知识必须是有根据的、经过选择的，而且能够很好地表达出来。但是，仅有知识是不够的，一个好的导游必须有活泼愉快的气质，并能引起旅游团的热情和信心。但是，个人性格和气质好还不够，对一个成功的导游来说，比知识和性格更为重要的是导游技能高超，处理事务能力强，专业工作精通，为他们的雇主和游客所赏识。当然，这样的技能仅在课堂上是学不到的，而当今导游又很需要这样的技能，只有在实践中才能学到和提高这种技能。"这就要求旅行社不仅在导游人员上岗前要对其进行岗前培训，而且更重要的是要对他们进行不断的再培训和再教育。同时，不间断地加强对他们考核，将培训与考核作为加强导游人员管理的重要内容常抓不懈。

②实行合同管理，强化导游人员的责任感。劳动用工合同是劳动者与用人单位确立劳动关系，明确双方权利和义务的协议。它作为确立劳动关系的法律形式，具有控制人们在劳动过程中的行为、规范劳动活动、调整劳动关系的作用。因此，劳动合同一经签订，就具有法律效力。旅行社对导游人员实行合同管理，根据劳动合同的规定对导游人员承担的义务进行检查、监督，这是促使导游人员依法为游客提供优质的导游服务的保证，是提高导游服务质量的重要措施，可促使导游人员增强责任感，自觉地为游客服务。

③强化导游人员的检查、监督机制。由于导游人员常年独立工作在外，旅行社采取一些措施，强化对导游人员的检查和监督是十分必要的。它不仅有利于加强旅行社对导游人员的

管理，而且也有助于促进导游人员工作自觉性的提高。这些措施除国家旅游行政主管部门制定的《海外旅游者意见表》和由导游人员填写的陪同日志外，一些旅行社还制定了旅游团领队评价表，定期到有关接待单位听取意见或不定期地派专人到现场进行检查等。

导游人员对旅行社管理部门对其进行的培训、考核和管理应正确对待，要做到：

第一，积极参加相关部门安排的培训，变"要我学"为"我要学"；

第二，积极配合管理部门的考核，如实汇报自己的业绩与不足，既不夸大，也不隐瞒；

第三，正确认识管理部门的检查和监督，发扬成绩，改正缺点，再接再厉。

【补充材料1-3】

西安黄河：星级导游打造"惊喜"服务

"穿唐装、点珠眉，仪容个个赛空姐；吼秦腔、吹陶埙，个个争得梅花奖；谝周秦、评汉唐，个个超过易中天；顶寒风、展笑脸，永远待客似亲人。"这个听起来像顺口溜，做起来非常有难度的四项标准，是西安黄河旅行社导游员星级评定的最基本要求。"星级导游"是该社按照一整套的评判标准考核出的优秀导游员。

2010年7月1日起，黄河旅行社开始推行星级导游员收费标准，根据导游星级不同，向地接团队收取服务费，把星级导游服务与导游薪酬相结合，既保证了高品质的服务，又保证了导游的收益。

黄河旅行社按照仪容仪表、讲解服务、工作流程、服务意识及行为、服务满意度几个项目对导游员进行评定，划分为三星级、四星级、五星级三个级别。三星级导游员要求淡妆束发、端庄得体，接送站及在特定旅游线路时必须穿该社特色唐装。按照该社初级导游员讲解服务标准要求导游员对人文历史、风土人情进行清晰流畅的讲解。四星级标准在此基础上，进一步要求导游员要关注游客需求，保障游客利益，使游客满意率达到99.3%、惊喜率达到80%。五星级导游的要求则更高，要达到"释放心灵智慧、丰盛人生阅历"的讲解效果，服务中时刻关注游客，发现游客需求，提供个性化、有创意的"惊喜"服务，保证游客满意率在99.7%，惊喜率达到95%。

据了然，目前除实习导游外，黄河旅行社的导游全部都达到了三星级以上标准。其共有三星级导游20多名，四星级导游20名，五星级导游6名。

根据导游的不同星级的服务标准，黄河旅行社推出了有薪酬导游服务和无薪酬导游服务两种接团方式，由团队自主选择。按照该社薪酬标准：三星导游员150元/天，四星导游200元/天，五星导游300元/天。团队在选择不同星级导游并按相应标准支付薪酬后，导游员不得在带团途中以餐饮、购物、增加景点等方法提取佣金。据了解，星级导游收费标准实行之后，受到了政务团、商务团等高品质团队的极大欢迎，也得到了旅行社同行们的肯定。

但是，仍有很多散客团队选择了无薪酬导游。黄河旅行社在"因你而变，惊喜如愿"的服务理念下，一方面由公司拿出一定的金额作为星级导游员的底薪保障，一方面通过完善的质检体系，督促导游员以优质的服务赢得好评，从而达到了自己合理的薪酬预期。

黄河旅行社的质检体系由三部分组成。一是导游接团时，首先会交给领队和部分游客一个信封，里面是游客满意度调查表，就餐的餐厅、下榻的宾馆、导游的各项服务都在表中逐项列出，行程结束前，要求游客将封好的调查表交回；二是行程中，旅行社的客户经理会亲自到行程中的某个景点对游客进行面访，面访率达到70%；三是行程结束后，旅行社会对游客进行电话回访，回访率为100%。在三重监督下，游客的反馈得以真实、准确地反映给旅行社，其管理层可针对暴露出的问题进行整改。而无薪酬导游团队的服务品质也得到了保障。

黄河旅行社总经理朱晋告诉记者，在实行导游星级评定和星级导游有薪酬服务两项管理创新举措之后，该社又有了把星级导游的长远规划和近期福利相结合的想法，力争在三年后为星级导游缴纳五险一金，并使导游底薪达到2000元。

星级导游评定和福利待遇的保障，为导游员描绘出了稳定而美好的职业前景，也对旅行社行业内存在的痼疾提供了一个治疗良方。

资料来源：吴娟、张梦呢，《中国旅游报》。

了解旅行社的业务知识

1. 我国旅行社的类型及其业务

根据我国现行《旅行社管理条例》的规定，我国旅行社分为国际旅行社和国内旅行社两大类。

（1）国际旅行社。国际旅行社是指其经营范围包括入境、出境旅游和国内旅游业务的旅行社。其具体经营业务如下：

①招徕外国旅游者来华，招徕华侨、香港、澳门、台湾同胞到大陆旅游，为其安排交通、游览、住宿、娱乐等事宜及提供导游等相关服务；

②招徕、组织我国境内居民（包括中华人民共和国公民和长期居住在我国境内的外国人）在国内旅游，为其安排交通、游览、住宿、饮食、购物、娱乐等事宜及提供导游服务；

③经国家旅游局批准，招徕、组织我国境内居民到外国和香港、澳门、台湾地区旅游，为其安排领队及委托接待服务；

④经国家旅游局批准，招徕、组织我国境内居民到规定的与我国接壤的国家的边境地区旅游，为其安排领队及委托接待服务；

⑤经批准，接受旅游者委托，为旅游者代办入境、出境及签证手续；

⑥为旅游者代购、代订国内外交通客票，提供行李服务；

⑦其他经国家旅游局规定的旅游业务。

(2) 国内旅行社。国内旅行社是指其经营范围仅为国内旅游业务的旅行社。其具体经营业务如下：

①招徕、组织我国公民在国内旅游，为其安排交通、游览、住宿、饮食、购物、娱乐事宜，提供导游等相关服务；

②接受我国公民的委托，为其代购、代订国内交通客票，办理托运行李、领取行李等业务；

③经国家旅游局批准，地处边境地区的国内旅行社可以接待前往该地区的海外旅游者；

④其他经国家旅游局规定的与国内旅游有关的业务。

2. 欧美国家旅行社的类型及其业务

欧美国家的旅行社一般分为三类，即旅游批发商、旅游经营商和旅游零售商。

(1) 旅游批发商。旅游批发商是指从事组织和批发旅游产品等业务的旅行社，他们与饭店、交通运输部门、旅游景点以及包价旅游涉及的其他部门签订购买协议，再根据游客的不同需求设计出各具特色的包价旅游产品，然后通过旅游零售商的旅游市场进行销售。旅游批发商不从事旅游产品的零售业务。

(2) 旅游经营商。旅游经营商是指既从事旅游产品的批发又同时兼营零售业务的旅行社。他们一方面同饭店、交通运输部门、旅游景点和其他相关部门签订购买协议，根据游客需求设计包价旅游产品，另一方面又通过其零售机构向公众进行销售。

(3) 旅游零售商。旅游零售商又称零售代理商，它是以代销旅游批发商或旅游经营商的包价旅游产品和代其顾客向服务供应部门，如饭店、交通运输部门预订服务项目等，为其主要业务的旅行社。旅游零售商的收入全部来自于销售佣金。

【知识链接】

旅游产品

1. 旅游产品的概念

旅游产品又称旅游服务产品，它是由实物和服务综合构成的，是向游客销售的旅游项目，其特征是服务成为了旅游产品构成的主体，其具体展示有线路、活动和食宿等。

2. 旅游产品的类型

①按产品的组成状况，旅游产品分为整体旅游产品和单项旅游产品。

整体旅游产品，又称综合性旅游产品，它是旅行社根据市场需求为游客编排组合的，内容、项目各异的旅游线路，其具体表现为各种形式的包价旅游。

单项旅游产品，是旅游服务的供应方向旅客提供的单一服务项目，如饭店客房、航班座位、机场接待等。

②按旅游产品的形态，其分为团体包价旅游、散客包价旅游、半包价旅游、小包价旅游、零包价旅游、组合旅游和单项服务等。

团体包价旅游，是由10名以上游客组成团体，采取一次性预付旅费的方式，有组织地按预定的行程计划进行的旅游形式。团体包价旅游的服务项目通常包括：饭店客房、早餐、正餐、饮料、市内游览用车、导游服务、交通集散地接送服务、每人20公斤的行李服务、游览点门票、文娱活动入场券和城市间交通等。

散客包价旅游，是指9名以下游客采取一次性预付旅费的方式，有组织地按预定行程计划进行的旅游形式，其包价服务项目与团体包价旅游相同。

半包价旅游，是在全包价旅游的基础上扣除行程中的每日午晚餐费用的一种旅游包价形式。旅行社设计半包价旅游的主要目的是为了降低产品的直接价格，提高产品的竞争力，同时它也便于游客能够自由地品尝地方风味，团体旅游和散客旅游均可采用此种包价形式。

小包价旅游，又可称为选择性旅游，它由非选择部分和可选择部分构成。非选择部分包括住房及早餐、机场（车站、码头）至饭店的接送和城市间的交通费用，其费用由游客在旅游前预付；可选择部分包括导游服务、午晚餐、参观游览、欣赏文艺节目和品尝风味等。其费用可由游客在旅游前预付，也可由他们自己现付。

零包价旅游，是一种独特的旅游包价形式，参加这种旅游包价形式的游客必须随团前往和离开旅游目的地，但在旅游目的地的活动则是完全自由的，如同散客。参加这种旅游形式的游客可以获得团体机票价格的优惠，并可由旅行社统一代办旅游签证。

组合旅游产生于20世纪80年代，参加组合旅游的游客从不同的地方分别前往目的地，在旅游目的地组成旅游团，按当地旅行社事先的安排进行旅游活动。

单项服务，是旅行社根据游客的具体要求而提供的按单项计价的服务。其常规性的服务项目主要有：导游服务、交通集散地接送服务、代办交通票据和文娱票据、代订饭店客店、代客联系参观游览项目、代办签证、代办旅游保险等。

了解礼貌、礼节知识

礼仪是社会文明的标志，也是人际交往中文明行为的规范。各国人民在日常交往中都十分讲究礼节、礼貌，而且都特别尊重本民族的传统礼仪。作为传播文化和友谊的使者，导游员必须懂礼貌、讲礼节，掌握古今中外的社交礼仪常识，尤其要尊重旅游者所属民族的礼仪习俗，从而向他们提供高质量的礼貌服务。

1. 礼貌和礼节

礼节是人们在交际场合中相互问候、致意、祝愿的惯用形式。礼貌则是人与人之间在接触交往中相互尊重和表示友好的行为规范。

礼节是礼貌的具体表现。"行为心表，言为心声。"礼节、礼貌是一个人内心世界的外在表现和真实感情的自然流露，能体现出人的文化层次、优美情操、高尚志趣和道德修养。有道德、有修养、有文化、有学识的人才会知书达理，言行举止才能温文尔雅、不卑不亢，这样的人在人际交往中才是真正的懂礼节、讲礼貌。

礼节、礼貌属于文化范畴，是构成精神文明的基本要素，是适应大多数人需要的伦理道德规范，是文明行为的最基本要求。礼节、礼貌在净化社会、美化社会中起着极为重要的作用。

礼节、礼貌的核心是尊重人。在人际交往中人们应该相互尊重，彼此谦让恭敬；应该懂得尊重人就是尊重自己，明白遵守和维护社会公德就是为自己创造了一个文明的生活环境这一道理。作为导游员,必须努力使旅游者在整个旅游过程中感到宾至如归,为达到这一目的,就得运用适当的礼仪作媒介。礼仪可以作为表达亲切情感的一种方式,又是文明社会的重要标志,它反映了人类相互尊重的需要。礼节、礼貌与"客套"之间存在着原则上的区别。礼节、礼貌是基于相互尊重,要表里如一,而"客套"则往往是不真诚的、虚假的、表里不一的。

礼貌体现着时代的、民族的风格和道德品质,不同时代、不同民族的礼貌其表现形式不尽相同。中国社会主义精神文明的建设,就需要每个中国人懂礼貌、讲礼节,而其前提是必须提高整个中华民族的道德修养和文化素质水平。如果只强调礼节、礼貌、建设精神文明,而忽视了提高整个民族的文化素养水平这个前提,是不可能达到预期目的的。

礼貌修养是一个人自我认识、自我提高的过程。一名优秀的导游员总是要把礼貌修养视作自身修养不可缺少的一部分,视作其事业的需要、人格完善的需要,始终严于律己,积极主动地提高自己的文化素养和道德修养水平,热情周到地为旅游者服务。因此,其导游服务能得到旅游者的赏识,而他自己也能在竞争中获得更多的成功机会。

2. 人际交往中的礼节

人际交往活动丰富多彩,礼节繁琐复杂,而且各民族都有自己特有的社交礼节,若一不小心弄错了,你就会闹笑话,使自己处于尴尬境地。从事涉外工作的导游员经常与海外旅游者交往,学一点中外社交礼仪并能正确运用,不仅能方便工作,而且得体的言行举止往往能获得旅游者的好评,从而得到他们的信任。

(1)接待礼节。

①介绍。人际交往中,不相识的人若有相识的愿望,可通过自我介绍或由第三者介绍。自我介绍或介绍他人时态度要诚恳。自我介绍时要有自信,切忌羞怯;要自识,需有自知之明,对自己作出正确的评价;要自谦,对自己的评价要留有余地,不要自吹自擂。介绍他人时要热情,要客观,掌握好分寸。介绍有先后之别,一般是将身份低、年轻者介绍给身份高的和长者,将男子介绍给女性,将主人介绍给客人。介绍时,一般双方要起立,长者和身份高的女士可例外。

递名片是社交场合中的一种重要的自我介绍方式。递名片时应用双手(至少用右手),目视对方,微笑致意。接名片时也要用双手,以示尊重;接过名片后应认真看一遍,不要马上装入口袋,更不要在手中玩弄。与西方人交往时要注意,他们一般不随意交换名片。

②见面礼节。

握手礼: 握手礼源于中世纪的欧洲,现已成为全世界人际交往中最常见、最普遍的见面礼。见面行握手礼时，主人、身份高者、年长者和女士一般应先伸手，以免对方尴尬；朋友平辈间以先伸手为有礼；祝贺、谅解、宽慰对方时以主动伸手为有礼。

行握手礼时，上身稍前倾，立正，目视对方，微笑，说问候语或敬语；握手时要摘帽，脱手套，女士和身份高者可例外；握手时不要将左手插在裤袋里，不要边握手边拍人家肩头，不要眼看别人或与他人打招呼，更不要低头哈腰；无特殊原因不用左手握手；多人在一起时避免交叉握手；长时间握手表示亲热，双手握住对方的手以示尊敬，但一般是双方伸手握一下即可，尤其是异性之间。

鞠躬礼：鞠躬礼源自中国，现在作为日常见面礼节已不多见，但盛行于日本、韩国和朝鲜，是那里的常礼。

行鞠躬礼时应立正，脱帽，微笑，目光正视，上身前倾15度至30度（赔礼、请罪时例外）。平辈应还礼，长辈和上级欠身点头即算还礼。

合掌礼：亦称合十礼，源自佛教礼节，盛行于印度和东南亚佛教国家，泰国尤盛。行礼时，双手合拢于胸前，微微低头，神情安详、严肃。对长者双手举得越高越有礼，但手指尖不得超过额头。接待外国旅游者时，对方行合掌礼，导游员应以同样形式还礼，但不主动向游客行合掌礼。

拥抱接吻礼：是盛行于西方和阿拉伯国家的礼节。在一般情况下，父母子女间亲脸、亲额头，平辈亲友间贴面颊，亲人、好友之间拥抱、亲脸、贴面颊。在公共场合，见面时拥抱亲吻以示亲热，但这通常只是一种礼节：关系亲近的女子间亲脸，男子之间抱肩，男女之间贴脸颊；晚辈亲长辈额头，长辈亲晚辈的脸或额头；对高贵的女性，男子吻其手背以示尊敬。

见面时还有其他一些礼节，如招手礼、拱手礼、脱帽礼、注目礼、点头礼和鼓掌礼等。

③称谓。在交际场合，称谓很重要。它反映了人与人之间的相互关系，显示出一个人的修养，在某种程度上也反映了社会风尚。

称谓一般可分为：

a. 职务称，即以其所担任的职务相称，如总经理，李总经理。

b. 姓名称，即在"先生"、"同志"之前冠以姓。

c. 一般称，即泛称某人为"先生"、"女士"、"太太"等。

d. 职业称，如"司机先生"、"王秘书"。

e. 代词称，如"您"、"他"等。

f. 亲昵称，亲属、好友间的称呼。

通常情况下，称男子为"先生"，称女子为"夫人"、"太太"、"女士"，一般不称其

"小姐"。一般称谓前可冠以姓,如林先生、莫里太太;职称,如院长先生;衔称,如博士先生等。

对教授、医生、法官、律师,可直接称其为"教授"、"医生"等;或冠以姓,如杜邦教授、张律师等;或加上"先生",如法官先生等。

对军人,要称其"军衔"并加"一般称",如上校先生、将军阁下等。

对有荣誉爵位的人,要称他们的爵位,或称"阁下"。

对地位高的人,可称他们为"阁下",如"部长阁下"或"部长先生阁下"。

对王室成员,要尊称其为"女王陛下"或"陛下","亲王殿下"、"公主殿下"或"殿下"。

对标志不明的女子,年长者称作"夫人"、"太太",年轻者则称"女士",如有错误,她们一般会提出纠正。

导游人员应重视称谓并正确运用,若能在短时间内记住游客的姓名,了解他们的身份,并能在日常交往中正确地称呼他们,定会产生很好的效果。

(2)交谈时的礼节和语言。准确优美的语言,诚恳、彬彬有礼的态度,潇洒的风度是人际交往活动得以成功的保证。因此,与人交谈时,必须讲究语言艺术,力求表达得体,要善于运用礼貌的语言并注意表情、目光、手势等体态语言的适当配合。经常与旅游者交往的导游员更应该懂得社交聚谈时的礼节礼貌,要善于辞令。

①交谈时的态度:真诚、庄重。导游员在与旅游者交谈时或在社交场合与人聚谈时,态度要庄重、真诚。不能傲慢,傲慢会伤害对方的自尊心;不能冷漠,冷漠会让对方感到不亲切;不能太随便,太随便会给对方一种消极的感觉;不要慌乱,慌乱会给对方留下不诚实、不成熟的感觉,从而使对方产生不信任感;不能唯唯诺诺、卑躬屈膝,否则会让对方瞧不起。

②交谈时的表情:大方、自然。导游员与人接触,同旅游者一起交谈时,神情要自信、大方、自然,不能扭捏腼腆,不要惊慌失措,不能心不在焉,不要时时看表,避免打哈欠、伸懒腰及其他不雅的小动作。

③交谈时的目光:坦率、诚实。与人交谈,要坦诚地注视对方的眼睛,忌讳左顾右盼,躲躲闪闪,不要惶惑不安,切忌居高临下。

④交谈时的体态:适当配合。与人交谈时要注意体态的适当配合,要避免手舞足蹈,不要用手指指人,双手不能交叉胸前或背在背后,不要手插裤袋,更不要攥紧拳头,不要疯笑,切忌对人动手动脚。

⑤交谈时的语言:文雅、得体。导游员与旅游者聊天、讨论问题时,在社交场合与人聚

谈时，讲话要有内容，有中心，要简洁明了；语言表达要得体，掌握好分寸；谦虚要适当，赞语不宜过分，不乱用俚语。总之，要努力使用高雅、文明的语言。

⑥聚谈艺术。为了使社交聚谈成功，必须掌握谈话的艺术并熟练运用。而高超的谈话艺术决非一日之功，导游人员必须勤奋学习，勇于实践，并做有心人，长期进行总结积累。不过，在与人交谈时若能注意下述10个方面，可能会获得比较理想的结果。

第一，善于选择话题。社交聚谈，话题不能太专，曲高则和寡，因而要选择使在场的大多数人感兴趣，可让大家都能发表自己看法的内容；忌讳令人扫兴、不愉快的话题，交际活动是为了寻求愉悦和舒畅，是为了增进相互了解，扫兴事会影响交谈者的情绪，破坏社交气氛；社交聚谈，忌讳格调低下的话题，偶然谈及奇闻趣事能活跃气氛，但讲得过多，只能证明其智力低下；至于那些乱七八糟、博人一笑的内容绝不是社交场合的话题，也不应是导游员与旅游者交谈的内容。

第二，善于随机应变。当话不投机时导游员要灵活地转移话题，必要时要向对方致以歉意；如果别人不想说话或不打算多说话，就不要与之攀谈，更不要纠缠，而是寒暄几句后就应客气地分手。谈话时的灵活性还表现在对不同的对象讲不同的话，持不同的态度，例如，对上级、长者讲话时要恭敬、严肃，与女性讲话时要谦让、谨慎，不过多地开玩笑等。

第三，不涉及隐私。互相尊重是社交聚谈时必须遵循的原则。因而交谈时忌讳谈及他人隐私，不触及他人痛处，不道破他人秘密，不议论第三者，不勉强他人回答不愿回答的问题，不要显露出自己曾施惠于某人（此人在场时更要注意），但不要忘记自己曾得到过他人的恩惠，若此人在场时要作适当表示。

第四，不恶语伤人。在社交场合切忌恶语伤人。不攻击他人，不当众指责他人（即使是对下级或晚辈，也要避免当众指责）；忌讳蔑视语、烦躁语、斗气语；讲话时不要显得尖酸刻薄，尖刻者易树敌，尖刻机敏者纵能让人叹赏，但也令人敬而远之。

第五，慎言。话语如同水，容易倒出去，极难收回来，所以要三思而后言。与人交谈，不得胡言乱语，不得泄露国家机密；不主动谈及他国内政及宗教等问题，不讲他人忌讳之事（例如，不与印度人谈牛的坏话，不与欧美人讲打狗、宰狗的事，不与穆斯林提及猪和酒的话题等）；不传播流言蜚语，不搬弄是非；开玩笑、讲幽默话要注意场合，切勿累及在场的任何人；问题没有听懂，不要急于回答，以免答非所问，更不要在没有听清对方讲话内容时就乱下结论或作出强烈反应。

第六，注意对话。所谓"聚谈"，就是大家讲话，要注意有来有往。与人交谈，不要一个人喋喋不休，讲个没完，要注意让人家讲话，以求达到交流的目的。

第七，忌讳自我吹嘘。社交聚谈的目的是为了交流，社交场合绝不是吹嘘自己的场合。急于表露自己、炫耀自己，往往会产生与预期相反的效果，而质朴、与人平等交谈者反而能获得他人的信任和敬重。与人交谈时，矫揉造作、装腔作势、咬文嚼字、故弄玄虚绝不会取得好的效果，卖弄自己只会让人讨厌。

第八，冷落他人是大忌。多人交谈时要照顾大家，要与多数人谈话，忌讳与一二人窃窃私语；不要冷落任何人，尤其是女主人，不要让任何宾客产生被遗弃的感觉。导游员也应注意不冷落任何旅游者。

第九，适当沉默。"雄辩如银，沉默是金。"面对强词夺理者、无理取闹者、故意挑剔者或者恶语伤人者，沉默往往是最好的反击；对不熟悉的话题，保持沉默为佳，抢先说外行话会被人瞧不起。不过，沉默不可滥用，故意显得高深莫测会让人敬而远之。沉默要与言谈和谐一致、相辅相成，才能获得预期的效果。

第十，认真倾听。听别人讲话，一要耐心，即约束自己，集中精神听，不要左顾右盼、胡思乱想；二要会心，即主动反馈，作出心领神会的反应；三要虚心，即尊重对方意见，平等交谈。不要随意打断对方谈话，如要插话，应客气地提出并表示歉意。

（3）赴宴时的礼节。宴请是一种常见的社交活动，形式较多，主要有宴会、冷餐会、酒会、茶会等。

宴会，是一种比较正式的宴请活动，一般规模小，多在晚间举行，往往有负责人出席。正式宴会多用请柬邀请，对服装有严格要求，并会排座次。

冷餐会，是比较自由的宴请形式，一般不设座，食品集中放在厅中央或两侧桌上，由客人自取。冷餐会可招待较多的客人，客人到场或退场较自由。

酒会，亦称鸡尾酒会，是一种自由的社交活动，备有多种饮料和少量小食品，一般在下午或晚上举行，不设座，时间短，客人到场或退场自由。

茶会，或称"下午茶"，一般在下午四五点钟举行，以茶水、点心、水果招待客人，客人入场或退场较自由。

参加宴请活动要讲究礼节，注重礼仪。下面只就赴宴时和宴席中的一般礼节及应注意的事项作简单介绍。

①接到请柬要及时回答。接到宴会请柬，特别是接到注有"R.S.V.P"字样的请柬，应该及早回复主人；若不能赴宴，一定要讲明原因并向主人致以歉意；接受邀请后不要随意更改，万一不得已无法赴宴，尤其是主宾，必须立即告知主人，讲清原因并赔礼道歉。

②赴宴要准时。准时赴宴是对主人的尊重，但一般不提前，身份高者可略晚，但也不能太晚；宴会结束，主宾退席后其他宾客就可陆续告辞；若确有要事须提前退席，应先与主人

打招呼，届时悄悄离席，但逗留时间不能太短。

参加宴会时着装要整洁大方，若另有规定，则必须按要求着装赴宴。

宾客抵达后要主动向主人问好，如是节庆活动，应表示祝贺；参加家宴，可向女主人赠送鲜花。散席离开时，不必向众多宾客一一告别，但必须向男女主人辞别。

③宴席中的礼节及注意事项。

第一，入席时按主人的安排就座，若旁边有女宾或长者，应先帮助他（她）就座，然后自己坐下。

第二，主人祝酒、致辞时不要吃东西，也不取食物，并停止交谈，注意倾听。

第三，口中有食物时不要讲话。

第四，席间不抽烟，除非女主人请大家抽烟；作为翻译赴宴，不得边翻译边吸烟。

第五，席间不得解开衣扣，即使很热也不脱外衣；家宴席间若女主人请客人宽衣，男宾可脱下外套挂在椅背上。

第六，席间、饭后不要当着大家的面剔牙，不要边走边剔牙，不得已需剔牙时，要用手或餐巾遮口。

第七，使用刀叉时注意不要碰击盘子；吃东西时不要咂嘴，以免发出怪声。

第八，喝汤和咖啡时不用嘴啜；汤和咖啡太热，可待稍凉后再饮，也可用匙轻轻搅，但不能用嘴吹；喝汤不能就着盆喝，而要用匙，但喝咖啡时不用匙，而是直接喝，小匙只用来搅拌咖啡，让糖溶化。

第九，席间饮料自取；席间可敬酒、祝酒，但不劝酒，更不要强行灌酒。

第十，正式宴会由侍者布菜，不要拒绝送来的菜，实在不爱吃的菜尝一两口后可将其留在盘中；若自己取菜，待侍者走到左边时方可取菜，最好各样菜都取一点，让主人高兴。家宴时，食物一般自取；主人送上的菜，即使不喜欢，也不要坚决拒绝。冷餐会上，自取的食物不宜过多，吃完后可再取。

第十一，席间碰翻酒水，打碎餐具，掉落餐具时，不要手忙脚乱，也不要自己处理，而应让侍者收拾、调换餐具，但要对邻座说声"对不起"。

第十二，西餐桌上的食物一般都使用刀叉进食，但小萝卜、水果、点心、炸土豆片、玉米粒、田鸡腿及面包等可用手取食。

第十三，席间、饭后不要忘记赞美酒菜、点心，特别对主人亲自做的菜点更要赞美几句。

第十四，席间、饭后应谈些令人愉快、格调高雅的话题；主人，尤其是女主人要照顾各方，席间交谈时不要冷落某些宾客。

第十五，女士不要在餐桌上化妆，饭后需化妆时应去卫生间。

第十六，以翻译身份赴宴，要注意不得喧宾夺主，不要自己向客人祝酒，不随意为客人布菜；嘴里不要放过大、过多或带刺的食物，要时刻准备完成翻译任务。

（4）异性交往中的礼节及注意事项。

①"女士优先"原则。在西方世界，尤其是社交场合，处处显示着"女士优先"的原则，男性导游员在与外国旅游者交往时应尊重这一习惯，注意必要的礼节。

第一，过道上相遇，男子为女士让道；在人行道上行走，男子应走在外侧；男女同行，男子一般应落后女士半步。

第二，男子为女士开门，然后站立一旁，让女士先进（出）门；上车、上楼梯，女先男后；下车、下楼梯，男先女后，以便必要时帮女士一把。

第三，进餐厅、戏院时，男子前导并为女士找好座位；在餐厅时，让女士坐在最好的位置上并帮其入座，让其先点菜。

第四，女士掉了东西，男子应帮助其捡起来。

第五，抽烟时，若有女士在场，应征得女士的同意。

②异性交往，男子应显出"绅士"风度。在女士面前，男子要充满自信，彬彬有礼，相处坦然。与女士交谈，男子应注意：不过分亲昵，也不过分冷淡；不过分殷勤，也不过分拘谨；不轻浮，但也不可太严肃；不与女士开过多的玩笑，不说挑逗性的话，不与其无休止地攀谈，不谈及她们的隐私。

③赞美女士要诚恳，送礼物要适当。男子赞美女士时态度要诚恳，溢美之词要适当，过多的高级形容词有时反而会让女士产生被讽刺的感觉。不要过多地赞赏女士的外表美，称赞她们的内在美可能会取得意想不到的效果。注意不要在女士面前赞美另一名女士。送女士礼物，最好能先了解她的爱好和需要，若能投其所好，效果最佳。不要随便送其女性用品或香水等化妆品。注意不要随意送红玫瑰。

④对待异性纠缠的态度。与异性相处时，要坦然、大方、正气凛然，进退有度、言行有分寸，不单独去异性房间，不单独与异性相处，就可避免很多麻烦。对异性的挑逗及非礼要求，要委婉但明确地表示拒绝并设法找借口避开，必要时应采取断然措施。

3. 人际交往中待人接物的常识

人际关系是复杂的，正确处理人际关系大有学问。在处理人际关系时每个人都有自己的方式方法，下面介绍的是处理人际关系时的一些常识。如果大家都这样行事，我们的社会将会更文明，生活将会更安宁美好；如果导游员按此行事，客、导之间必然会友好相处，导游服务质量必将大大提高，而导游工作集体三成员之间也会和睦相处、互帮互助，高质量地完成旅游接待工作。

（1）自尊，但不贬人。一个人必须自尊、自爱，要尊重自己的人格，尊重自己的独立性和自主权。不过，自尊不是虚荣，不是清高自负，更不是用贬低他人的手段来抬高自己。

"相互尊重"是人际关系中必须遵循的基本原则之一。在人际交往中要尊重他人的人格、意见、劳动成果和权益（包括自主权和隐私权）；要尊重老弱病残，尊重妇女。

人人都想得到别人的尊重，但要让别人尊重自己，一要自尊，二要尊重别人；不尊重他人，自己就不可能得到别人的尊重，人与人之间就不可能和谐相处。

从事国际旅游接待工作的导游员必须尊重自己的同胞，不做假洋鬼子；只有尊重自己的人民，自己才能得到海外旅游者的尊重。

（2）信任，但不盲从。人际交往中应以诚信待人，要"言必信、行必果"，时时按"合理而可能"的原则办事，对人不信口开河，待人不口是心非，处事不草率鲁莽。我们要信任他人，但不是盲从，遇事都要问个"为什么"，这样才可少上当，少犯错误。

（3）谦虚，但不虚伪。谦虚是人之美德，君子之风。谦虚的基础是"坦诚"，虚情假意是虚伪。与人交往时要谦虚，但不是谦卑，更不是谄媚，前者是自尊、尊人的表现，而后者则是有损人格的行为。

（4）老练，但不世故。老练是一个人成熟的标志，老练靠的是知识和经验的长期积累。一个老练的人能在万千世界中透过现象抓住本质，能随时摆正感情和理智的关系。

一个老练的人在待人接物时严肃谨慎，但不拘谨怯懦；能在适当的场合适当地显示自己，但不自我吹嘘、狂妄自大；有很强的自控能力，能随时控制住自己的感情，能抵制住外来的各种诱惑；与人相处时仪态落落大方，办事干练得体，但不圆滑世故。

（5）宽容，但不失原则。忍耐、宽容是君子之风，宽容随和能体现一个人的气度，衡量一个人的水平。宽容别人是自己强大的表现，绝不是怯弱。如果人间多一点尊重，多一点宽容，许多事情都可化干戈为玉帛。宽容，就是要理解为上，善解人意，即善解人言之意，善解人行为之意，善解人难言之隐；就是要同情别人的不幸，关心别人的难处，体谅别人的苦衷。忍耐宽容，要做到严于律己、宽以待人、冷静处事，但绝不是无原则地一味迁就、姑息养奸。

（6）热情，但有分寸。与人交往，要轻松活泼，但不轻浮；要幽默风趣，但不油滑；待人要热情坦诚，但进退有度；与人要亲热相处，但不搞不正之风，不谋私利，不搞不正当的异性关系，不违法乱纪。

【补充材料1-4】

把"青春饭"吃到老

——记"全国优秀导游员"周家文

周家文,一名从事导游工作25年的资深导游员。观其人:年近六旬,高个头,属于那种其貌不扬的"人见人不爱、狗见狗想咬"的"糟老头";听其音:嗓音沙哑,说起话来颇有几分曾志伟的味道,而讲解起景点来却酷似单田芳的风格;道其名:别号周宝,在台湾、香港和内地游客中均享有"要想江西玩得好,请到九江找周宝"的盛誉。只要他带团,所到之处,身后总是跟着一大群如醉如痴的游客。有记者曾对他作了如下描写:"每到一景点,周宝都绘声绘色。他知识渊博,业务娴熟,谈吐自若,嗓音洪亮。只要他一开口,游客们都会被吸引,里三层外三层地围上来,听得兴趣盎然。这时,其他导游都会知趣地闭嘴,偌大景点就成了他一个人的讲堂,大有'一鸟入林,百鸟噤声'的效果。"

他不仅被评选为"全国优秀导游员",也是江西省导游界杰出的代表人物。

1. 知耻近乎勇

周家文于1953年5月5日生于江西省九江,自幼活泼好动,伶牙俐齿。小时候,每逢假期,母亲就把他送上庐山。"屁股上长刺"的小周宝满山野跑,花径、仙人洞、龙首崖、含鄱口……到处都留下了他童年的足迹。

1984年,周家文在九江市外贸畜产厂工作。当时的外贸行业很吃香,单位效益好,职工收入高,还可以时不时地弄点"外贸转内销"的紧俏商品。但就在这个时候,童年的美好记忆一次又一次地萦绕在周家文的心中。经过深思熟虑,他做出了一个令家人、亲友和同事都感到吃惊的大胆决定:辞掉公职,做一名导游!

这年,他31岁,已过了做导游的最佳年龄。

20世纪80年代初期,中国的旅游市场还很不成熟。没有经过导游专业培训的周家文,只在当地公安部门登个记,就每天手里拎着个小喇叭,在火车站、轮船、码头招揽散客,然后带到庐山去参观游览。那是刚做个体导游不久,周家文带一个旅行团到庐山游览,有客人问:"庐山有多高?"他一时愣住了,只好糊弄说:"1000米高。"客人说:"凭感觉,应该不止1000米啊。"周家文随口抢白道:"李白的诗里不是说'飞流直下三千尺'吗?一米三尺,三千尺就是1000米嘛!"

回来后,经过查阅有关资料,得知庐山的海拔高度是1474米,周家文内心感到非常的羞耻和惭愧。"做导游,就要做学者型的导游。没有丰富的知识,是会出大丑的!"30多岁的他"知耻近乎勇",像一名小学生那样,开始认真地阅读起当时所能找到的旅游书籍和资料,书上没有的就问别人,还自费到革命根据地拜访老红军、老战士。20世纪80年代末期,庐山举办临时导游员考试,周家文积极报名,首批获得了合格证;90年代初期,全国举办导游员资格考试,他又一次性通过了考核。

1994年,周家文结束了整整10年的导游"个体户"生涯,成为九江中国旅行社的一名专职导游员。2005年,他参与组建九江龙之旅旅行社并担任副总,虽说大小也算是一个"官",但他一直坚持带团,他的矫健身影至今仍活跃在江西的灵山秀水之间。

2. 用评书艺术讲解景点

从小充满灵气的周家文,在参加工作后,跟着当时九江一位著名的评书老艺人学说过评书。几年过去后,他的说书水平大有长进,不但应邀参加了各类文艺演出,还自己单独"开场子",听众好评如潮。

当导游后,周家文将评书艺术与导游讲解相结合,自创了独特的"周宝式评书体导游词",深受游客喜爱。

周家文对自己有一个特别的要求:"讲庐山,客人不捧腹大笑我不停口;讲井冈山,客人不流泪我不下山。"他始终奉行一个宗旨,那就是全心全意为游客服务,不计较个人得失,用他的话来说,就是"不管口袋有没有,只要客人笑着走"。

"各位游客,大家好!欢迎来到九江旅游!从你们惊讶的眼神中,我读懂一件事:此时,你们心里一定在想,导游都是年轻的小姑娘、小伙子,怎么跑出个老头?别看我年纪老,我的知识可不少;别看我年纪老,我的服务特别好……"

这是周家文带团的开场白,在游客们莞尔一笑的气氛中,一次又一次愉快的旅程开始了。

2000年,北京大学校长陈佳洱带着部分教授、学者来庐山考察,其中不少是中科院院士。只有初中学历的周家文,面对这些博学大家毫不怯场,有问必答,百问不烦。在近一个月的时间内,他先后接待了北大四批共240多名教授学者。热情的态度、周到的服务和精湛高超的讲解艺术,使他赢得了这些特殊客人"百问不倒、百问不烦、服务至佳"的高度评价,北大还以学校的名义向他赠送了一面锦旗。

3. 把一切献给导游事业

在20多年的导游生涯中,周家文给自己加了个"紧箍咒"——注重旅游安全。他自编了一个顺口溜:"一二三四五六七,旅游安全摆第一;七六五四三二一,防火安全摆第一。"

在一次带团在庐山游览的过程中，一对夫妇因孩子不慎走失而焦急万分。周家文闻讯后，迅速把其他客人安排好，凭着自己多年的经验，独自一人徒步三上五老峰，两下三叠泉，终于将小孩安全地送到了其父母面前。

　　有一次，一名深圳的游客在庐山某宾馆客房卫生间里不幸摔伤，周家文及时把他护送到九江171医院治疗，端茶倒水，喂饭喂药，全程陪同护理。十几天过去了，在他的精心照料下，这位游客的伤情大为好转。临上火车前，这位游客坚持要送给他200元钱表示谢意，周家文执意不收。而就在他护理受伤游客期间，妻子打电话告知他岳母因高血压中风，被送到了九江二医院急救。在此紧急时刻，他作出了艰难的选择：留下来继续照顾游客，请妻子照顾岳母。在他于火车站跟那位游客告别的时候，却传来了岳母病故的噩耗。

　　当他急忙赶到医院，面对霄壤相隔的亲人时，50多岁的周家文跪倒在地，泣不成声……

　　把一切献给江西的旅游事业，把一切献给导游事业，这是周家文毕生的追求。年近六旬的周家文还有一个未了的心愿，就是想把庐山和井冈山的历史编写成长篇评书，以此形式来为游客讲述庐山、井冈山的美丽动人之处。他深情地说道："虽然我今年已经57岁了，但我还是愿意把导游这碗'青春饭'吃到老！"

资料来源：杜少华、汪明，中国导游网http://www.tourguide.net.cn。

能力实训

【实训项目】

　　社会调研：了解自己所在地区的导游市场的状况与导游服务水平；跟团见习：了解导游服务相关知识的具体应用。

　　实训目的：加深对导游的入门认识，树立正确的导游观；了解导游服务相关知识的具体应用。

　　实训内容：分组进行社会调研并讨论，形成自己的观点，选派代表在课堂上作展示发言。

　　教师主要观测点：

1. 观察小组成员的合作能力、参与的积极性及其沟通交际能力。
2. 考察小组成员的文字整理能力、语言表达能力和普通话水平，为后续技能训练作铺垫。
3. 观察小组成员的信息收集、整理能力。
4. 考察小组成员的行业见习的学习能力，为后续技能训练作铺垫。

项目二
地方陪同导游员实务

学习目标

知识目标：了解地陪的概念，熟悉地陪的程序与标准，掌握地陪各项工作环节的内容与要求。

技能目标：能承担地陪导游工作，游客评价为合格以上。

工作项目

导游小仪受旅行社委派接待了一个来自北京的旅游团，需担任所在城市的全程陪同服务工作，需要完成以下任务。

【任务一】接团准备。导游小仪接团前需要进行针对性较强的准备，主要包括熟悉接待计划、落实接待事宜、准备带团必备物品、语言和知识准备、个人形象准备和服务心理准备等工作。

【任务二】接站服务。导游小仪接站的工作主要有旅游团抵达前的工作、旅游团抵达后的服务和赴饭店途中的服务等。

【任务三】入住饭店服务。导游小仪入住饭店的服务工作有登记入住、带领旅游团用好第一餐和宣布下一步活动安排等。

【任务四】核对、商定参观游览项目。导游小仪要明白为什么要核对、商定参观游览项目，并给出核对、商定日程中出现不同情况时的处理方法。

【任务五】参观游览服务。导游小仪要进行游览前的准备工作，精心进行景点导游、讲解并组织好参观活动。

【任务六】购物、餐饮、社交娱乐服务。导游小仪主要进行相关的组织协调工作。

【任务七】送客服务。导游小仪主要进行送站前的工作、离店服务和送行服务等。

【任务八】后续工作。导游小仪主要进行遗留问题的处理、结账、工作汇报和总结、归还所借物品等工作。

【导入案例】

谈谈导游的素质与技巧

在日常生活中,在旅游行业中,导游一直是个敏感而又热门的话题。

从1984年进入这个行业到如今,我已走过了整整20年。20年来导游生涯是辛酸苦辣甜俱全。说来惭愧,20年来,经验不多,教训多多。在此不揣浅陋,抛砖引玉,希望能与诸位共同探讨研究。因为我认为,成功是经验,失败则是一种更为深刻的经验教训。所以有人说,经历是一种难得的财富。

1. 导游是什么

导游是种工作,是门职业。有人说导游是"一张嘴,两条腿,走遍山山和水水"。一张嘴要说。说什么?要说山,要道水。怎么说?要洋洋洒洒,尽情发挥;要指点江山,激扬文字;要热情洋溢,慷慨激昂;要侠骨柔情,荡气回肠……两条腿要走。怎么走?即不走回头路,不走重复路,不走冤枉路,不走失败路。引领游客观赏大中华的名胜古迹和走遍祖国的山山水水。

2. 导游是"五大员"

是宣传员——要宣传科学,传播知识,弘扬文化,促进精神文明建设。

是安全员——要注意行车安全、旅游安全、食宿安全和人身安全等。

是卫生员——要懂一些医药常识、急救知识,要会处理旅途中的突发事件。

是服务员——要解决旅客吃、住、行、游、娱、购等事宜。

因此要全心全意、真心实意地对待游客,要以诚待人,以情感人。

3. 旅游六要素

食——民以食为天,要知道一些各地的特色菜肴,如川菜、粤菜、本帮菜,以及各地的特色风味小吃等,要安排好游客的正餐。

宿——要知道你所去的地方的住宿标准、房间设施、服务内容和服务范围等。

行——要了解交通工具,会掌握时间,要注意行车安全。还要会制造旅途气氛,如说笑话、猜谜语、讲故事、做游戏等,以解除游客旅途的寂寞。

游——要知道各地的名胜古迹、山水风光、建设成就和风土人情等。

娱——娱乐活动要有参与性、趣味性和艺术性。

购——要不误导,不卖假,不让旅客上当受骗。

有人说,导游是旅行社的门面和旗帜,的确如此。一个好的旅行社必定有好的导游,这些人是旅行社的顶梁柱。正因为导游如此重要，所以有人把导游称为是旅行社的灵魂。

4. 导游有专业和业余之分

专业和业余主要根据导游自己的兴趣爱好与时间安排而定。

我 1984 年初涉旅游业，刚开始也是业余级的。但专业和业余是可以互相转化的。

我 1985 年参加了上海市的旅游培训，1988 年考了出国导游证，1989 年开始下海干专业的。

1996 年通过了等级考试后更坚定了我干旅游业的信心，把导游工作看成是生命的至爱，当成是生活很重要的一部分。

如果有人问我下辈子干什么？我会非常自豪地告诉他，下一辈子我还干旅游，还当导游。为什么呢？因为我是真的喜欢，真的热爱。常言道，"三百六十行，行行出状元"，现在看来是远远不止了。"状元"指什么呢？是指某一专业领域内的佼佼者。主要表现在思维方式、表达能力、办事效率、应变能力等方面的与众不同，就是我们平时所说的要有"大将风度"。做事要胆大心细，遇事不慌；能临危受命，力挽狂澜；遇到突发事件要果断处理，能独当一面。

1990 年到五泄，一次行程发生了三次事故，汽车大梁断了，油箱没油了，倒车掉沟里了，我都当场果断地解决了。

1993 年春节到杭州，由于过年，对方调度忘了派车，忘了订旅馆，忘了订回程票，景点又不开，过年无处吃饭等，我都想方设法一一化解了。

1996 年春节到张家界，大雪封山，没有车子，宾馆又不开门，我带着十几个人，一路上过关斩将都冲过来了。

1998 年 11 月 28 日晚临安全城饭店爆满，无处吃饭，想象不到的困难我也千方百计地解决了。

5. 导游是一种形象

形态的：手拿小旗子，肩背小喇叭；身扎大腰包，叽里又哇啦。

精神的：干干净净，大大方方；雷厉风行，意气风发。

作风的：走路风风火火，说话响响亮亮，回答干干脆脆，办事利利落落。"说走咱就走，风风火火闯九州。路见不平一声吼，该出手时就出手。"

艰苦性：起早摸黑，披星戴月，跋山涉水；从鸡叫忙到鬼叫，忙得像个赤佬。有人说，爱情两个字好辛苦，我说，旅游两个字好辛苦。因此，要以苦为乐，苦中作乐。

6. 导游是门技术

任何工作都有自己的专门技术，导游工作也不例外。

首先要认真负责。世界上怕就怕"认真"二字，无论什么事，也无论事情大小，只有"认真"了，才能敢于"负责"。

除了"认真"，还要"熟练"。要"熟"只有一个方法，那就是要多练！知识这个东西是"待到用时方恨少"，所以平时要"拳不离手，曲不离口"，到用时才能从容不迫，如数家珍一般。

只有"熟"了才能"生巧"，也只有"熟能生巧"才能"触类旁通"。"触类旁通"了，就会灵活机动，反应机敏，随机应变。做到这一步还只是个"熟练工"，离我们所说的好导游、优秀导游还有很大的距离。

不要灰心，既然入了门，就得下恒心。入门既不难，深造也是办得到的。"世上无难事，只怕有心人。只要功夫深，铁棒磨成针"。

导游还要一专多能，多才多艺。导游队伍是个藏龙卧虎之地，因此不管你是因什么原因进入旅游业的，入行就要遵循行规，做个"杂家"。

随着导游工作时间的增长，经验的增长，还要向导游工作的深度和广度进军，如有机会还要进一步深造。

7. 导游更是门艺术

要把着龙头走，上了车我就是老大。我们知道，一条船上只能有一个老大，老大多了船要翻。正常情况下，首先是要照顾大多数人的利益，不能耽误大家的游程。

对待生人：不管你是什么级别，上了车我就是最大，哪怕你是市长、部长。

对待熟人：要视而不见，千万不能紧张，那样你才能发挥得好。

要掌握节奏：该快就快，该慢就慢，快慢结合。

要顺着潮流：看大趋势，要因势利导，不能拧着来。

要跟着感觉走：感觉好时，尽情发挥；感觉不好时，及时调整。要控制住自己的情感，要掌握好分寸，不能乱了分寸。

要一专多能：要多才多艺，会说会唱，会跳会喝。如会一些摄影、摄像、书法、绘画等技能更好，对你的导游工作将大有帮助。

要扬长避短：要发挥自己的强项。

如果说"熟"是技术，那么"巧"就是艺术。因为这不但是工作能力的提高，也是境界的升华。

"巧"的艺术就是时间上恰到好处，是姓何的嫁给姓郑的——郑（正）何（合）氏（适）。完美的艺术就是技艺上的炉火纯青，程度上的恰如其分。

1995年6月我带一批解放军干部到庐山，当我们看到壮观的瀑布云时，我就带领他们狂呼大叫，抒发出大家当时的真切情感。"黄山归来不看岳"，"九寨归来不看水"，"天下奇观数海螺"，当我引领游客尽情观赏大自然的奇景时，会感到到达了天人感应、物我两忘的境界，那可真是种妙不可言的艺术享受。

8. 导游是种素质

从事每样工作都需要具备一定的素质，导游工作也不例外。首先人要正派，心理素质要好，承受能力要强；文化素质要好，知识面要广；身体素质要好，能经得起风吹雨打。

9. 导游是种能力

做好导游工作是一个人综合能力的体现。

要有社交能力：男的要成为公关先生，女的要成为公关小姐。

要有说话能力：说话要沉稳老练，要留有充分的余地。说话时还要看对象，看层次，看时机，看场合。

要有组织能力，还要有因时而异、因人而异、因地而异的应变能力。

10. 导游是种风格

风格即人的个性。要亲切自然，同游客谈话如叙家常；还要幽默风趣，让人参加一次你的旅游团，多少年后还记得你；脾气性格要热烈豪爽，那样才会给人留下深刻的印象。

11. 导游是门学问

记得我刚进入旅游行业时，在导游培训班上，有位上海旅游界的老前辈曾谆谆告诫我们：要向书本学习，向社会学习，向游客学习，向同行学习。要学习学习再学习，要学而不厌，要活到老学到老。

学什么呢？要学导游的基础知识和各种科学文化知识，诸如历史、地理等。特别要注意那些旅游资源丰富的省市和地区，如北京、西安、桂林、成都等，尤其是邻近自己的省份。

还要会看地图。规划路线如同将军作战，一个将军不可能到过所有的地方，但只要有一张正确的军用地图，他就可以指挥行军作战了。

还要熟悉四时花卉，特别是地方名品，如洛阳的牡丹、扬州的琼花等等。

对宗教也要有所了解，如佛教、基督教和伊斯兰教等。特别是佛教尤其重要，经过几千年的历史演化，它已渗透到了我们的日常生活中，如我们平时自觉不自觉所说的觉悟、功德、圆满等。

除了熟悉政策法规之外，还要懂一些先秦散文、诗经汉赋、唐诗宋词和现代文学等。

对音乐、舞蹈、戏剧、电影和电视艺术也要有所了解。

要懂点美学知识，以提高游客的审美观感和审美情趣。

还要懂点心理学，以便进一步加强与游客的沟通，增进对对方的了解，建立信任关系，使双方的合作能更加愉快。

对所到之处的土特产要有所了解，如江苏苏州的刺绣，镇江的香醋，扬州的酱菜，南京的雨花石，浙江嘉兴的粽子，杭州的龙井茶，绍兴的加饭酒，宁波的黄泥螺等。

此外还要熟悉各地的风土人情、民俗节日。如广西大苗山的风情，云南泸沽湖的走婚，湖南土家族的哭嫁等等。

总之，要"上知天文地理，下知鸡毛蒜皮"。所以有人将导游比做"杂家"，其实"杂家"并不是个贬义词，其正好说明了导游工作的艰巨性和复杂性，说明了导游工作所需要的知识面要宽广。因此，导游既要广种广收，也要精耕细作，如果有条件的话还是要向深度进军。

12. 导游要做个有心人

为什么要问自己？因为只有自己把自己问明白了才不会误人子弟。"以其昏昏，使人昭昭"是不行的。要知其然，还要知其所以然。

出发前要备课，做到心中有数。要一种方案多种准备，宁可备而不用，也不要临时抱佛脚，仓促应战，以至手足无措。

要博闻强记，要以变对变，还要有自信。试想一个人连自己都不相信自己，那别人还会相信你吗？

问同行！过去总是说文人相轻，同行是冤家。这是不对了！因为时代不同了，该将那些陈腐的观念和陋习扔到东洋大海里去了。不要闭关自守，以免孤陋寡闻。要互相学习，互相交流，以取长补短。采取"拿来主义"，掌握最新动态，为我所用。

问社会！社会是个大课堂，在这个临时家庭中三教九流、各色人等无所不有。各种思潮、各种生活方式和生活习惯，都会顽强地表现出来。外面的世界很精彩，外面的世界也很无奈。遇到突发事件要靠自己开动脑筋，走出困境。

怎样才能做到这一点呢？就是平时要做个有心人。要多思多想，多听多说，多走多跑，多看多问。

看什么？问什么？就是要看要问宾馆、饭店、游船、车队、旅行社、管委会等资料和信息。看了问了要记住,以后会有好处的,关键时、危急时就可以派上用场了。

13. 导游也是门科学

正因为导游是种职业,是种形象,是门技术,是门艺术,是种素质,是种能力,是种风格,所以它也是种学问,也是门学科。既是学科就要用科学的态度去对待它,研究它。

现在有些大学有导游专业,有些地方还有旅游专科,国家旅游局每年都有导游资格和导游等级考试。

这一切都为我们敞开了大门,提供了机遇,因此,我们要善于抓住它,要乘势而上,要急起直追。

一句话,要干中学,要学中干!"书山有路勤为径,学海无涯苦作舟。"学海无涯,人生苦短。时代在前进,社会在发展。因此导游也要不断地确立新目标,不断地挑战自己,不断地超越自己。

实践出真知,让我们在自己的工作岗位上锻炼成长,在风雨中百炼成钢。

现在是竞争社会,长江后浪推前浪,我相信,青定能出于蓝而胜于蓝,一代更比一代强。

我相信,经过目前这个短暂的混乱的过渡时期,在不久的将来,经过大浪淘沙,一定会出现一大批优秀的、出类拔萃的导游群体。那时,人们会对导游队伍刮目相看,重新评定。

本文是如何认识导游的能力与水平的,我们如何才能达到这篇文章中提到的导游的水平?

资料来源:517旅游网,http://www.517sc.com/bbs/viewthread.php?tid=188547

接 团 准 备

在接到旅行社下达的接待旅游团的任务后,地陪要做好充分的准备工作。这是地陪为游客提供良好服务的重要前提。

> 【知识链接】
>
> ## 地方陪同导游员
>
> 　　地方陪同导游员（以下简称地陪）的服务是确保旅游团在当地顺利进行参观游览活动，并充分了解和感受参观游览对象的重要保证。从地陪接受旅行社下达的旅游团接待任务起，到旅游团离开本地并做完善后工作为止，地陪应严格按照导游服务质量标准提供各项服务，按时做好旅游团在本地的接送工作，并按照接待计划做好旅游团在本地参观游览过程中的导游讲解工作和计划内的食宿、购物和文娱等活动的安排，妥善处理各方面的关系和出现的问题。

1. 熟悉接待计划

接待计划是组团社委托各地方接待社组织落实旅游团活动的契约性安排，是导游员了解该团基本情况和安排活动日程的主要依据。地陪应在旅游团抵达之前认真阅读接待计划和有关资料，详细、准确地了解该旅游团的服务项目和要求，重要事宜要做记录并弄清以下情况。

（1）旅游团及其团员的基本情况。

①旅游团概况。包括：计划签发单位（即组团社）、联络人或全陪的姓名及其电话号码；客源地组团社名称、旅游团名称或团号、导游语言要求、收费标准和领队姓名。

②团员基本情况。包括旅游团的人数，团员的姓名、性别、出生日期、护照或身份证件号码、职业、宗教信仰等。

③旅游线路和交通票据。包括：全程旅游线路、入出境地点；所乘交通工具的情况，抵离本地时所乘飞机（火车、轮船）的班次、时间和机场（车站、码头）名称；掌握交通票据的情况。该团去下一站的交通票据是否按计划订妥，有无变更以及更改后的落实情况，有无返程票，出境票是 OK 票还是 OPEN 票。

（2）旅游团及其团员的特殊要求及注意事项。

①食、住、行、游、购、娱等特殊要求。该团在用餐、住房、用车、游览等方面是否有特殊要求。

②重要人物迎送、会见、宴请等注意事项。该团是否要求有关方面负责人出面迎送、会见、宴请等礼遇。

③需要特殊或重点照顾的客人。该团是否有老弱病残等需特殊服务的客人。

2. 落实接待事宜

地陪在旅游团抵达的前一天，应与各有关部门或人员一起落实、检查旅游团的交通、食宿、行李运输等事宜。

（1）落实接待日程安排表。当地接待社根据组团社的旅游接待计划，来安排该团在本地进行参观游览活动的日程，编制的日程表中都详细注明了日期、出发时间、游览项目、就餐地点、风味品尝、购物、晚间活动、自由活动时间以及会见等其他特殊项目。地陪应对以上各项安排逐一核实，若发现不妥应立即和本社有关人员联系，问清情况后，作出必要修订。

（2）落实交通工具。与旅游汽车公司或车队联系，确认为该团在本地提供交通服务的车辆的车型、车牌号和司机姓名及其联络方式。接待大型旅游团时，车上应贴编号或醒目的标记。

与司机确定接头地点并告知其活动日程和具体时间，并在与司机确定好车座、车内设备等问题后做出有针对性的准备，并与之预先熟悉行车路线。

（3）落实食宿安排。熟悉旅游团所入住饭店的位置、概况、服务设施及项目。核实该团客人所住房间的数目、级别、是否含早餐等。

与各有关餐厅联系，确认该团日程表上安排的每一次用餐情况。

（4）落实相关单位和人员的联络方式。地陪应备齐并随身携带旅行社相关部门、餐厅、饭店、车队、剧场、购物商店、组团人员和其他导游员的电话联系方式。

（5）了解不熟悉的景点。对新的旅游景点或不熟悉的参观游览点，地陪应事先了解其概况，如开放时间、最佳游览路线等，以便参观游览活动能够顺利进行。

【补充材料2-1】

如何准备不熟悉的线路或景点

导游员接团可能会遇到陌生或半陌生的线路或景点，如有的是地陪导游员从没有去过的，有的地方是前几年去过，最近变化较大的。这时，导游员通过互联网搜索引擎即可查找到大量有用的资料，还可通过向同事、同行请教或查阅相关书籍了解景点和线路的情况。必要时可先踏线，对沿途公路状况、住宿地点、景区游览路线、购物点等情况进行实地查勘，做到心中有数，尤其是不能忽略景区开放时间、厕所位置、游览禁忌及特殊规定等细节。建议导游员在平时带团间隙注意购买各地旅游类书籍或资料，留意报刊中旅游方面的资讯介绍，以作为撰写、修订导游讲解词之用。

资料来源：仪孝法，山东省国家导游资格考试教材《导游实务》。

（6）与组团社联系。地陪导游应该于接到接团任务后与组团社全陪导游员取得联系，提前了解旅游团情况并与全陪导游进行感情联络，这样会更有利于两者以后的合作共事和地陪有针对性地做好接待准备。

3. 准备带团的必备物品

上团前，地陪应当准备好带团的必备物品。

（1）身份证件：导游证（IC卡）、身份证、旅行社委托证明、条形码、磁条等。

（2）相关票据和出团费用：景点门票或门票结算单、餐饮费结算单、现金等。

（3）导游服务用品：接待计划、导游旗、旗杆、接站牌、扩音器、名片、记事本、签字笔等。

（4）个人生活用品：换洗衣物、洗漱用品、必备的自用药品等。

4. 语言和知识准备

（1）做好语言翻译、导游的准备。根据接待计划上确定的参观游览项目，对翻译、导游的重点内容，做好外语和介绍资料的准备。

（2）接待专业团队要提前了解相关专业知识。

（3）热门话题、重大新闻和兴趣话题的准备。

（4）客源地知识的准备。

5. 个人形象准备

导游员的自身美不仅仅是其个人行为，在宣传旅游目的地、传播中华文明方面也起着重要作用，也有助于在游客心目中树立起导游员的良好形象。因此，地陪在上团前要做好仪容、仪表方面的准备。

（1）着装得体。着装要符合本地区、本民族的着装习惯和导游员的身份，衣着要大方、整洁。导游员一定要注重自己着装的美观和标识的意义，注重着装对客人情绪的影响，还要便于从事导游服务工作。上团时，应将导游证（IC卡）佩戴于胸前。

（2）化妆适度。导游员在工作期间一般不宜佩戴饰物，如有佩戴，要适度，不要显得"珠光宝气"。发型要适合身体特征、工作特点，体现出高尚的品味和情趣。不要化浓妆，不用味道太浓的香水。

（3）讲究个人卫生。导游员要注意服饰、头发和指甲等的整洁和卫生。

6. 服务心理准备

（1）要准备面对艰苦复杂的工作。在做准备工作时，导游员不仅要考虑到按照正规的工作程序要求提供给游客的服务，还要有充分的思想准备，考虑对特殊游客如何提供服务，以及在接待工作中发生问题或事故时如何面对和处理。

（2）要准备承受抱怨和投诉。导游员的工作繁杂辛苦，有时虽然已尽其所能热情周到地为旅游团服务了,但还会有一些游客挑剔、抱怨或指责导游员的工作,甚至提出投诉。对于这种情况,导游员也要有足够的心理准备,冷静、沉着地面对,真心实意地为游客服务。

【补充材料2-2】

导游工作计划的重要性

许多年轻的导游员经常感到工作起来缺少头绪,想起来这样却忘记了那样,以至于犯了一些本来可以避免的错误,导致被客人投诉或者受到领导的批评,自己的心里也懊恼不已。这些都是因为他们在上团前没有制定出自己使用的详尽的工作计划,没有把自己的工作计划落实到书面上,犯了盲目工作的错误。也许有的人觉得自己带过团,有一定的经验而马虎大意,以至于该做的事情没有做,该想到的事情没有想到。或者存有一定的侥幸心理,总以为问题不会赶在我的头上吧。带团之前不做充分的工作计划,问题和事故就一定会出现在你身上。不论你是老导游还是年轻导游,制定你自己使用的导游工作书面计划都非常重要。

计划的内容应包括带团前一天的注意事项、接团当天的注意事项、团队参观游览期间每个时段应该做什么、送团之前的准备事项、送团当天的注意事项等内容。计划越详细,接待工作就会越顺利。尽量把在接待期间你应该做的和应特别注意的每件事情都写进去。一般来说,导游上团之前的计划需要特别详细,因为旅游团的吃、住、行、游、购、娱在计调人员已经安排好的基础之上,导游员还需要去联系、沟通、落实。这里面还会涉及特殊旅游团成员的照顾、钱物的安全、团款的结算、民族禁忌的处理、宗教场所的讲解和禁忌、各旅游目的地之间的联络衔接、各种旅游事故的应急处理预案、各种带团注意事项的提示等等问题,忽略了其中的任何一项都会给你的工作带来困难。

计划拟定后还要从头至尾再看一遍,看在哪些地方可能会发生问题。你不可能预测到全部问题,你要做的就是采取措施,防患于未然。有经验的老导游一般都随身带一个小笔记本,把易忘但又需要特别注意的一些事情随时记下来,每天都看上几遍,以防有所疏漏。

导游工作计划会为你提供方便,在准备计划上花的时间越多,获益就越大。当你有了经验以后,你可能不需要将这份计划详细完备地写出来。但要记住,作为导游员,需要记的事情很多,当你无法决定下一步该做什么时,从口袋里拿出一份工作计划提示,明确指示你应该做什么,总是一件好事。

资料来源:仪孝法,《中国旅游报》。

任务二

接站服务

在接站过程中，地陪应使旅游团人员在接站地点得到及时、热情、友好的接待，使其了解到将在当地进行的参观游览活动的概况。

1. 旅游团抵达前的工作

（1）确认旅游团抵达的确切时间，并与司机联络沟通。

①赴接团地点前要确认旅游团抵达的确切时间。接团当天，地陪应提前到旅行社全面检查准备工作的落实情况。出发前，要向机场（车站、码头）问讯处问清飞机（火车、轮船）到达的准确时间。一般情况下应在飞机抵达的预定时间前2小时，火车、轮船预定到达时间前1小时向问讯处询问。通知司机出发的时间，确定接头地点，并告知其活动日程和具体时间。

②提前抵达接团地点后立即与司机联络沟通。地陪应提前半小时抵达机场（车站、码头），并掌握接团用车停放的位置。

③抵达机场（车站、码头）后应再次确认旅游团抵达的确切时间。对于非入境站并配有全陪的非飞机团，地陪应提前与全陪电话或者短信联系问询，以判断旅游团准确的抵达时间。

（2）持接站牌迎候旅游团。旅游团所乘飞机（火车、轮船）抵达后，地陪应在旅游团出站前，持接站牌站立在出站口醒目的位置，热情迎候旅游团。接站牌上要写清团名、团号、领队或全陪姓名。接小型旅游团或无领队、全陪的旅游团时要写上客人姓名。

2. 旅游团抵达后的服务

（1）认找旅游团。游客出站时，地陪应尽快找到旅游团。认找的办法是：地陪站在明显的位置举起接站牌以便领队、全陪或客人前来联系，同时地陪也应主动地从游客的民族特征、衣着、组团社的徽记等方面分析判断或上前委婉询问，主动认找自己的团队，问清该团来自哪个国家（地区）、客源地组团社名称、领队及全陪姓名等。如该团无领队和全陪，地陪应与该团成员核对团名、国别（地区）及团员姓名等。一切相符后才能确定是自己应接的旅游团。

（2）核实人数和行李。及时向领队或全陪核实实到人数，如与计划不符应及时通知旅行社。地陪应协助本团游客将行李集中放在指定位置，提醒游客检查自己的行李物品是否完整无损（火车托运的除外）；与领队、全陪核对行李件数无误后，移交给接待社行李员，双方办好交接手续（为了节省费用，如今许多旅行社对非VIP团采取行李同车方式，不派行李车也不派行李员，由游客自己带行李上车，司机、导游员协助）。若有行李未到或破损，导游员应协助当事人到机场登记处或其他有关部门办理行李丢失或赔偿申报手续。

（3）集合并引导游客登车。地陪要提醒游客带齐手提行李和随身物品，引导游客前往乘车处，并给客人必要的帮助。在帮助客人时，要注意东西方客人的差别，对西方客人不要过分殷勤，以免引起其反感。客人上车时，地陪应站在车门旁，搀扶或协助老弱病残孕等客人上车。上车后，地陪应协助全陪和领队安排游客就座，待客人坐稳后，再检查一下行李架上的物品是否放稳。礼貌地清点人数（在车门旁协助客人上车时也可以清点），待客人到齐坐稳后请司机开车。在司机发动车辆之前，地陪应再次提醒："车就要开动了，请您坐稳"。并讲清乘车注意事项。

3. 赴饭店途中的服务

（1）致欢迎词。见到客人后，导游员要以热情洋溢的语言欢迎客人的光临。旅游车启动后导游要热情地致欢迎词，以期获得良好的第一印象。地陪向旅游团全体游客致欢迎词的内容应视旅游团的性质，游客的文化水平、职业、年龄等具体情况而有所不同，要注意用词恰当，给客人以亲切、热情、可信之感。请看下面的欢迎词：

亲爱的朋友们：

大家好！欢迎大家来日照参观游览。刚下火车，旅途奔波，大家辛苦了。我谨代表我们××旅行社的全体工作人员对各位团友的到来表示热烈的欢迎。

首先我想让大家认识一下我、司机师傅和旗帜。我就是本团的导游王芳，大家叫我王导或者小王就可以了。这位司机师傅哪，他姓李，李师傅是我们社里资格最老、技术最娴熟的一位老司机，我们坐他的车是安全又快速。旅游车是白色的现代，车号是××。大家这两天的日照之旅就由我和李师傅来陪伴大家。大家如果有什么要求或建议就尽管提出来，我们会本着合理而又可能的原则来满足大家。俗话说得好，"百年修得同船渡"。今天我们同坐一辆车是我们的缘分，希望大家能珍惜这个缘分，相互照顾，相互配合，也希望我的讲解能令各位满意。在此预祝各位朋友能在日照吃得满意，住得舒服，玩得开心，能在日照留下一段美好的回忆。谢谢！

从以上可以看出欢迎词一般要包括：代表所在接待社、本人及司机表示欢迎；介绍参加接待的人员（自己、全陪和司机的姓名，旅游车车牌号、车辆颜色及型号）；表示提供服务的诚挚愿望；预告即将要进行的旅游项目；表达服务集体的良好祝愿。

【补充材料2-3】

文立刀的欢迎词

各位尊敬的游客朋友们（停顿）——吃了吗？

啊？没吃啊，没吃就让刘导我带您吃去吧！我就知道您几位刚下火车（飞机），一路上奔波劳碌的，肯定没吃。其实早给您安排好了，我们马上就要去我们沈阳最有名的特色餐馆——老边饺子，让您先大快朵颐，让您先从味觉上感受一下我们沈阳人的热情！

光顾着说吃了，还没自我介绍一下呢。我呢，叫刘××，沈阳××旅行社的导游员，正宗的东北爷们儿（亮相）。也许有的人觉得我们东北男人比较粗犷，不太适合做导游这种细致的工作。其实不然。经过联合国教科文组织36名专家经过147天的实地调查，得出结论——俺们东北这疙瘩出导游！

您看您别着急鼓掌啊，您得让我给您说出个一二三来不是吗？为什么说我们东北汉子最适合当导游呢？原因如下：一、我们东北人实在，热情，没有坏心眼，这个是全国公认的。所以说我们东北导游的服务肯定是一流的，因为我们热心肠啊！二、导游是个重体力劳动，起早贪黑不说，每天这东跑西颠的，没个好身体可不行。不说别的，您几位游客光玩还累呢，何况是我们导游了，对吧？所以说这就是我们东北人适合做导游的第二个原因。我们牙好，嘿，胃口就好，身体倍儿棒，吃嘛嘛香，您瞅准了——东北男导游！（众人笑）

您可能会说了，小刘你这说得都对，你们东北男导游是有这些优点，不过别的地方的导游就不热情了吗？他们身体也不错啊。而且南方的一些漂亮的导游MM不用说话就光看着，就能让人那么舒服——你行吗？要说这个我真不行。不过我们东北导游还有她们比不了的一点好处呢！什么啊——我们东北导游个个都是兼职保镖！您看您又不信了，哦，说我长得这么瘦弱，还当保镖哪。这您就有所不知了！有句话叫"人不可貌相，海水不可斗量"！不瞒您说，我还真是个练家子！这外练筋骨皮，内练一口气，您就没发现，我这印堂放光，双目如电！真不是和各位吹，什么刀枪剑戟、斧钺钩叉、鞭锏锤抓、镋棍槊棒、拐子流星；带钩儿的、带尖儿的、带刃儿的、带刺儿的、带峨眉针儿的、带锁链儿的，十八般兵刃我是样样——稀松！您看您别乐啊。我这是谦虚，我说我十八般兵刃我样样精通——那是不知道天高地厚，这人外有人，天外有天，自大一点叫个"臭"字。人嘛，得谦虚，练得好得让别人说，你自己说那就没意思了。您看我这么多兵刃我全会，我和谁说了，是不是？您看您又乐了，您是不信是怎么着？您不信您和我这比划比划！我不是说您，我是说您怀里抱着的那个小朋友,敢与我大战三百回合否?

把式把式,全凭架式!没有架式,不算把式!光说不练,那叫假把式;光练不说,那叫傻把式!连说带练,才叫真把式!连盒带药,连工带料,你吃了我的大力丸,甭管你是让刀砍着、斧剁着、车轧着、马趟着、牛顶着、狗咬着、鹰抓着、鸭子踢着……行了,您也甭吃我的大力丸了,我们的饭店到了,您跟我下车去吃饭吧!

资料来源:文立刀,同程网。

(2)调整时间。接入境旅游团时,地陪在致完欢迎词后,要介绍两国(两地)的时差,请客人将自己的时间工具调整到北京时间。如果是有全陪的入境站接团服务,全陪在致欢迎词后一般会介绍两国(两地)时差,协助游客调整时间,地陪不必再重复。

(3)首次沿途导游。地陪必须做好首次沿途导游,以满足游客的好奇心和求知欲。首次沿途导游是显示导游员知识、导游技能和工作能力的大好机会,精彩成功的首次沿途导游会使游客产生信任感和满足感,从而在他们的心中树立起导游员良好的第一印象。首次沿途导游主要是介绍当地的风光、风情以及饭店概况、再集合事宜等。

①介绍沿途风光。地陪做沿途风光导游时,讲解的内容要简明扼要,语言要节奏明快、清晰,景物取舍要得当。要随机应变,见人说人,见物说物,与游客的观赏视角同步。总之,沿途导游贵在灵活,导游员要反应敏锐,掌握好时机。

②介绍当地风情。地陪还应介绍本地的概况,包括本地的土地面积、气候条件、人口、行政区划、社会生活、文化传统、土特产品、历史沿革等,并在适当的时间向游客分发导游图(如果有的话)。同时,还可以适时地介绍本地的市貌、发展概况及沿途经过的重要建筑物、街道等。

③介绍下榻饭店。地陪应向游客介绍该团所住饭店的基本情况:饭店的名称、位置、距机场(车站、码头)的距离、星级、规模、主要设施和设备及其使用方法、入住手续等。

④交代再集合事宜。旅游车驶至下榻的饭店时,地陪应在游客下车前向全体成员讲清并请其记住车牌号码、停车地点和再集合时间。

【补充材料2-4】

广东东莞导游词

各位团友,欢迎大家来到东莞旅游。到我们东莞来第一件需要注意的就是我们这个市名的发音,好多以前来的朋友都给念成"东碗",只因为有个成语叫"莞尔一笑"。您倒是笑得开心了,咱东莞人民可不答应了,怎么变成一只碗了?东莞这里只因为盛产一种水草叫莞草,它的发音是"管",这里又在广州的东边,所以慢慢地就有了东莞这个名字。

有人可能要问了,莞草有什么用处?这莞草在过去用处可大啦。广东天气热,过去的老广东人一年四季床上都铺着席子。席子是什么编成的?就是这莞草了!而且当时还大宗地出口到香港和东南亚,因为那里的天气也都很热嘛!过去广东的学生到北京读书,人人都不带褥子而是带条席子去,大冬天床板上只铺着一条席子,校领导检查学生宿舍时一看就差点落泪,赶紧叫学生处补助他一床褥子,结果过几天去一看,褥子是铺上了,但上面还铺着一条席子。真是拿他们没办法,这就是我们莞草席的巨大吸引力啦!不过现在的莞草业惨啦,因为人们的生活水平提高了,家家装上了空调,结果害得这个行业就此寿终正寝了。如今在东莞要看莞草席,要到博物馆里去看啦!

好,现在我们的车来到了东莞市的市中心。大家看到前面那个有点像天安门一样的古城楼了吗?那就是我们东莞过去的西城门,是明朝时候建的。有游客惊讶了,原来东莞的历史还挺长嘛。其实东莞的历史比这长得多啦,最早在秦始皇那会儿就已在东莞这里设了官府啦,三国时候设了东莞郡,东晋的时候设了东莞县,可惜的是一直到1985年前都一直是东莞县,再没升上去。瞧瞧咱们这里,整整当了快2000年的县啊!

更可惜的是,不知为什么,过去在历史上但凡这里出点什么事都不用东莞这个大名,老用下面镇区的小名。比如说"虎门销烟",这人人都知道吧,可虎门只是咱们东莞的一个镇啊!读过历史书的人个个都知道虎门,可没人知道东莞,要是当年给定名为"东莞销烟",那咱东莞可就早出大名啦!

这个城楼叫迎恩楼,相传在明朝洪武年间,日本海盗常来这里抢掠。当时的东莞四周无遮无挡,于是东莞有一个叫常懿的将领就带领军民在东莞城的四周建起了城墙和东西南北四个城门,整个城墙连起来有1299丈,把整个东莞城都包围了起来。到时把城门一关,小日本海盗就在城外跳脚吧!任它是忍者还是神龟都没能进得来。而且这城墙还有防洪作用,夏天遇到发大水时把城门用沙包堵上,城里就可保不会遭淹,真是造福百姓。所以东莞人民对这个城楼很有感情,即使现在的市区千变万变,总舍不得拆毁这个旧城楼,现在更投巨资把周围改建成了西城门文化广场,成为市民们休闲娱乐和节日举行大型活动的重要场所。大家看这古城楼背后就是东莞最新建成的四星级大酒店,站在这里是不是有一种"一眼尽揽上下五千年"的感觉?

不过过去东莞可没这么漂亮,现在这么靓主要是给深圳逼的。因为我们东莞和深圳都是一条107国道穿起来的,从前人家从深圳一过,哇,那绿化,简直像把苗圃搬到了大街上。再一到东莞，哇，这灰头土脸的，到处都在搞建房，整个一个大工地，街上全是运泥的车，撒得水泥路都变了黄泥路，路边偶尔有点小树，叶子上也铺了一层灰粉，所以那时候东莞的环境名声可差啦。现在您再看，路边都是几重的绿化带，有深绿的树、浅绿的草、火红的花、金黄的瓣，要多靓有多靓，我们现在都以能生活在这里为荣啊！

好，现在大家往车窗前看，看到远处那个前面是中式飞檐翘角琉璃瓦顶，后面是西式厂房的奇怪建筑了吗？那就是著名的瑞士雀巢咖啡公司在东莞设的分厂。他们可能是为了表达对中国文化的尊重，所以把厂的大门和围墙都设计成琉璃瓦顶的，但厂房却保持了西方的建筑特色，而这正非常典型地反映了东莞工业的特点，那就是中外合资。

东莞是广东省著名的侨乡，主要是香港同胞。香港有一句话叫"每十个香港人中就有一个是东莞籍的"。东莞也有一句话是"每一个东莞家庭，都有至少一位亲戚在香港"。可能有人还没有明白这和东莞工业之间的关系。这是因为当时香港接了许多国外的玩具、电子等加工定单，在香港生产人工太贵，于是他们在政策有利之后，都纷纷将厂子搬到了大陆来。搬到大陆哪里最好呢？当然是搬到比较靠近又有熟人的地方啦。所以东莞就成了他们的首选。

而现在已不再只是小型的香港私人企业在东莞设厂了，许多国际知名大公司也选择了东莞，比如著名的诺基亚公司，还有刚才看到的雀巢咖啡公司，还有生产金霸王电池的公司等，还有好多台湾大厂，都是台湾的上市公司，在这里设的厂有些大型到一个厂就有几万人！像最大的裕元鞋厂，是生产耐克、阿迪达斯、菲纳等名牌运动鞋的，一个厂就差不多有十万人啊！有媒体报道，全球的运动鞋中十双有一双是东莞产，全球80%的鼠标产于东莞，这个成绩也是靠大量的外来工人和技术人员努力的结果，所以东莞本地居民是150万，外地的是300万呢。

现在东莞已发生了巨大的变化。过去这里只是一个名不见经传的小县城，从当地的许多地名大家就可以知道，比如说什么篁村、樟村、鸭叫尾、牛屎塘等等。不过现在那些地方可找不到一点村子的样子啦，全都是高楼林立、街道宽阔的市区了。所以像牛屎塘现在也改了名，叫鳌峙塘了，因为它的发音和广东音"牛屎塘"一样，但写出来就不同了，这样高高地挂个大路牌就不那么难看了。

而东莞下面的许多镇也不再是一个农村集镇的样子了。如果大家这几天有机会到东莞的长安、樟木头等处去看看，可能您不得不惊叹它们是一个个小香港呢！东莞的总面积是2465平方公里，要是你问这里面有多少是城市多少是乡村，我简直没法回答你们。因为东莞的乡村也像城市一样高楼大厦，就看看我们等会儿要经过的莞城到厚街镇的沿途，全是厂房、商铺、住宅，已再也找不到镇与镇之间的田野界线了。

项目二　地方陪同导游员实务

大家都看到公路两边有许多繁茂的大树，树冠饱满而圆润，那就是著名的荔枝树！如果大家在5至6月份来到东莞，就可以见到这些大树上全都挂满了红彤彤的荔枝。记得从前有诗人赞它们像"飞焰欲横天"、"红云几万重"，那可真是一点不假。

　　大家都知道荔枝的最大特点就是不耐存放，白居易说它是"一日而色变，二日而香变，三日而味变，四五日外色香味尽去矣"，所以才有杨贵妃"一骑红尘妃子笑"的故事。而现在有了现代化交通工具，就变成"一架飞机大家笑"了。各位是不是也曾在家乡笑过一回啦？不过运出去的再怎么新鲜还是不如来到咱东莞的荔枝村下，亲手从荔枝树上摘下那最大最红的一颗，"啪"的一声掐开皮，一口咬下去那么鲜香噢！那才真的是笑得开怀啊！

　　所以欢迎大家在东莞荔枝上市的时候来东莞。东莞的荔枝品种是全广东最好的，我们东莞人都不吃别市的荔枝呢。不过东莞的好品种荔枝上市时间却非常集中，也就相对较短，只在每年5月到6月的几十天里，其余时候像3、4月的"三月红"和7、8月的"黑叶"都不是好品种，所以你可不要在那几个月来啊。如果你那时候来东莞，吃到了不好的荔枝品种，回去说我们东莞荔枝的坏话，岂不是坏了我们东莞荔枝的名头，那我们的荔枝可不答应啊！

　　说了半天还没给大家正式介绍我们东莞名品荔枝的名字，真有点千呼万唤不出来的劲头呢！东莞最好的荔枝品种叫"糯米滋"，因为它又大又糯，娇嫩香甜，吃完没有一点渣，才得了这么一个形象的名字。而且它的核经过多年挑选培养，都退化掉了，只比一粒大米大不了多少，所以肉特别多，加上它个头又特别大，是一般小个品种荔枝的两三倍。所以如果当年苏东坡吃到了我们东莞的"糯米滋"，那他的诗就要改成"日啖荔枝三十颗"了，因为三百颗一定把他撑趴下了！

　　另一个著名品种叫"桂味"，它的个头小一些，而且表皮极扎人。但大家都知道扎人的玫瑰才特别香，这"桂味"也是，它是荔枝品种里最香的一种，简直是阵阵桂花的芳香呢，所以叫做"桂味"。而且它的肉质较清爽而脆，又不易变质，把一颗"桂味"剥开用纸包着，一日一夜后还滴水不透，这是别的荔枝所不能比的。东莞还有著名的"妃子笑"，就是当年让杨贵妃笑的那种噢，相信它一定也能让各位都笑了吧。听我讲了这么多，各位是不是口水都快流出来了？咦，车上的地板怎么湿了一大片？

　　讲到我们东莞的美食，那可还有精彩的呢！最奇特的当数禾虫。来广东的北方人有一句话说："广东人天上飞的除了飞机、地上四条腿的除了桌椅，其余什么都吃！"哈哈！而我们东莞还有许多更富特色的美食呢，只怕比桌椅板凳更让你难以下咽啦！

第一出名的就是"三禾宴"。它们是"禾虫、禾花雀、禾花鲤"。禾花雀和禾花鲤都是在禾苗开花的时候，专吃禾花长大的小雀和鱼，它们的肉质特别鲜甜。东莞人中有种说法，说一只小小的禾花雀营养顶得上一只老母鸡！所以它的价钱也真的就顶上一只老母鸡了，通常一只半个拳头大的禾花雀都要卖到十几元，有时甚至二十元！禾花鲤就难分辨一些，不过老东莞人还是能从它的肉味上区分出来的，所以商家也不太敢弄虚作假的。

　　而"三禾"中最富传奇色彩的就数禾虫啦！大家知道禾虫是什么吗？就是生长在禾苗上的虫子啊！它大约不到一寸长，软软的，扁扁的，有许多小脚，有点像半大的蚕宝宝，它专门吃禾苗，就有点像青菜虫之类，但比之颜色鲜艳多彩，听起来是不是挺难以下咽？不过虽然它样子可怕，但吃起来可是非常美味且营养丰富，且听我慢慢道来。

　　禾虫只长在珠三角咸淡水交界的禾田里。每年四月、八九月起禾花时成熟。四月的称为早造虫，体瘦色青量少。晚造虫称"金花虫"，是广东人喜欢的靓虫，颜色金黄带红杂绿，爬起来一蠕一曲的很缓慢，丰腴肥嫩，含浆饱满。听着是不是挺可怕？但却是东莞乡土美食家们的最爱噢！

　　听东莞的老人家说，捕捞"金花虫"一般选在初一、十五夜潮水大时，若是月黑夜更理想。涨潮时只需放水浸田，至退潮时在田头渠口处点一马灯，禾虫见光便随水翩然而至，此时只需在渠口外束一密口布袋，抽起放水渠板，禾虫便自投罗网，一网多达几十斤，回来后放入禾桶装盛。看人洗禾虫可是件颇新鲜的事：用两手拉一细绳，往禾虫盘一兜，禾虫就像晒腊肉般挂绳而起，然后将其放至干净盆中，如此反复把禾虫兜净，也颇费心思时间。炮制禾虫就更加复杂啦，先将生油往禾虫盆中淋，禾虫即时在油中蠕动，令人毛骨悚然。稍后放入盐粉，盐粉所到之处，禾虫随即爆浆而亡，爆浆时就像节日的烟火，颇够刺激。

　　此后加入鸡蛋、新会陈皮、增城榄豉、即炸油条搅匀，即可入炉蒸熟。蒸具必须用瓦钵，蒸熟的禾虫稍凉后再连钵烘烤，然后就散发出一阵奇香，没吃过的人一闻也一定会口水直流，不过就是不能看。怎么样，你有没有胆子来一口？也许你要说："还是给我一条椅子腿吧！"

　　好了好了，说了这么一大堆，我们车上可能真的要发洪水了，所以为了世界的和平和安全，请各位马上下车，因为餐厅已经到了，现在大家可以真的去大快朵颐啦！

资料来源：黎泉，《幽默导游词》。

任务三

入住饭店服务

地陪应在游客抵达饭店后协助领队和全陪为游客尽快办理好入店手续、进住房间、取到行李,让游客及时了解饭店的基本情况和住店的注意事项,知道当天或第二天的活动安排。

1. 登记入住

(1) 协助办理住店手续。游客抵达饭店后,地陪要协助领队和全陪办理住店登记手续。

①向饭店交住宿押金,领取住房卡。

②协助领队或全陪分房,把住房卡交给他们分发。

③登记入住时需要游客证件,请领队或全陪收齐,用完后交领队或全陪归还游客。

④地陪要掌握领队、全陪和团员的房间号,并将自己的联系办法如房间号(若地陪住在饭店)、电话号码等告诉全陪和领队,以便有事时尽快联系。请领队或全陪向全团游客公布陪同人员的房间号。

(2) 介绍饭店的设施和服务。进入饭店后,地陪应向全团介绍饭店内的外币兑换处、中西餐厅、娱乐场所、商品部、公共洗手间、医务室等设施的位置,并讲清住店注意事项。

(3) 照顾团员入住。地陪应协助团员找到房间,确定已入住房间。如有单独行李车,地陪还应等待本团行李送达饭店,负责核对行李,督促饭店行李员及时将行李送至游客的房间。导游员还应该及时巡查客人房间,以及时发现并协助处理入住后出现的各类问题。

【补充材料2-5】

地陪导游入住酒店服务细则

入住酒店是地陪导游服务工作中重要的一环,其中有许多工作细节和技巧如果能特别注意,就可以收到事半功倍的效果。

导游带领旅游团赶往将要入住的酒店的途中要提前打电话与酒店总台联系,向有关服务人员讲清楚本团队到达的大约时间、所预订房间的数目等级、所属旅行社的名称和本团团号,以达到提醒酒店有关人员做好接待准备的目的。因为可能会有其他团队与本团队同时到达,酒店一时忙不过来,客人也多,场面就会乱哄哄的,入住手续就会办得比较慢,从而会因等待时间较长而让客人着急上火。试想一下，客人们经过长时间的旅途奔波或者经过一天的旅游活动已经很疲惫了，急切地想到房间休息一下或者洗刷一下，如果让他们在到达酒店后再等待较长的时间，他们是会容易埋怨导游的。如果酒店提前接到了导游的入住通知，就会提前做好相关的接待准备，比如提前把房间准备好，把房间号码确定下来，如果房间钥匙较多的话可以用一个信封或者其他东西放好，把这一个旅游团的入住手续提前准备好。如果同时接待多个旅游团就最好预先做好分工或者在总台之外的大堂内其他地方临时设一个简易接待处，以使登记入住者分流，避免混乱。

抵达客人下榻的酒店前，导游应将饭店的名字、星级、位置、服务及一些明显的标记介绍给客人。给客人的印象应是，你为他们选了个好饭店。还要告诉客人通讯方法，店内设施，如邮电、商店、理发、按摩、外币兑换处的营业时间，房内闭路电视的使用及付费办法，特别要告知客人饭店医务室所处位置，以备有人使用。另外还要讲清楚入住后在房间内停留的时间，再次集合的时间、地点，如果去就餐的话则要讲清楚时间、地点、形式。以避免在旅游者下车后导游再向旅游者宣布时，会因去洗手间或者其他情况而出现一些旅游者不在现场，或者比较混乱而不利于宣布的事情发生。总之这样不仅有利于游客行动，实际上也减少了导游的重复劳动。下车时，导游应该先下去在车门处帮助老弱病残孕等客人下车，并且一定要告诫所有的客人要等到旅游车完全停稳之后才可以动身下车。

到达酒店后，地陪应该协助全陪或领队办理入住手续。快捷的入住饭店的技巧和做法是：首先安排客人。在大厅找排椅子让客人坐下休息，顺手拿些小册子、饭店介绍、景点介绍让客人看看。客人有了可看之物，就不会因干等着而着急了。其次，在客人休息时，领队同当地地陪一起将早已准备好的旅游者名单、身份证号码交给酒店总台服务员。这一过程中一定要是书面的材料，不能是现写或者口述。酒店总台服务员一看材料早已清晰地准备好了，自然愿意先给办，所以便能很快地拿到住房卡。技巧的关键是想得周到，准备工作做得好，到时不忙乱。

入住手续办好后，地陪导游要请领队或者全陪分配住房和分发住房卡，因为他（她）与客人在一起的时间较长，知道如何安排房间才是最好的。不过地陪可以提醒他（她）：可以让客人们自由搭配，应尽量把夫妻安排在同一个房间。如果最后出现了单男单女并且仅剩一个房间时，可以请酒店把标准间调换成同级别的三人间，或者在没有房间的情况下采取在本团其他客人的房间内加床的办法先安排一个人，或者同本团的夫妻客人协商，请他们协助。在这一过程中不可先分配陪同们的房间再分配客人的房间，否则会使客人认为导游只想到了自己而不关心他们。

在客人进房之前,应向大家宣布酒店内就餐的形式、地点、时间以及饭店内的外币兑换处、中西餐厅、娱乐场所、商品部、公共洗手间等设施的位置,以及电梯方向、钥匙卡使用方法,并讲清住店注意事项:不要带走东西,不要损坏东西,在房间内吸烟不要烧坏被子和地毯。请全陪或者领队分发早餐卡(如果还要再从饭店出发,在车上分发即可),告知早餐券勿遗失(与现金同,不再补发)。

地陪导游要把全团客人的房号抄写三份,分别给领队、全陪和自己,以备巡房之用。因为人的记忆会有出错的时候,按已准备好的房号巡房可以避免走错房间或者有漏巡的情况出现。

导游应等待本团行李送达饭店,负责核对行李,督促饭店行李员及时将行李送至游客房间。关于游客行李晚到的问题,导游员不要认为无所谓,绝大多数游客一到宾馆就想洗澡,更有些中年妇女原来就有不化妆不出门的习惯,可见行李对游客是何等重要。此时,导游员一方面要安抚游客,另一方面要找出行李晚到的原因。是行李车出了毛病,还是行李已在宾馆行李房了,只有找到行李晚到的原因,才能向游客有个交代。当然,如果夜间还有其他活动内容,导游员又知道行李要晚到,那么,导游员最好回避关于行李的事,等到夜间活动结束,行李也自然会到达宾馆。一般来说,行李晚到的时间是有限的。

游客进入客房后,地陪应和全陪巡视一遍所有的客房,一切就绪后再离开。因为有许多具体的生活问题,只有客人进入房间后才能发现。比如,行李未到或发错;房内还有其他人住用;房间未经打扫,或缺少卫生间用品;房间不合适,要求调换;门锁有故障;无热水供应,空调失灵;房间有蚊子等。对这些或其他意外问题,导游应协助有关人员妥善解决。另外,对待宾馆服务员的态度问题、电梯出毛病的问题以及伙食不干净等问题,导游员要尽快协调,不能使游客产生怨气和不满。

同时导游可以提醒客人注意看看"饭店注意事项"和"服务指南",以便不违反规定,又能充分享受饭店的服务。

目前我国一些正规星级饭店都有印得极为漂亮的"店徽",店徽上除有饭店图徽外,还标示有地址、电话总机等,导游最好分发一下,并告诉游客,万一自由活动时迷路,可出示店徽给出租车司机。如果游客要求晚上外出自由活动的话,导游要告诫他们注意安全,最好多人结伴进行,并且早点返回。此时游客会感到导游的关心和细致。

贵重钱物要妥善保管,一般饭店都有保险柜,可申请使用。另外,一离开房间,便要锁上房门,钥匙一定要带好。对突然来访者一定要问明情况,再准入房间。总之,出门在外安全第一。个人用品,特别是零星用品要收拾好,保管好,不要随便放,也不要放在枕头下边，以免服务员打扫房间时误为弃物而拿走。

导游应向全团宣布当天和第二天旅游活动的安排、叫早的时间、用餐时间、集合时间和地点。

导游进入客人房间时一定要先敲门征得客人的同意，以避免不必要的尴尬。进入房间（尤其是异性客人的房间）之后，可以把门虚掩上，适当交流后即可退出，如无其他的事情，不可停留过长的时间。

地陪要记住领队和全陪的房号及电话，如果地陪不住在酒店，一定要将自己的联系办法告诉全陪和领队，并保证24小时开机。如果地陪也住在酒店，应该把自己、领队和全陪的房号及电话向客人宣布，以备不时之需。不同的导游同住一个房间时，要注意自己的财物安全，不要使它们离开自己的视线范围，即使是去洗手间或者洗澡时也要把钱包带在身边，有道是"害人之心不可有，防人之心不可无"，一切小心为好。另外在上床休息前，导游最好用热水泡一下脚，或者在床上进行10分钟左右的倒立，以达到减轻疲劳的目的。

导游在结束当天的活动离开饭店之前，应与全陪和领队商定好第二天的叫早时间，并通知全团。地陪则应通知酒店的总服务台或楼层服务台，以保证按时叫早。

另外还要向酒店预订明天的早餐。如果旅游团是乘早班的飞机或火车则需改变用餐时间、地点和方式（如带盒饭），地陪应该及时做好有关安排。

如果地陪导游也住在酒店，那么其起床时间最好用闹钟设定为比客人早30分钟。如果地陪导游不住在酒店，那么导游应该至少提前30分钟到达酒店，以在时间安排上留有余地，提前做好早餐和出发前的各项准备工作。比如：导游可以按时叫醒客人，这是导游对工作负责的表现，会给旅游者留下很好的印象；导游可以利用这段时间招呼早起的游客，听取游客的意见和要求。

导游在起床时要同时叫醒司机，并提醒司机去提前吃饭，因为司机需要在客人吃完饭之前做好行车的准备工作。比如车内有异味，司机需要提前到车上打开车门、车窗以进行通风换气；夏天时需要提前打开空调以降低车内温度；冬天时需要提前发动车辆，打开空调以升高车内温度；打开行李箱以方便客人存放大件行李。

在游客用早餐时，导游要收集好客人的房卡办理退房手续，因为服务员查房也需要一定的时间。导游收集房卡时，最好用一个袋子装一下以防丢失，同时做好纪录工作。

有道是"千金难买回头看"，在客人们吃完早饭离开餐厅时，导游要提醒他们看一下自己的餐桌上、凳子上、凳子靠背上以及桌子底下是否还有自己的物品。

结账离店前，导游应提醒游客结清有关账目，如单间费、小酒吧费、洗衣费等，以及

> 提醒游客归还酒店的房间钥匙和清点随身携带的物品，以防遗失。
>
> 总之，我国有多种形式的旅游酒店，导游入住酒店服务工作也不尽相同，这里只讲了一个大体的原则，还希望导游朋友们灵活运用。

资料来源：仪孝法的博客。

2. 带领旅游团用好第一餐

（1）餐前交代。游客进入房间之前，地陪要向其介绍饭店的就餐形式、地点、时间及餐饮的有关规定（如是否含酒水）。

（2）餐中服务。游客到餐厅用第一餐时，地陪应主动引领，并将领队介绍给餐厅经理或主管服务员，告知旅游团的特殊要求。就餐期间，地陪还要巡视客人餐桌，检查就餐情况，监督餐厅按标准上餐，同时征询客人的意见和建议。

【案例2-1】

沈阳的第一餐

地陪导游员小吴提前来到机场，北京时间18:50，上海一行18名游客准时到达沈阳。15分钟后，游客们在小吴的带领下上了旅游车。飞机上几个小时的飞行，使许多游客显得比较疲倦。小吴看了一下手表，已经19点多了。他问道："大家在飞机上是不是已经用过餐了？"大家说："吃是吃了，可是飞机餐一点也不好吃。我们想来沈阳吃顿正餐，导游有没有安排啊？"小吴在接团前仔细看过接待计划，在行程中，旅行社特地为刚下飞机的客人安排了晚餐。于是小吴说："大家请放心，我们旅行社早已考虑到大家可能在飞机上吃不好晚餐，所以我们现在就到沈阳最有特色的'老边饺子馆'去吃晚餐。东北人有一句话，叫'站着不如倒着，好吃不如饺子'。沈阳的'老边饺子'在全国可是很有名气的。中央电视台的满汉全席比赛——饺子宴，'老边饺子'拿回好几个金奖呢。一会儿保准让大家吃得满意。"

小吴的一席话，将全团游客的热情一下子调动了起来，许多人还在车上讲起了自己在家包饺子的心得。一路轻松，当车子停到饭店门口，小吴第一个从车上下来，一路小跑进了餐厅。原来，他想马上去趟洗手间。客人进到大厅里面，看不见小吴，也不知往哪里走，正在焦急等待时，小吴非常抱歉地跑了出来，将客人引领到提前预订好的餐位上。全陪张小姐和司机师傅一直跟着团队客人，不知道自己该坐在哪里为好。小吴在忙着给客人倒水，二人没好意思上前打扰。此时，服务员过来询问两人是否需要帮助，两人讲明身份后，服务员将其领到陪同座坐下。由于过了用餐高峰，餐厅里的客人不是很多，后厨上菜也很快。也许是这里的饺子确实独树一帜，上海客人品尝后连连称赞。

案例分析 在本案例中，导游员小吴的热情使上海游客一见到他就对他留下了较好的印象，但是在接下来的服务中，小吴有些小的失误。如没有及时引领游客进入餐厅用餐区，忽略了司机和全陪，照顾不周等。

3. 宣布下一步活动安排

（1）事先与全陪和领队商量。地陪在宣布当日或次日活动之前，应当先与全陪和领队商量，达成一致意见。

（2）宣布当日或次日活动。地陪应向全团宣布有关当天和第二天活动的安排，集合的时间、地点。为了尊重全陪和领队，也可以请他们来宣布，以树立全陪和领队在团员中的威信。

（3）确定叫早时间。地陪在结束当天活动离开饭店之前，应与领队商定第二天的叫早时间，并请领队通知全团，地陪则应通知饭店总服务台或楼层服务台。

核对、商定参观游览项目

旅游团开始参观游览之前，地陪应与领队、全陪商定本地所有节目安排，并及时通知到每一位游客。

1. 为什么要核对、商定参观游览项目

（1）这是导游员的一项重要工作。核对、商定日程是旅游团抵达后的导游的一项重要工作，可视作两国（两地）间导游员合作的开始。

（2）游客和领队的权利。旅游团在一地的参观游览内容一般都已明确规定在旅游协议书上了，而且在旅游团到达前，旅行社有关部门已经安排好该团在当地的活动日程了。即便如此，地陪也必须进行核对、商定日程的工作。因为游客有权审核活动计划，也有权提出修改意见。导游员与游客商定日程，既是对游客的尊重，也是一种礼遇。领队希望得到地陪和全陪的尊重和协助，商定日程并宣布活动日程是领队的职权。特种旅游团除参观游览活动外，还有其他特定的任务，商定日程就显得更为重要。

2. 核对、商定日程时出现不同情况的处理

在核对、商定日程时，对出现的不同情况，地陪要采取相应的措施。

（1）游客提出小的修改意见或增加新的游览项目时。地陪要及时向旅行社有关部门反映，对合理又可能满足的项目，应尽力予以安排。需要加收费用的项目，地陪应事先向领队或游客讲明，并按有关规定收取。对于无法满足的要求，要详细解释，耐心说服。

（2）游客提出的要求与原日程不符且又涉及接待规格时。地陪一般应婉言拒绝，如确有特殊理由，并且由领队提出时，地陪必须请示旅行社有关部门并在其指示下按有关规定办理。

（3）领队或全陪手中的旅行计划与地陪的接待计划有部分出入时。地陪首先要及时报告旅行社查明原因，分清责任。若是接待方的责任，地陪应实事求是地说明情况，并向领队和游客赔礼道歉。

参观游览服务

参观游览活动是旅游产品消费的主要内容，是游客期望的旅游活动的核心部分，也是导游服务工作的核心环节。

1. 游览前的准备工作

（1）带好导游工具，准备好导游旗、胸卡和必要的票证。

（2）与司机协调，督促司机做好各项准备工作。

（3）与就餐餐馆协调，核实餐饮落实情况。

（4）提前到达集合地点。出发前，地陪应提前10分钟到达集合地点。提前到达不仅是为了在时间上留有余地，能够应付紧急突发的事件，也是为了礼貌地招呼早到的游客，询问游客的意见和建议，同时有一些工作必须在出发前完成。

（5）核实、清点实到人数。若发现有游客未到，地陪应向领队或其他游客问明原因，设法及时找到；若有的游客愿意留在饭店或不随团活动，地陪要问清情况并妥善安排，必要时要报告饭店有关部门。

（6）提醒注意事项。地陪要向游客预报当日天气和游览点的地形、行走路线的长短等情况，必要时提醒游客带好衣服、雨具、换鞋等。地陪或全陪还应当提醒游客在旅游行程中，要遵守当地的习俗或规定,做文明游客。

(7) 集合、登车。早餐时应向游客问候,提醒其集合时间和地点。游客陆续到达停车地点后,要清点实到人数并请游客及时上车。地陪应站在车门一侧,一面招呼大家上车,一面扶助老弱者登车,开车前要再次清点人数。

【补充材料 2-6】

地陪导游用车细则

导游带团用车中的工作细则如下。

1. 上团前的准备细则

与旅游汽车公司或与车主联系,联系到本团用车的专职司机,向他了解、确定为该团提供交通服务的车辆的车型、车牌号和司机姓名、联系方式(手机、小灵通或家庭电话等),以保证联系畅通。

了解车内设施,问清楚旅游车内是否有空调,若有空调则要问清楚是否运转正常,是否漏水。车上是否有麦克风,麦克风是否还能用。车上是否有车载电视,是否运转良好,车上有什么 VCD 光盘、磁带或影音存储设备,导游是否有必要带上一些(以喜剧片和小品类最佳)。并提醒司机检查车辆,排查车辆隐患。

问清楚司机车上有多少个座位,有多少个加(夹)座,有没有坏了的座位,以便在安排旅游者落座的时候,做到有的放矢。

与司机确定接头的时间和地点,并告知其旅游活动日程安排和具体时间,告诉司机自己是否需要接送,应注意的是,忌讳让司机绕路接送自己。

向司机了解他是否熟悉行车路线,因为司机熟悉路线,经验丰富,是导游服务工作得以顺利进行的重要保证。当司机和导游都不熟悉路线时,最好考虑更换一方或双方,也可以选择带导航设备。

接大型旅游团时旅游车上应贴上编号或醒目的标志,以方便客人和导游认找。

若该团前往需办理车辆通行证的地区,则要问清楚司机是否已办理妥当;如没有,则必须提醒司机抓紧办理好。

2. 接团时的用车细则

接团前与旅游车司机联络,提醒其出发的时间,确定接头地点。

导游与司机应提前30分钟到达接团地点(机场、车站、码头或者其他约定好的接团地点),并掌握旅游车停放的位置,以最方便旅游者乘车为准则。

接到旅游团后,有一个安排旅游者在旅游车上座位的问题。如果是团队,则应请领队或全陪安排;如果是一个单位单独组团,如果有可能的话,则一定要提醒全陪把这个单位的主要负责人安排在司机座后面的那排座位上,以便其上下车和与导游、司机交流。全陪导游可以安排到最后一排车座当中的位置上。如果是散客拼团,为了防止旅游者在车上争抢座位情况的发生,导游要提前说明排座顺序的原则(一般是以参团报名的先后顺序来确定乘车车座前后顺序),守住车门,点名上车。旅游者中如果有因年龄大或者易晕车而希望坐在前几排座位上的游客,导游应先征得其他客人的谅解,再行照顾。旅游者之间如果要调换前后左右的座位,可以让他们平等地自由协商,导游可以协助,但不可越俎代庖。

一般来说,旅游车的车门处有一个可活动的折叠单座,这是留给地陪导游的。如果旅游车上没有这样的座位,地陪导游要记住在旅游车的第一排座位临近过道的地方,给自己留出一个座位,以方便工作。

旅游车前排几个座位因防护功能差一些,一般不要安排老人、小孩、病人、孕妇或残疾人坐上去,以防止车辆出现紧急制动时发生危险。

3. 旅游车行驶中的服务细则

游客上下旅游车时,导游应站在车门的一侧帮助老人、小孩、病人、孕妇和残疾人上下车。同时导游应坚持最后上车,第一位下车,这样会更有利于照顾游客。下车时,导游应提醒游客带下自己座前的盛垃圾的垃圾袋,在旅游车停稳后再离开自己的座位下车,以免发生危险。

导游应在领队或者全陪的配合下,确认全体游客已经上车并坐好之后再请司机开车。导游人员应提醒晕车的游客提前吃晕车药。若游客晕车,可能的话,可以把车窗打开一些,但不可以让其把头或手伸出车窗之外,以免发生意外。若游客控制不住而呕吐时,导游要提醒他们把呕吐物吐进垃圾袋中。

导游人员在旅游车上进行讲解时,应把腰斜靠在旅游车前排的靠背上,面向游客,双脚呈前后姿势靠稳,不可呈较不安全的立正姿势。如果没有靠背,则最好站在旅游车的第一排处。如果旅游车车身太长,且车上又没有麦克,则最好站在旅游车的中部,或者在旅游车前部讲一段时间,再在旅游车中间重讲一遍。如果车上有安全带,一定要提醒客人系好。如果旅游车的车座靠背可以向后放倒或者向过道一侧拉开,导游要在问清司机后向游客讲明使用方法。

为了防止旅游车行李架上的行李掉落砸伤游客的情况发生,导游人员在旅游车启动时应提醒游客或者导游自己亲自整理行李架上的行李,若行李架上有盖子,一定要盖上。凡是较重的、易滚落的行李都要整理好或者放在旅游车的后排座位上或者旅游车的后备箱中。必要时，导游要隔一段时间就去检查一遍行李架上的行李，以防止其滑落。路况不好时，对这方面的情况要尤其注意。

导游要提醒游客不要把果皮、纸屑直接扔在旅游车车厢内，要放入座位前专用的垃圾袋中，也要请吸烟的游客不要在旅游车车厢内吸烟。

在旅游车上清点人数时，不可以用手指指指点点地数人数，可以用目光默数，不可以发出声来；或者用数空座的方法，但此时一定要注意有小孩在较后的座位上时，导游在前面有可能看不见而数错，这时要从旅游车的后排向前排数。

如果是长途旅行，导游要提醒司机不要疲劳驾驶。若旅游车上有两位司机，要及时换班；若车上只有一位司机，导游要提醒其适时停车休息，夜间行车时更要如此。导游人员在安排活动日程上要留有余地，不要催促司机为抢时间而违章超速行驶。遇有天气不好、交通拥挤和路况不好时要主动提醒司机注意安全，保持车距，谨慎驾驶。

如遇有其他非本车司机的人员要求驾车，导游人员要进行劝阻，不可听之任之。导游还要提醒司机不要饮酒。如遇司机酒后开车，导游人员应立即阻止，并向旅行社领导汇报，请求改派车辆或调换司机。

旅游车行驶途中，不得停车让无关人员上车。若有不明身份者拦车，导游人员应提醒司机不要停车。每行车2小时左右，遇有高速公路上的服务区或普通路上的加油站时，导游应建议游客上厕所。只要发生了游客上下车的情况，导游人员都要在启动车辆前数人数，确认全体游客都已经上车坐稳后再请司机开车。

在旅游车上进行沿途导游时，若遇到一些需要从特定位置观看才能获得最佳观赏效果的景观时，可以请司机放慢车速或者停车。

离开旅游车时，导游人员要提醒游客不要将证件或者贵重物品遗留在车内。游客下车后，导游人员要提醒或者协助司机关好车窗，拉好窗帘，锁好车门。

4. 导游与司机的合作细则

导游人员要尊重司机的人格和劳动，双方的工作应在一种平等友好的气氛中进行，遇到事情多沟通、多交流，不可争强斗胜。年轻导游要多向旅游车老司机学习相关知识。

导游研究日程安排时，应征求司机的意见。

在旅游景点、娱乐购物场所、餐厅和酒店等地点活动时，导游要与司机商定好停车地点和时间，并通知游客。如果是接待外国游客，在旅游车到达景点后，导游人员在用外文向游客宣布集合时间、地点时，要记住用中文告诉司机。

旅游线路有变化时，导游人员应提前告知司机。

导游人员要协助司机做好行车安全工作，如帮助司机更换轮胎，安装或卸下防滑链，或帮助司机进行小修理；保持旅游车的挡风玻璃和车窗的清洁；一般不要与司机在行车途中闲聊；在倒车时，帮司机看着车后的安全；遇有险情时，司机保护车辆和游客，导游人员去求援。

5. 送团用车细则

送团时，旅游车抵达送团地点、游客下车前，导游应提醒游客带齐随身的行李物品，自己先下车，再照顾游客。游客都下车后，导游要再检查一下行李架上和车座下是否还有游客遗漏的物品，若有应立即交还。

送团后，导游要协助司机打扫旅游车内卫生，并对司机的配合工作表示感谢。

如果旅行社有让导游与司机结账的安排，导游要及时与司机结账，并记住向司机索要发票或者收据。

导游下团后，要针对自己带本团用车的过程做一下自我总结，找出经验教训。做得好的地方，继续发扬，做错的地方，下次努力改正。

总之，导游用车工作是整个导游服务中十分重要的一个环节，如果粗心大意，不团结同志，轻则会出现不必要的麻烦，重则会发生无法挽回的事故。所以导游应该做一个有心人，一个善于团结人的人，把工作做细，是可以把导游用车工作做好的。

资料来源：仪孝法，《中国旅游报》。

2. 途中导游、讲解

（1）当日新闻的介绍和活动预报。开车后，地陪要向游客重申当日的活动安排，包括午晚餐的时间、地点，向游客报告到达游览参观点途中大约所需的时间，视情况介绍当日国内外重要新闻或当地重要的新闻事件。

（2）沿途风光导游。在前往景点的途中，地陪应向游客介绍本地的风土人情、自然景观，回答游客提出的问题。

（3）介绍即将游览的景点。抵达景点前，地陪应向游客介绍该景点的简要情况，尤其是景点的历史价值和特色。讲解要简明扼要，目的是为了满足游客事先想了解有关知识的需求，激起其游览景点的愿望，也可节省到目的地后的讲解时间。

（4）活跃车内气氛。有时从一个景点到下一个景点的旅途较长，地陪可以把车内的游客组织起来开展一些有趣的活动，如唱歌、播放光碟、讲段子、脑筋急转弯提问、猜谜语、玩小魔术、学绕口令或方言等，也可以针对游客的层次就大家感兴趣的话题进行讨论。

①唱歌。这是最简单也最常用的方法。导游员可以先为客人演唱本地民歌,接着问客人其家乡有没有"名"歌,怎么唱的,然后请客人教唱,以此把客人的情绪调动起来,形成导游员和客人互动的场景。唱歌不拘形式,清唱、卡拉OK伴唱都行。如果气氛好,导游员还可以与客人对歌,只要能让客人开心就行。不过,如果导游员五音不全,最好唱了第一首歌后就马上转请客人唱,或者改用其他方法活跃气氛。

②播放光碟。长途旅行时,导游员可在旅游车上播放光碟,为游客解闷。播放风光片、民俗介绍片、相声小品甚至轻松愉快的电影都行。但注意不要播放连续剧,以免客人不愿下车。导游要学会车载影音播放器的使用方法,尤其是开关机、选择节目、调节音量等。

③讲段子。讲一些好的段子肯定会有出人意料的搞笑效果。但是导游员要特别注意,不要去讲黄段子以迎合一些游客的低级趣味。

④脑筋急转弯提问、猜谜语和玩小魔术。平时搜集一些脑筋急转弯式的问题也很能派上用场。导游员还可以让客人猜谜语,谜语不能太难,否则游客猜不出来就会失去兴趣。导游员也可以学一些简单的小魔术,教客人变一变,既有趣,又能增强自身亲和力。

⑤学绕口令或方言。例如教客人说"走一走,扭一扭,见一棵柳树搂一搂……"数字依次递增,一直数到十。客人一般数到"走六走、扭六扭"时多会出错。又如请客人数青蛙:"一只青蛙一张嘴,两只眼睛四条腿;两只青蛙两张嘴,四只眼睛八条腿……"以此类推,每人一句,也是数到十。凡量词或数词说错了就要挨罚。客人们的一些口误常常会引来笑声一片。此外,导游员还可在途中适时地教客人一些本地方言,客人几乎都对此很感兴趣。

⑥其他。导游员可以根据团队情况安排其他能激发游客参与热情的活动。比如,如果导游员带的是散客团队,客人来自四面八方,导游员可以让客人讲述自己家乡的情况;如果客人文化修养较高或年轻时尚,可开展关于热点问题的讨论;如果是以妇女为主的团队,美容美发、情感问题、购物是最好的话题。只要导游员善于观察,并事先了解客人的职业背景,就一定能找到客人共同关心的话题,通过恰当的引导和激发,就能掀起团队讨论的高潮,增强团队热闹、团结、友好的气氛。

【补充材料2-7】

注意不同场合的导游讲解技巧

1. 在旅游车、船中的讲解技巧

导游员在旅游车、船中进行讲解时,要注意交通状况、道路或航道的宽窄等,并据此调整讲解内容的多少。一般情况下,导游员在整个旅途中的讲解时间可占60%左右,不必一直不停地讲，要给游客留出观赏、品味的时间。比如，在无锡运河的游船上，导游员介绍了大运河的开凿、功用等概况后，就应让游客尽情欣赏运河两岸的风光。在回程途中，讲解时间以占旅途的20%左右为宜，给游客留有足够的回味与休息的时间。

2. 在景区、景点内的导游讲解技巧

导游员在景区、景点内进行导游讲解时，要从一地移动到另一地，游客在这种行进过程中较少产生厌倦感。但由于景区环境的变化很大，导游员必须通过不断变换声音和位置来吸引游客的注意力。比如，在有台阶的地方，导游员可以站在台阶上讲解；在平地，导游员可以让游客站成半圆形，这样做非常有利于游客听清讲解的内容，也不容易走神。

3. 在博物馆内的导游讲解技巧

博物馆内的东西数量大，种类多，导游员不可能面面俱到地讲解，应从每个展室挑出几件最具代表性的精品来讲深讲透，给游客留下深刻印象。博物馆内团队多，地方小，这时要掌握好快慢速度，尽量避免跟相邻的导游员离得过近，造成互相干扰。如果你的时间多，可多讲，让前面的导游员离你远一些；如果你的时间少，可少讲，超过前面的导游员，以此求得闹中取静。讲解时为了不让别人插进来干扰你和游客的交流，在某一重点展品前你可以让你的团员围成一个半圆形的包围圈，这样你就可以尽情施展自己的讲解技能了。

资料来源：http://www.jqzy.com/sjjpk/dyyw/dy/gxdy.html

3. 景点导游、讲解

（1）交代游览注意事项。抵达景点时，下车前地陪要讲清并提醒游客记住旅游车的型号、颜色、标志、车号、停车地点和开车的时间。在景点示意图前，地陪应讲明游览路线、所需时间、集合的时间和地点等。地陪还应向游客讲明游览过程中的有关注意事项，对可能危及游客人身、财产安全的事项，应当向游客作出真实的说明和明确的警示，并采取防止危害发生的必要措施。

（2）游览中的导游、讲解。抵达景点后，地陪应对景点进行讲解，包括该景点的历史背景、特色、地位、价值等方面的内容。讲解内容要正确无误，繁简适度；在讲解内容的安排上要有艺术性，讲解好比讲故事一样，要有开始、有发展、有高潮、有结局；讲解的语言应丰富生动，富有表现力，如同演员演戏，只有把自己的感情注入到讲解内容上，才能声情并茂地将其表达出来；要注意讲解技巧，充分利用各种导游讲解方法使讲解的内容生动、形象、易懂，让游客印象深刻。

在景点导游的过程中，地陪应保证在计划的时间与费用内，游客能充分地游览、观赏景点内容,做到讲解与引导游览相结合,适当集中与分散相结合,劳逸适度,并应特别关照老弱病残的游客。

【案例2-2】

自然景观的讲解

导游员小赵将游客集中后,开始他此次长白山之行的导游讲解:"各位游客,长白山最著名的景点就是天池。长白山是一座活火山,天池就是这座火山的喷火口。自清乾隆以后,长白山停止了喷火,原来的喷火口成了高山湖泊。因为它所处的位置高,水面海拔达2150米,所以被称为天池。天池呈椭圆形,周围环绕着16个山峰。天池犹如镶嵌在群峰之中的一块碧玉。在晴朗天气,碧水中飘着白云,天水相连、云山相映,云中有山、水中游云,景色异常秀丽。但是,这里经常云雾弥漫,并常有暴雨或冰雹。因此,并不是所有的游客都能看到她秀丽的面容的。天池除了水之外,就是巨大的岩石,没有草木生长。但却不时听到有人说看到有怪兽在池中出没。人们曾多次对天池的水进行过化验,证明天池水中无任何生物。既然水中没有生物,若有怪兽,它吃什么呢?"

游客们听过小赵的讲解后,迫不及待地拿起手中的照相机或摄像机,将眼前的美景拍摄了下来。

案例分析 自然景观的讲解,最重要的是抓住景观的核心。以长白山为例,天池是这里最大的亮点。许多游客不止一次登上长白山,目的就是要亲眼看见这著名的天池美景。

自然景观的讲解,还要突出此景与其他景观的差异。长白山是座活火山,而天池就是火山喷发后在火山口形成的高山湖泊,此外,长白山的天气就像小孩子的脸说变就变。这些对喜欢自然景观的游客来说最有吸引力。

自然景观的讲解,要引导游客观察,引导游客审美。众多游客在长白山参观时,对浮现在天池水面上的火山石非常感兴趣。导游员可以在保证游客安全的前提下,与游客一同鉴赏。

自然景观的讲解,还要满足游客的猎奇心理。天池怪物的传说是吸引游客的另一个主要因素,导游员在讲解中应在尊重事实的基础上,满足游客的好奇心。

(3) 留意游客动向。在景点导游过程中,地陪应注意游客的安全,要自始至终与游客在一起活动。注意游客的动向并观察周围的环境,和全陪、领队密切配合并随时清点人数,防止游客走失等意外事件的发生。

> **【案例 2-3】**
>
> **游客走失**
>
> 广东某旅行社组织游客到山东旅游，在游览曲阜孔庙时，导游员向游客强调不走回头路并介绍游览路线，要南门进，东门出。但由于人多，很多游客没有听清楚。美丽的景色，雄伟的建筑，使他们流连忘返，不停地拍照留念，有些游客不知不觉便脱离了队伍。导游员一路讲解，并没有经常清点人数，在东门游览结束时，发现少了数名游客，于是请全陪照顾旅游团回宾馆，自己则连同"三孔"管委会的工作人员一起寻找。偏殿、厕所、每一道门坊都找遍了，仍不见游客踪影，正在失望之际，全陪打来电话告之，游客找不到团队，就自己打的回宾馆了，现在正在大厅喝茶。
>
> **案例点评**　尽管导游员在游览前交代了注意事项，但地陪导游员没有考虑到人多杂乱，许多游客有听不清的情况。而且在导游讲解过程中，地陪没有留意游客的动向，没有和全陪配合好，让其断后，所以造成了游客意外走失的情况的发生。

4. 参观活动

（1）提前落实。旅游团的参观活动一般都需要提前联络，安排落实并有专人接待。一般是先介绍情况，然后引导参观。

（2）翻译、讲解。带外团时，地陪的翻译要正确、传神。介绍者的言语若有不妥之处，地陪在翻译前应给予提醒，请其纠正，如来不及可改译或不译，但事后要说明。必要时还要把关，以免泄露了有价值的经济情报。

5. 返程途中的工作

（1）当天活动回顾。返程中，地陪应回顾当天参观、游览的内容，必要时可补充讲解，回答游客的问询。

（2）沿途风光导游。如旅行车不从原路返回饭店，地陪应做沿途风光导游。

（3）宣布次日活动。返回饭店下车前，地陪要预报晚上或次日的活动日程、出发时间、集合地点等。提醒游客带好随身物品。地陪要先下车，照顾游客下车，再向他们告别。

任务六

购物、餐饮、社交娱乐服务

1. 购物服务

旅游购物是增加旅游收入的重要手段。世界上旅游业发达的国家或地区，往往十分重视旅游商品的开发，并努力提高旅游商品收入在旅游总收入中的比重，以求达到一业兴百业旺的效果。地陪应该在旅游合同允许的范围内，鼓励并正确引导客人购物。

（1）地陪指导客人购物的正确方法。

①定时定点购物。地陪应严格按照旅游合同规定的时间和次数安排旅游团到旅行社指定的商店购物，同时必须遵循客人自愿的原则。一般每次购物的时间不超过40分钟。

②如实介绍商品。地陪应如实地向客人介绍本地商品的特色及选购方法，突出商品的实用性、收藏性、装饰性和纪念性。如果地陪知道某些商店价格虚高，就应事先提醒游客谨防上当。地陪对不熟悉的商品及其价格不要轻易发表意见，以免引起不必要的误解，可以如实地告诉游客自己对该类商品不太了解。

③不强劝客人购物。由于质地、价格、款式等原因，客人可能对购买某些商品表现出犹豫不决的神态。如果此时地陪鼓动游客购买，当客人后悔时，尤其是在别的地方又看到这种商品，且价格比先前买的低，游客就会怀疑地陪在先前的购买中拿了回扣，从而对地陪的服务心生不满。

导游员不得要求旅游者必须参加旅行社安排的购物活动；导游员不得因旅游者拒绝参加旅行社安排的购物活动而以任何借口、理由，拒绝继续履行合同、提供服务，或者以拒绝继续履行合同、提供服务相威胁。

④购买文物。地陪若带海外游客购买古玩或仿古艺术品，一定要将客人带到正规的文物商店购买，并请客人保护好文物上的火漆印，并保留购物发票，以备海关查验。

⑤购买药材。地陪带游客购买中药材或中成药时，要介绍游客到质量可靠、有信誉的大药店消费，并告知我国海关准许带出的药品限额，尤其注意提醒游客，我国海关严禁携带麝香、犀牛角和虎骨出入境。

（2）对购物方面游客个别要求的处理。在购物方面，游客往往会提出各种各样的特殊要求,导游员要不怕麻烦,并设法予以满足。

①要求单独外出购物。游客要求单独外出购物时,导游员要予以协助,当好购物参谋。例如建议他去哪家商场购物,为他安排出租车并写便条让其带上(便条上写明商店名称、地址和饭店名称)等。但在旅游团快要离开本地时,要劝阻游客单独外出购物。

②要求退换商品。游客购物后发现商品是残次品、计价有误或对物品不满意,要求导游员帮其退换时,导游员应积极协助,必要时需陪同前往。

③要求再去商店购买相中的商品。游客在某家商店相中某一贵重商品,当时犹豫不决,回饭店后下决心购买,要求导游员协助时,一般情况下,只要时间许可,导游员可写个便条(写上商品名称、请售货员协助之类的)让其租车前往商店购买,也可陪同前往。

④要求代为托运。游客购买大件物品后,要求导游员帮忙托运时,导游员可告知外汇商店(一般经营托运业务),若商店无托运业务,导游员要协助游客办理托运手续。

游客欲购某一商品,但当时无货,请导游员代为购买并托运时,对这类要求,导游员一般应婉拒。实在推托不掉时,导游员要请示领导。一旦接受了游客的委托,导游员应在领导的指示下认真办理委托事宜:收取足够的钱款(余额在事后由旅行社退还给委托者),将发票、托运单及托运费收据寄给委托人,旅行社保存影印件,以备查验。

2. 餐饮服务

(1) 地陪餐饮服务规范。

①地陪要提前落实本团当天的用餐事宜,对午晚餐的用餐地点、时间、人数、标准、特殊要求等逐一核实并确认。

②用餐时,地陪应引导游客进入餐厅入座,介绍餐厅的有关设施、饭菜特色等。

③向领队告知地陪、全陪的用餐地点及用餐后全团的出发时间。

④用餐过程中,地陪要巡视旅游团的用餐情况,解答游客在用餐中提出的问题,并监督、检查餐厅是否按标准提供了服务并解决可能出现的问题。

⑤用餐完毕,要提醒游客不要遗落自己的随身物品,并告知其下一步的活动安排,集合地点和时间。

(2) 对餐饮方面个别要求的处理。

①特殊的饮食要求。由于宗教信仰、生活习惯、身体状况等原因,有些游客会提出饮食方面的特殊要求,例如不吃荤,不吃油腻、辛辣食品,不吃猪肉或其他肉食,甚至不吃盐、糖、香菜、姜或醋等。若所提要求在旅游合同中有明文规定的,接待方旅行社需早作安排,地陪在接团前应检查落实相关情况,不折不扣地兑现。若游客在旅游团抵达后提出,需视情

况而定。一般情况下地陪应与餐厅联系，在可能的情况下尽量满足其要求。如确有困难，地陪可协助其自行解决。

②要求换餐。有时游客会要求换餐，如将中餐换成西餐，便餐换成风味餐等。如旅游团在用餐前3小时提出换餐要求，地陪要尽量与餐厅联系，按有关规定办理。如在接近用餐时提出换餐，一般不应接受要求，但导游员应做好解释工作。若游客仍坚持换餐，导游员可建议他们自己点菜，费用自理。对游客加菜、加饮料等要求应满足，但费用自理。

③要求单独用餐。由于旅游团的内部矛盾或其他原因，个别游客要求单独用餐。此时，导游员要耐心解释，并告诉领队请其调解。如游客坚持，导游员可协助与餐厅联系，但餐费自理，并告知其综合服务费不会退还。

④要求提供客房内用餐服务。若游客生病，导游员可请饭店服务员将饭菜端进房间以示关怀。若是健康的游客希望在客房用餐，应视情况办理。如果餐厅能提供此项服务，可满足游客的要求，但需告知其服务费自理。

⑤要求自费品尝风味食品。旅游团要求外出自费品尝风味食品，导游员应予以协助，与有关餐厅联系订餐。风味餐订妥后旅游团又想不去，导游员应劝他们在约定时间前往餐厅，并说明若不去用餐需赔偿餐厅的损失。

⑥要求推迟晚餐时间。游客因生活习惯或其他原因要求推迟用晚餐的时间，导游员可与餐厅联系，视餐厅的具体情况来处理。一般情况下，导游员要向旅游团说明餐厅有固定的用餐时间，过时用餐需另付服务费。

【补充材料2-8】

导游用餐服务细则

旅游用餐服务是导游服务中重要的一环，其中有许多工作细节和技巧如果能特别注意，就可以收到事半功倍的效果。我作为一个老导游，愿意把自己的工作体会与大家交流一下。

导游要在旅游团到来之前记住餐厅的联系电话并要事先确定相关事宜。如果餐厅有数层楼或房间，导游更要事先问清楚，免得到时候跑上跑下。在旅游旺季时要与餐厅提前确认用餐时间，以避免没有餐位的情况出现。

导游要至少提前半小时给酒店餐厅打电话，说明旅游团大约将在何时到达，以便餐厅做好准备。导游应提前向餐厅经理或主管服务员说明旅游团人数、饮食习惯（尤其要注意南方与北方、东方与西方不同的饮食要求）、特殊要求（尤其要注意清真餐的安排）和餐标（尽量避免当着游客的面与餐厅人员谈论餐标及结算事项）等，还要特别提醒半餐和不含餐的儿童的人数。

　　导游应在快要到达餐厅时，在旅游者下车之前，向全体旅游团成员宣布餐厅内的就餐形式、地点、时间以及用餐后的集合出发的时间、地点，以避免旅游者到餐厅坐下后，导游再向旅游者宣布时，有一些旅游者去洗手间，或者因其他情况而出现一些旅游者不在现场，或者比较混乱而不利于宣布的事情发生。

　　客人用第一餐时，地陪导游应亲自带领他们进入餐厅，帮助他们找到自己的用餐桌次，向他们介绍用餐的有关事项，比如八菜一汤，十人一桌，酒水自理等等。分餐桌时，可以由客人自由搭配或者请领队和全陪来安排，夫妻及他们的孩子要尽量安排在同一个餐桌。

　　导游要提醒旅游者注意保管好自己随身携带的物品，不要把自己的物品挂在椅子的靠背上，尤其是在门口和过道边上的客人。

　　导游要协同餐厅服务人员给客人指示餐厅洗手间的位置。旅游者坐下后，导游要提醒饭店服务员上茶水。并向领队告知自己、全陪和司机的用餐地点。

　　导游要提醒餐厅饭菜要同时上，并且同时上几个菜，不至于使桌上空着。不能先上菜后上饭，否则菜很快就会被吃光，如有必要筷子也可以等一桌的游客都到后再上。如果同一个旅游团内客人多，车辆多，要把餐厅的餐桌标上车次，以方便客人认找和避免混乱。

　　用餐时导游应随时注意客人的情况，并巡视旅游团的用餐情况一两次，解答旅游者在用餐中提出的问题。并监督检查餐厅是否按标准提供服务，如果发现食物、饮料不卫生或者有异味、变质等情况，导游人员应立即要求更换，并要求餐厅负责人出面道歉，必要时要向旅行社汇报。导游不能只顾自己吃而不管客人，也不能客人还没有用餐时自己先去吃饭。导游吃饭应该要比较快，要在客人用餐完毕之前完成"任务"，不能让客人等导游。

　　如果餐厅服务人员忙不过来，导游人员可以主动帮忙，为游客服务。虽是端茶、倒水、传菜的小事，只要你做得真诚，客人就会看在眼里，记在心里，从而认可你的服务。

　　如果酒店的餐厅早餐是自助餐，要请全陪或者领队分发早餐卡。如果不是自助餐，导游要向旅游团成员和餐厅服务人员交代清楚，只有在一个餐桌坐满定额的客人之后才可以供餐，以防止后到的客人没有饭吃。

　　为了预防因为水土不服或者病菌而导致的"拉肚子"的情况出现，及内陆人来到沿海城市旅游，在用餐时特别是用海鲜餐时，导游要交代客人多吃一些姜、蒜、醋。即使要喝酒，也最好劝他们喝一些白酒，最好不要喝啤酒。

　　用餐期间，如果导游和游客一起用餐，导游要介绍饭菜的特点，解答客人在用餐过程中的提问，比如：在济南要讲济南菜，像九转大肠、黄河鲤鱼、宫爆鸡丁等；在泰安要讲白菜、豆腐、水的三美宴；在曲阜要讲孔府宴，像诗礼银杏、一品豆腐、带子上朝、神仙鸭子等的特点、历史掌故等。在中国，大凡是风景名胜之地，肯定会有与景色相关的名菜，如糖醋黄河鲤鱼、虎跑素腿、东坡肉等等。中餐最讲究色、香、味、形、声、器六个字。前面四个字好理解，后面的"声"是指就餐时嚼着脆而有声，有的菜，像四川名菜"三鲜锅巴"，浇汁时要发出声音来，叫做"声声报喜"。器是讲器皿，器皿在中餐中最讲究，如，什么席用什么瓷器，什么菜放在什么盘上，像"满汉全席"盘子一定要含黄色，因为它是皇家菜的象征，容不得一点儿差错。如果导游与游客分开用餐，导游要对当地的一些用餐习俗、禁忌等做一些介绍。但是导游在介绍时一定不要口沫飞溅，叨唠不停。

游客品尝风味美食有两种形式，一种是计划内的，一种是计划外的。后一种是游客自费品尝的味，若其邀请导游人员参加，导游人员应注意不要反客为主，同时要向游客介绍风味名菜及其吃法并进行广泛交谈。

导游陪同游客一同用餐时，应有礼貌，尊重客人的风俗习惯，不得做任何有失礼节的事情，如强行劝酒、划酒令等。凡是应邀参加游客自费的宴请时，导游员不要反客为主，不要主动布菜，更不要劝酒、祝酒等，不可本末倒置，饮酒不可超过自己酒量的三分之一。

若餐后旅游团要离开本地，在游客用餐前，导游要收集好客人的房卡，在客人用餐时办理退房手续，因为服务员查房需要一定的时间。导游收集房卡时，最好用一个袋子装一下，以防止丢失，同时做好记录工作。

导游还要运用自己的知识帮助客人避免水土不服和"上火"。首先应注意饮食，不要吃太多的大鱼大肉，饭菜可以清淡一些，多吃些青菜，多吃软食，如面条、粥等应该多准备些。酒是"上火"之物，在旅途中不要太贪杯。应该多喝开水，同时要注意一些"饮料"并不一定适合身体不舒服的客人。

如果旅游团是乘早班的飞机或火车则需改变用餐时间、地点和方式（如带盒饭），地陪应该及时做好有关安排。

用餐后，按实际用餐人数、标准和领用的酒水数量，如实填写《餐饮费结算单》，与供餐单位结账。并提醒客人检查自己的随身物品，也要提游客为自己的额外消费结账并向餐厅索要正规发票。

带团结束后，导游要针对自己带团过程中的用餐服务进行总结，吸取经验教训。

资料来源：仪孝法，《旅行社之友》。

3. 社交娱乐活动

除参观游览活动外，丰富多彩的社交娱乐活动也是旅游生活中必不可少的部分，是参观游览活动的延续和补充，地陪要努力为游客安排好文明、健康的各类社交娱乐活动。

（1）宴请。关于宴请的注意事项请参照项目一中"赴宴时的礼节"的相关内容。

（2）品尝风味小吃。品尝具有地方特色的风味小吃，是游客经常参加的活动。

（3）会见。游客（主要是专业旅游团的游客）会见同行或负责人，导游员可提供必要帮助。若是海外团，地陪应事先了解其会见时是否会互赠礼品，礼品中是否有应税物品，若有应提醒有关方面办妥必要的手续。游客若要会见在华亲友，导游员应协助安排，但在一般情况下无充当翻译的义务。

（4）舞会。舞会包括有关单位组织的社交性舞会，也有游客自己购票的娱乐性舞会。对前者导游员一般应陪同前往，后者地陪可代为购票，是否参加自便，但无陪舞的义务。

（5）观看文娱节目。安排游客观看计划内的文娱节目时，地陪需陪同前往，并向游客简单介绍节目内容及其特点，引导游客入座，介绍剧场设施、位置，解答游客的问题。在游客观看节目的过程中，地陪要自始至终坚守岗位。在大型娱乐场所，地陪应提醒游客不要走散并注意他们的动向和周围的环境，以防不测。

送 客 服 务

在旅游团结束了本地的参观游览活动后，地陪应做到使游客顺利、安全离站，使遗留问题得到及时妥善的处理。

1. 送站前的工作

（1）核实、确认交通票据。旅游团离开的前一天，地陪应核实旅游团离开的机（车、船）票，要核对姓名、人数、去向、航班（车次、船次）、起飞（开车、起航）时间（时间要做到四核实：计划时间、时刻表时间、票面时间、问询时间）、在哪个机场（车站、码头）启程等事项。如果航班（车次、船次）和时间有变更，应当问清团队操作人员是否已通知下一站接待社，以免造成漏接或空接。

若系乘飞机离境的旅游团，地陪还应协助领队提前72小时确认机票。

（2）商定出交接行李的时间。地陪应先与旅行社行李部联系，了解旅行社行李员（如今非VIP入境团和绝大多数的国内团不派旅行社行李员，而由地陪负责旅行社行李员的工作）与饭店交接行李的时间（或按旅行社规定的时间），然后与饭店行李部商定地陪、全陪、领队与饭店行李员四方交接行李的时间，再与领队、全陪商定游客出行李的时间，然后再通知游客。

（3）商定叫早、早餐和出发的时间。一般由地陪与司机商定出发时间，但为了安排得更合理，还应及时与领队、全陪商议，确定后及时通知游客。

地陪应与领队、全陪商定叫早和用早餐的时间，并通知饭店有关部门和游客。如果该团是乘早航或早班火车则需改变用餐时间、地点和方式（如带盒饭），地陪应及时做好有关安排。

（4）协助饭店与游客结清有关账目。提醒游客尽早与饭店结清有关账目（如洗衣费、长途电话费、饮料费等）。若游客损坏了客房设备，地陪应协助饭店妥善处理赔偿事宜。

地陪应及时通知饭店有关部门旅游团的离店时间，提醒其与游客结清账目。

（5）及时归还证件。一般情况下，地陪不应保管旅游团的有关证件，用完后应立即由领队或全陪归还给游客。在离站前一天，地陪要检查自己的物品，看是否保留有游客的证件、票据等，若有应立即归还，当面点清。出境前要提醒领队准备好游客的全部护照和申报单，以便交予边防站和海关检查。

2. 离店服务

（1）交运行李。离开饭店前，地陪要按商定好的时间与饭店行李员办好行李交接手续。游客的行李集中后，地陪应与领队、全陪共同确认托运行李的件数（包括全陪托运的行李），检查行李是否上锁，捆扎是否牢固，有无破损等，然后交付饭店行李员，填写行李运送卡。行李件数一定要当着行李员的面点清，同时告知领队和全陪。但如果是行李和游客同车的话，就可以叫饭店行李员直接把行李搬进旅游车的行李箱里。

（2）办理退房手续。旅游团离开饭店前，无特殊原因地陪应在中午12点以前办理好退房手续（或通知有关人员办理）。

（3）集合、登车。出发前，地陪应询问游客是否已结清账目，提醒游客不要遗落物品；收集好房间钥匙交回饭店服务台，并办理退房手续。

集合游客上车，再次清点人数，并提醒游客检查随身携带的物品。

3. 送行服务

（1）致欢送词。导游员致欢送词可以加深与游客之间的感情。致欢送词时语气应真挚、富有感情。地点可选在行车途中，也可在机场（车站、码头）。欢送词的内容应包括：回顾旅游活动，感谢大家的合作；表达友谊和惜别之情；诚恳征求游客的意见和建议；表达美好的祝愿。

【补充材料2-9】

欢送词三则

女士们、先生们：

我们现在乘车前往济南遥墙国际机场，很快就要分手了。中国有句俗话："见时容易别时难。"在此即将告别之际，更加让我感到友谊情深，难舍难分！

咱们这个旅行团在济南逗留了两天。时间虽然有限，但我们的日程安排得既紧凑又丰富。我们游览了天下第一泉趵突泉、泉城明珠大明湖、泉城南部屏风千佛山、全国四大名刹之首的灵岩寺等；观赏了捏面人、制陶器等表演；品尝了糖醋黄河鲤鱼、九转大肠等名菜佳肴及风味小吃；购买了木鱼石、鲁锦等地方特色浓郁的旅游纪念品，可谓既饱眼福又饱口服，高兴而来、满载而归！

我们这次济南之行，可以说是一次顺利的、愉快的旅游！这次旅行能取得成功，是全体团友和领队先生大力协作、共同努力的结果！我和司机先生对各位的热情合作与帮助，在此表示衷心的感谢！

各位团友，近年来济南市旅游业的发展突飞猛进，取得了较大成就。我们在接待服务等方面，可能存在一些不尽如人意的地方。如果有这种情况的话，请各位留下宝贵意见，以利于我们改进工作，将来更好地为大家服务。欢迎各位再来美丽的泉城。

好了，机场马上就要到了，我和司机师傅，最后祝福大家旅途顺利！

亲爱的各位朋友：

此时此刻，大家的太姥山之行就要画上一个圆满的句号了，希望小仪没有给大家留下太多的问号，而太姥山给大家的是一个大大的惊叹号，大家带回家的是一连串的省略号，现在大家可否给小仪一个"茄子"的符号，谢谢！非常感谢大家在这几天的行程当中对小仪工作的支持与配合，如果有不足之处请多多包涵。祝大家百事可乐、万事芬达、爱情鲜橙多、天天娃哈哈、月月乐百事、年年高乐高、永远都醒目！小仪会记住大家的每一张可爱的面容，也希望大家不管是从小仪家乡的上空经过还是从高速公路飞驰而过，都记得你们在这里有个导游朋友——小仪！最后祝大家一路顺风！

各位游客朋友：

我们的行程到这儿就基本结束了，与大家在一起相处的日子非常开心。我希望我给各位带来过的开心和欢乐,以后会让你们想起这里还有一位你们的朋友——小胡导游。

我想用四个"yuan"字来表达我的心情:

第一个是缘分的缘,我们能够相识就是缘。人说"百年修得同船渡",我们也修得同车行。现在我们就要分开了,缘却未尽,这只是一个开始。

再一个就是源头的源,我相信这次旅程是我和各位朋友友谊的开始。

第三个是原谅的原,在这次七天的旅程中,我可能还有许多做得不好、不够的地方,都是多亏了大家对我的理解和帮助才能顺利完成这次旅程。我在这儿,真诚地希望大家能原谅导游小胡。

最后是圆满的圆,朋友们,我们的旅程到这儿就圆满地结束了。预祝大家在以后的工作中更上一层楼!

资料来源:http://www.examda.com/dy/exam/20060727/144932956-2.html

(2)提前到达离站地点。地陪带团到达机场(车站、码头)时必须留出充裕的时间。具体要求是:出境或去沿海城市的航班,提前2小时(现在有些机场,如北京要求提前3小时),乘国内航线飞机提前1.5小时,乘火车提前1小时。旅游车到达机场(车站、码头),游客下车前,地陪应提醒游客带齐随身的行李物品,照顾全团游客下车后,要再检查一下车内有无游客遗漏的物品。

(3)办理离站手续。

①国内航班(车、船)的离开手续。

第一,移交交通票据和行李票。到机场(车站、码头)后,地陪将交通票据和行李托运单或行李卡一一清点无误后交给全陪(无全陪的团则交给领队),请其清点核实。

第二,与全陪按规定办理好财务拨款结算手续并妥善保管好单据。

第三,等旅游团所乘交通工具启动后,地陪方可离开。

②国际航班(车、船)的出境手续。

第一,移交行李。送出境的旅游团,地陪应和领队、全陪一起(与旅行社行李员)交接行李,清点、核查后协助其将行李交给每位游客,由游客自己携带行李办理托运手续。

第二,地陪要向领队(或游客)介绍办理出境手续的程序。

第三,与全陪办理财务拨款结算手续并妥善保管好单据;将返程交通票据交给全陪。

第四,旅游团进入隔离区后,地陪、全陪方可离开。

(4)与司机结账。送走旅游团后,地陪应与司机核实用车里程数,在用车单据上签字,并要保留好单据。

任务八
后续工作

1. 处理遗留问题

下团后,地陪应认真、妥善地处理好旅游团的遗留问题,按有关规定和领导的指示办理游客临行前委托办理的事宜。

(1) 对游客要求转递的信件和资料的处理。若游客要求转递信件或资料,导游员应说服游客自己去邮局办理,但可提供必要的协助。若要求转递的是重要资料和信件,最好让其自行处理。若导游员答应转递,则应做必要的记录并留下委托者的详细通讯地址。收件人收到资料和信件后要出具收据,交旅行社保存。如果外国游客要求导游员帮助其将物品或信件转递给外国驻华使领馆及其人员,导游员应建议其自行办理,但可给予必要的协助。若游客确有困难不能亲自转递,导游员应详细了解情况并向旅行社领导请示,将物品和信件交给旅行社,由其转递。

(2) 对游客要求转递物品的处理。游客要求转递物品时,导游员必须问清是何物。若是应税物品,应促其纳税;若是贵重物品,导游员一般要婉拒,无法推托时,应请游客书写委托书,注明物品名称和数量,并当面点清,请其签字并留下详细通讯地址。收件人收到物品后要写收条并签字盖章,导游员将委托书和收条一并交旅行社保管。

游客要求转递的物品中若有食品,导游员应婉言拒绝,请其自行处理。

【案例2-4】

某旅行社的导游员小王接待了一个韩国旅游团。该团临走时,一位游客托付给小王一件事情,要小王转递几张价格昂贵的光盘及一本书给他在A市一所大学里工作的朋友。小王觉得不好意思拒绝,向游客要了其朋友的详细地址及电话号码,便答应了。过了几天,小王把这位游客托付的事情办好后告知了该游客,游客发来一份传真对小王表示了感谢。但当旅行社的经理知道此事后,却严肃地批评了小王。

案例点评 小王明知是贵重物品,却无法推托并答应转递,就应当让游客书写委托书,收件人收到光盘和书后,要让收件人写收条并签字盖章,和委托书一起交给旅行社保管。这些工作程序小王都没有做,所以旅行社经理知道此事后,严肃批评小王是应当的。

【补充材料2-10】

邮件知识

邮件分为函件和包裹两大类。按处理时限划分,邮件又分为普通邮件和特快专递邮件。

1. 包裹

包裹适用于邮递人民生活用品和机关、企业、团体交寄的零星或大批物品(国家禁寄和超过限寄的物品除外)。包裹内可附寄内件清单和收、寄件人地址、姓名纸条,但不可夹寄信函。如有附言,可在包裹详情单"附言"栏内填写。

2. 函件

信函适用于交寄书面通信,各种公文和印有"内部"字样的书籍、报纸、期刊、教材及各种资料,各种事务性通知、稿件、提货单、请柬、征订单、协议、合同、票据、入场券、邮票、照片、报表等。信函主要有以下几种。

(1) 平常信函和明信片。邮局收寄时不付予收据,且平常信函中不准夹寄非纸质性物品。

(2) 挂号信函。适用于交寄重要的书信、证券、资料等,邮局收寄时付予收据,以便查询。挂号信函内准予附寄适于装在信封内、不妨碍加盖日戳的轻小耐压的物品。

(3) 保价信函。使用邮局专门制售的保价信封,邮寄各种有价证券和寄件人认为重要的文件、储蓄存单、存折、支票、证据、提货单和特准寄递的外币等。

(4) 商业信函。是邮局为工商企业提供的一种代发广告业务。商品目录、征订单、商品信息以及介绍商品的文字、图片等均可作为商业信函交寄。

(5) 印刷品。经省级及以上出版行政机关批准印有统一书号、证号或国际标准书号(ISBN)、国内统一刊号(CN)的书籍、报纸、期刊、教材和图书目录等,可作印刷品交寄。

3. EMS——全球邮政特快专递业务

EMS是邮政部门开办的一项特殊的邮政服务业务。该业务在邮政、海关、航空部门均享有优先处理权,它以高速度、高质量为用户传递国际、国内的紧急信函、文件资料、金融票据、商品货样等各类文件资料和物品。

目前我国国际特快专递业务已与世界上200多个国家和地区建立了业务关系;国内已有近2000个大、中、小城市可办理EMS业务。

> 使用 EMS 业务既可以到各邮电局交寄，也可以拨打 EMS "11185" 服务电话，由专人专车上门收寄。EMS 选用最快捷的交通运输工具赶班发运并由专人专车投递到用户手中。
>
> 各类邮件禁止寄有爆炸性、易燃性、腐蚀性、毒性、酸性和放射性的各种危险物品、麻醉药物和精神药品，以及国家法令禁止流通或寄递的物品等。

2. 结账

地陪应按旅行社的具体要求，并在规定的时间内填写清楚有关接待和财务结算的表格，连同保留的各种单据、接待计划、活动日程表等按规定上交有关人员，并到财务部门结清账目。按财务规定，尽快报销差旅费，领取带团补助。

3. 工作汇报和总结

地陪应上交带团工作总结和游客所填写的《游客意见反馈表》，实事求是地汇报接团情况。涉及游客的意见和建议，力求引用原话，并注明游客的身份。

工作中若发生过重大事故，要整理成文字材料向接待社和组团社汇报反映，并提出改进意见。

【补充材料 2-11】

送团后的总结更重要

许多导游员，尤其是年轻导游员，认为自己送完旅游团并到旅行社报完账后导游工作就结束了。其实，导游员的带团工作到这里才仅仅进行了一半，或者说还不到一半，还有更重要的工作或者说带团过程中最重要的工作还没有进行，那就是送团后的总结。它对于导游员的个人成长来说，比带团的过程更加重要。

成熟的导游员每送完一个旅游团后都要进行工作总结，仔细回忆整个接待过程中的每一个环节。比如，带团活动中有哪些地方做得好，得到了客人的认可和好评，获得了什么工作经验；哪些地方做得有欠缺，处理方法和说话方式有待改进；仔细回忆在跟客人交流的过程中，自己有哪些地方说得模糊不清，回答问题不够准确，甚至根本回答不上来，然后根据这些情况有针对性地补充知识；带团过程中发生了什么问题，是由什么原因导致的，自己是如何处理的，如何才能做好或改进，有什么工作教训，下次如何避免；自己的讲解工作是否能引起客人的兴趣，如何做到导游词的幽默风趣，如何在带团过程中调动大家的积极性，如何就不同年龄、身份、职业、地域的旅游者而采取有针对性的导游词等等。把整个团队的详细接待情况、是非得失细细整理一下，以方便日后能提高工作效率和服务质量，使自己能从中吸取经验教训。

年轻导游员的总结必须采取书面的形式，写得越详细越好，要尽可能地把你带团期间你认为存在问题的地方都写出来，不要怕麻烦，因为你可以用这暂时的麻烦省去今后带团过程中的诸多问题。等到你成熟之后，你的总结可以不一定落实到书面上，但在自己心里一定要有带团之后进行总结的这根弦，即使你仅进行了短暂的回想，也是有益的。同时也要避免犯经验主义的错误，不要认为自己已经有经验了，可以不总结了吧。不是的，每一次的带团过程都会碰到不同的客人，遇见不同的问题，处在不同的时间与场合，处理过程与方式也不尽相同，你必须区别对待，具体问题具体分析。导游员不能满足于自己现有的知识和技能，一定要不断地学习，自我完善。每带一个团都要进行一次经验教训总结，并长期坚持。导游员要与时俱进，不能在工作中迷信于已有的经验，要看到已经和正在发生变化的客观实际，以避免犯经验主义的错误。

只有是你自己总结出来的经验教训，才会使你印象深刻，才能真正帮你逐步提高，逐步减少你出错的次数，最终实现不出错或者把错误消灭在萌芽状态。一名成熟的导游员，不仅要从自己的带团实践中总结经验，还要善于学习别人的经验，多读一些老导游的书和导游论坛中交流经验的帖子，可以使自己少走弯路，尽快成长。

要做一名好导游，不是一朝一夕的事情，要从微不足道的一点一滴做起。通过对知识的日积月累，不断地总结以往成功与失败的经验教训，才能在导游业务上有所提高。只有持之以恒，执著追求，才能取得更大的进步。

"十年磨一剑，不敢试锋芒。再磨十年剑，泰山不敢当。"总结，从各方面总结，这是提高导游员水平和能力的重要途径，也是摆在所有新老导游员面前恒久的任务。

资料来源：仪孝法，《中国旅游报》。

4. 归还所借物品

带团时所借旅行社的物品，如扩音器、导游旗等要及时归还。

能力实训

【实训项目1】读懂旅游接待计划（派团单）的训练

实训目的：掌握提炼接待计划关键点的基本方法和技巧。

实训内容：把不同类型的接待计划交给学生熟悉，让其在5分钟内脱稿说出接待计划的要点,据此制定出自己的接待细则。

教师主要观测点:

1. 观察学生对关键问题的提炼和总结能力。

2. 考查参与学生的归纳和表达能力以及准备工作的能力。

【实训项目2】 首次沿途导游训练

实训目的:掌握首次沿途导游的程序和内容,锻炼学生的应变能力。

实训内容:通过多媒体播放本地区某一交通港至某一酒店或者景区的行程影像资料。让学生分组扮演游客与导游,扮演游客的学生可以随机提问。

教师主要观测点:

1. 观察学生对首次沿途导游的程序的把握情况。

2. 考查参与学生的应变能力、表达能力以及对所处地区的熟悉程度。

项目三
全程陪同导游员实务

学习目标

知识目标：了解导游工作集体的关系与职责分工；熟悉全陪导游的工作程序与标准；掌握全陪工作环节中的要领与技巧，如旅游接待计划安排、旅途讲解、生活服务等方法。

技能目标：能承担全陪导游工作，游客评价为合格以上。

工作项目

导游小王受旅行社委派带领一个自山东出发赴上海、苏州、杭州+水乡周庄双飞6日游的旅游团，担任全程的陪同服务工作，需要完成以下任务：

【任务一】工作准备。导游小王接团前需要进行针对性较强的准备，主要包括熟悉接待计划、物质准备、知识准备、与接待社联系和落实接待事宜等工作。

【任务二】首站接团服务。导游小王接站的工作主要有迎接旅游团、致欢迎词等。

【任务三】饭店内服务。导游小王要进行分房、热情引导游客进入房间、处理入住后的问题、掌握与地陪的联系方法等工作。

【任务四】核对、商定日程。导游小王要与地陪导游核对、商定日程，并给出核对、商定日程时出现不同情况的处理方法。

【任务五】各站服务。导游小王要进行各站联络工作，监督与协助地陪的工作，并做好旅行过程中的服务。

【任务六】离站、途中、抵站服务。导游小王主要进行有关的组织协调和联络工作。

【任务七】末站服务。导游小王主要进行末站前的准备、送行服务等工作。

【任务八】善后工作。导游小王主要进行遗留问题的处理、结账、工作汇报和总结、归还所借物品等工作。

> 【导入案例】
>
> ### 全陪导游60要
>
> 出团准备要充分,接团时间要保证;欢迎致辞要精彩,行程安排要讲明;
> 提出要求要中肯,致辞完毕要鞠躬;行车安全要提醒,沿途路标要记清;
> 临近景区要介绍,游客印象要加深;地接接头要接准,工作衔接要细心;
> 食宿行程要计划,事权责任要划分;住宿分房要高效,先易后难要理顺;
> 查验房间要标准,遇到问题要尽心;餐饮安排要早定,查实质量要卫生;
> 游客口味要询问,问题若大要调整;游览观光要操心,频繁集中要点名;
> 地陪讲解要督促,故事传说要生动;扶老携幼要安全,确保游客要开心;
> 景点数量要到位,规定时间要保证;购物加点要把握,伪劣假货要提醒;
> 意外事件要补偿,全陪地陪要沟通;难题大事要请示,处理解决要冷静;
> 避免争执要灵活,原则问题要慎重;讲话办事要分寸,遇有差错要取轻;
> 游客权益要保护,公司一方要维信;导游自身要人格,威信尊严要并重;
> 地接团款要理清,互助合作要精明;对方优点要学习,互惠互益要双赢;
> 返程时间要准确,安全警钟要常鸣;归途气氛要活跃,娱乐节目要欢欣;
> 游客意见要征询,相互友谊要加重;安全返回要通报,游客到家要欢送;
> 携带物品要收回,出团账目要算清;总结经验要全面,回访游客要真诚。
>
> 本案例中对全陪导游是如何要求的?这个顺口溜对于我们有什么借鉴意义?

资料来源:www.17u.net/bbs/。

工 作 准 备

做好准备工作是做好全陪服务的重要环节之一。

1. 熟悉接待计划

全陪在拿到旅行社下达的旅游团队接待计划书后,必须熟悉该团的相关情况,并做认真的分析研究,注意掌握该团重点游客的情况和该团的特点。

仔细听取该团外联人员或旅行社计调对接待方面的要求及注意事项的介绍。根据接待计划书及该团外联人员所提供的相关情况，研究判断旅游者对自己在服务方面的需求并做相应的准备。

熟记旅游团名称、旅游团人数，了解旅游团成员性别构成、年龄结构、宗教信仰、职业、居住地及生活习惯等。

掌握旅游团的等级、餐饮标准以及在饮食上有无禁忌和特别要求等情况。

了解各站的一些专项活动安排，如会见、座谈、游船、游江、特殊的文娱节目、计划内的风味品尝及自费游览项目等，并记录在陪同工作笔记上。

了解收费情况及付款方式，如团费、风味餐费、各地机场建设费等。

掌握旅游团的行程计划、旅游团抵离旅游线路各站的时间、所乘交通工具的航班（车、船）次、各站的联络方式，以及交通票据是否订妥或是否需要确认、有无变更等情况。

【补充材料3-1】

全陪任务单

TO：＿＿××＿＿导游，手机＿＿××××＿＿，导游证号＿＿××××＿＿。

现公司有一团，团号为SYQL-GN-HD20080231，线路为上海、苏州、杭州＋水乡周庄双飞6日游，人数20大＋2小人，（其中占床儿童0人，不占床儿童2人），团队性质（散拼√，团队），领队姓名＿＿××＿＿，手机＿＿××××＿＿，公司委派你作为此团的全陪导游，于3月21日6:30时在桃仙机场候机楼二楼国内问讯处同客人会合，乘CZ6503航班（车次）前往＿＿上海＿＿。

请认真阅读导游任务单，提前与地接导游联系，遵循公司的规章制度，监督接待社的工作及接待质量。地接导游姓名＿＿××＿＿，手机＿＿××××＿＿，地接社负责人姓名＿＿××＿＿，联系电话＿＿××××＿＿。

行程安排：

上海、苏州、杭州＋水乡周庄双飞6日游行程表

团号：SYQL-GN-HD20080231		人数：20大＋2小	总天数：6天
行程安排	旅行路线	交通工具	住宿酒店
03月21日	沈阳/上海	CZ6503 08:15/10:15	宿上海三星或同级酒店（晚餐）
03月22日	上海-苏州	BUS	宿苏州三星或同级酒店（三餐）
03月23日	苏州-杭州	BUS	宿杭州三星或同级酒店（三餐）

续表

团号：SYQL-GN-HD20080231	人数：20大+2小	总天数：6天
03月24日　　杭州-上海	BUS	宿上海三星或同级酒店（三餐）
03月25日　　上海	BUS	宿上海三星或同级酒店（早餐）
03月26日　　上海/沈阳	CZ6506 15:15/17:25	返回沈阳温馨的家（早餐）
景 点	上海：外滩、(车游)南浦大桥、浦东新区、陆家嘴金融区、(外观)中国第一高楼——金茂大厦、城隍庙｛东方明珠塔、夜游黄浦江及夜游车费（自理：190元）｝		
	苏州：拙政园、(船游)苏州水巷、寒山寺、(参观)紫砂总汇		
	杭州：船游西湖，远眺六和塔，车游梅家坞，漫步西湖观三潭印月、苏堤春晓、曲院风荷、平湖秋月、断桥残雪、花港观鱼、南屏晚钟、柳浪闻莺等西湖十景，观看杭州丝绸表演，品杭白菊		
	水乡：周庄（双桥、张厅、沈厅等）		

确认的标准及费用：

总费用<u>54000</u>元，已付款<u>30000</u>元，现付<u>24000</u>元（团队离开前付√，团队结束后公司汇款）。

注意事项：

1. 华东段导游持"阳光假期"接站。
2. 住宿：全程住宿三星级酒店，双标间10间（儿童随父母）。
3. 餐标：正餐标准为30元/人。1名老人要求素食，单独备餐，每餐标准30元/人。
4. 交通：回程机票由华东段地接社出，含机场建设费。华东段全程安排进口空调大巴。
5. 门票：两名儿童、一名老人、一名军人景区大门票免费。

借款：55000元

计调部负责人：×× 　　　 联系电话：××××

游客名单见附件（略）。

　　　　　　　　　　　　　　　　　　　　××××旅行社（加盖公章）

　　　　　　　　　　　　　　　　　　　　××××年××月××日

2. 物质准备

带好陪团中所需旅行手续，如边防通行证（如去经济特区深圳、珠海需办理）；带齐必要的证件，如身份证、导游证、胸卡等。

必要的票据和物品，如旅游团接待计划书、分房表、旅游宣传资料、行李封条、旅行社徽记、全陪日志和名片等。

结算单据和费用，如拨款结算通知单或支票、现金、足够的旅费等。在这里要强调的是，全陪必须慎重保管好所带的支票及现金。在旅行社尤其是国内旅行社业务来往中，有时是采用现金支付的方法，全陪所带现金数额往往较大，如不加以妥善保管而发生意外，会给自己和旅行社带来重大的经济损失。

回程机票，国内团的回程机票若是由组团社出好并由全陪带上，全陪则必须认真清点，并核对团员名字和身份证号码有无写错。

3. 知识准备

根据旅游团的不同类型和实际需要准备相关知识，以应对游客的咨询；同时还应了解游客所在地的上述情况，以便能做相互比较，和游客做更多的沟通。熟悉沿途各站的相关知识，如全陪对该团所经各站不太熟悉，一定要提前准备各站的基本知识，如主要景观、市容民情、风俗习惯等。除此之外，全陪应和地陪一样，了解最近的天气情况、热门话题等即时信息。如果是外宾团，要强化自己的口语表达能力，更要了解旅游团客源国的历史、政治、经济、文化和礼仪等方面的知识。

【补充材料3-2】

带团之前先上网

导游员小赵接到旅行社的通知，明天新加坡国立大学的教授团光临我市，要做好充分的接待准备。

面对这样高水平的旅行团，小赵感到很兴奋，也有些压力。他事先上网查阅了新加坡及其国立大学的情况。在客人到来之际，致欢迎词时，小赵对即将到来的新加坡国立大学校庆表示了祝贺，对这所大学的几项重要成果表示了钦佩。客人十分高兴，继而感动，掌声经久不息。在互联网上，小赵还学会了用马来语唱《前进，新加坡》，在车上讲累了，就带领客人唱歌，气氛非常活跃。小赵带团态度热情，又非常认真，游客也非常配合小赵，这个团带起来显得非常轻松、和谐，游客也给予了小赵很高的评价。

送团时，游客问了小赵的MSN号和电子邮箱，希望有机会可以用另外一种方式和他交流。后来，小赵果真收到了一位王教授给他的信，信中王教授给予了他很大的鼓励，还有一些建议。小赵很是感动，也认真地进行了回复，并同王教授建立了深厚的友谊。王教授也经常介绍朋友来中国旅游，让小赵带团。

资料来源：孔庆生，《导游细微服务》。

4. 与接待社联系

根据需要，全陪要在接团前一天与第一站接待社取得联系，互通情况，妥善安排好接待事宜。

【知识链接】

全陪导游服务

全陪导游服务是指全陪自接受了旅行社下达的旅游团（者）接待任务起至送走旅游团（者）整个过程的工作程序。在中华人民共和国国家标准——《导游服务质量》中，对这个过程的主要工作也作了规定，全陪必须认真执行。

《标准》中对全陪导游服务的重要性作了如下概述："全陪服务是保证旅游团（者）的各项活动按计划实施，旅行顺畅、安全的重要因素之一。"要求"全陪作为组团社的代表，应自始至终参与旅游团（者）移动中各环节的衔接，监督接待计划的实施，协调领队、地陪、司机等旅游接待人员的协作关系。全陪应严格按照服务规范提供各项服务"。

首站接团服务

首站接团服务要使旅游团在抵达后能立即得到热情友好的接待，让游客有宾至如归的感觉。

1. 迎接旅游团

接团前，全陪应向旅行社了解本团接待工作的详细情况。接团当天，全陪应提前30分钟到接站地点迎接旅游团。接到旅游团后，全陪应与领队尽快核实有关情况，做好以下工作：问候全团游客；向领队做自我介绍（可交换名片）并核对实到人数，如有人数变化，与计划不符，应尽快与组团社联系。

2. 致欢迎词

在首站，全陪应代表组团社和个人向旅游团致欢迎词，内容应包括：表示欢迎、自我介绍、提供热情服务的真诚愿望、预祝旅行顺利等。

由于全陪在整个旅游过程中较少向游客讲解，所以要重视首站的介绍。致完欢迎词后，全陪要向全团游客简明扼要地介绍行程,对于住宿、交通等方面的情况适当地让游客有所了解,还要向游客说明行程中应该注意的问题和一些具体的要求,以求团队旅途顺利、愉快。这种介绍有利于加强游客对全陪的信任。

【补充材料3-3】

全陪导游出发讲解词

各位团友,大家好!欢迎大家参加我们×××旅行社组织的这次海南双飞5天团(这个团队名称要讲得很流畅,会给游客一种你很专业,很值得信任的感觉)。首先,我先介绍一下自己。我是这次行程的全陪导游,叫×××,大家可以叫我阿××或×× (不要称某小姐或某先生,会显得疏远)。(在这里还可以拿自己的名字开个小玩笑,以加深大家的印象并活跃气氛。)

首先我们有一件最重要的事,请大家拿出身份证,顺便检查一下有效期,特别是临时身份证,它的有效期特别短,要看一看回来那天会不会过期。然后把身份证交给我,我先要核对身份证和机票上的名单是否相符,等一会儿到机场由我用这些身份证给大家办理登机手续,然后连同登机卡一起发还大家。我在这儿顺便说一下,身份证一定要保管好,而且请随身携带,不要放入大的行李箱中,以免匆忙中被托运了,人就上不了飞机了。像我们这次去海南要是没了身份证就只能游水回来啦!

我作为大家的全陪,职责主要在于照顾大家这几天的食、住、行、游(景点讲解由地陪负责)、购、娱,解决大家旅途中遇到的麻烦,尽我最大的努力维护大家的利益,务求使大家在这一次的旅途中过得轻松愉快。我的任务就是要令大家玩得开心愉快,但同时我也非常需要在座各位的合作和支持。俗话说,"百年修得同船渡",我觉得也可以说"千年修得同车行",现在我们大家一起坐在这里,一起度过这几天的旅程,我觉得是好有缘分的,所以我希望在这几天的行程中,我们能够愉快相处,同时也祝愿大家旅游愉快,玩得开心!

这是我们公司赠送给大家的纪念品,有旅行袋、帽子、团徽。公司发这个旅行袋的意思是祝愿大家"代代平安,满载而归"。大家回程时一般都会买些当地的土特产带回来,这个袋子到时就有大用处了。现在有的人如果本身带的包较小放不下去,可以打开公司这个大袋,把自己的小袋放进去,就还是一个袋,不会多出行李来。

还有呢,希望大家佩戴好这个团徽。因为等会儿到了机场,人比较多,流动性大,大家戴了团徽以后,就能够互相认识,并且知道都是来自同一个地方,那样就不容易找不到人了,是不是?而且到了旅游景点进门时,验票员看见这个团徽就知道是我们团队的,没有戴的就会被拦住查票,所以请大家佩戴好它,并且不要遗失了。另外这个团徽背后印有我们公司的总机电话号码,当您遇到什么问题可以及时打电话求助。

下面,我就来讲一讲大家最关心的行程,看看我们都要去哪些好玩的地方玩。我们这次是游览海南岛,它是我国的第二大岛。(这里可以插问:"大家知不知第一大岛是哪一个?")在这五天里,我们将环游半个海南岛,我们是沿着东线海滨出发,直到最南端的三亚市,然后从中线山区回来,各种类型的景观都能看到。海南岛的西部由于还没有开发好,所以现在还没有安排进常规的旅游线路中。(讲行程时不用把每个景点都详细讲到,那是地陪的事情,全陪要做的就是激起客人的游兴,所以每天挑最出名、最精彩的景点讲一个也就差不多了。)

今天是第一天,我们现在坐车去广州白云机场,坐飞机去海口(顺便说一下起飞的航班是几点的)。当天我们会参观海瑞墓、五公祠。对了,我在这里出一个题目,回程时我会搞一个抢答比赛噢,第一个答对的游客有神秘礼物啊!听好了,我的第一个题目是:五公祠里供奉的是哪五公?大家记得在参观五公祠的时候好好听地陪讲解啊!这位游客问了,导游你知不知道啊?我当然知道,我在这里透露一点点,这五公有三个姓李,一个姓赵,一个姓胡,是五位宰相噢!嘿嘿,够神秘吧?

第二天,我们会沿着东线进发,参观灵山鹿场,游览万泉河,接着去有海南第一山之称的东山岭,然后到达兴隆温泉。那里是一个热带农场,有可可、咖啡、胡椒、椰子等许多热带农作物,既可参观又可品尝,还可以泡温泉,怎么样,吸引人吧?

第三天,到达三亚市,我们会游览鹿回头。那里有一个美丽的传说,讲一只梅花鹿怎么变成了一位大美女的,到当地有我们的地陪跟大家说。这又是一个抢答题目噢,大家到时可要仔细听啊!

第四天,我们去美丽的大东海、天涯海角、亚龙湾,然后会沿着中线山区返程。路上我们会参观黎苗村寨。知道海南岛的少女怎么表达爱意吗?就是用力掐那个被看中的男孩子啊!到时我们要看看咱团里的哪位靓仔会被掐得青一块紫一块啦!

第五天,在路上远眺五指山。大家都知道孙悟空被如来佛压在了五指山下,五指山就在我们海南岛啊!俗话说,"不识庐山真面目,只缘身在此山中",要想知道五指山的真面目,就要远眺,看它是不是像五个手指。最后我们返回海口,乘飞机飞回广州。

讲了这么多东西,大家记住了吗?记不住也没关系,到时我和地陪每天早上都会重复预报当天的节目的。

我们大家出来旅游，当然是为了玩得开心。为了尽量避免发生不愉快的事情，我给大家讲一下我们去旅游时需要注意的事项。我分成食、住、行、游、购、娱六个方面来讲可能会比较清楚。

首先，在食的方面，俗话说"食在广东"，这句话说明了广东菜很精致讲究。北方人形容广东人的饮食是这样的："天上会飞的除了飞机，地上四条腿的除了桌子，什么都能吃！"虽然有点夸张，不过这也说明广东菜品种丰富，是北方菜不能比的。粤菜是中国八大菜系中的一种，制作是极讲究的，弄得广东人一个个都成了刁嘴。以前我带东莞的团去北方旅游，每次订餐时都要叮嘱餐厅一大堆注意事项。记得有一次在山东威海，当地那时还没怎么接过广东团，所以餐厅叫厨师来听我的电话，我说："他们不吃凉菜、不吃辣菜、不吃太咸、不吃太甜、不吃面食、不吃熬菜、不吃太多肉、不……"最后那憨厚的山东厨师问道："那他们到底吃什么呢？"当时北方的导游给编了一首顺口溜说广东团："饭前喝汤，饭后挑牙，鱼类管够，肉少菜多。"对于广东人爱饭前喝汤的习惯许多北方地区的人也不很了解，而且广东的汤特讲究，要老火靓汤煲三个小时。一般北方都是最后上汤，而且都是紫菜鸡蛋汤之类的简单汤式，广东人给起了一个古怪的外号，叫"滚蛋汤"。为什么呢？因为一是滚水打入鸡蛋即可，二是因为一上这汤也就是说这是最后一道菜了，可以走人了。因为他们不满意这样的汤式，所以给起了这样一个半开玩笑的名字。

而且我们广东的团队在吃的方面不但讲究口味，对环境、服务的要求还特别高。但是，正所谓"在家千日好，出门一日难"。我们出门在外，很多东西就不可能像在家里那样舒适。虽然我们会尽量安排一些粤菜给大家，但外地做的粤菜总不会那么正宗。海南还算好点的，因为以前海南岛曾经也划入过广东省的嘛。其他地方的口味相差就更远啦，像在四川，那里的大师傅不放辣椒简直就不知道怎么做菜，就算真的不放辣椒做出来的菜也是辣的。为什么呢？因为刀板、菜刀、锅铲全都是辣的啊！以前我有团友在四川每次吃完饭就不见了，原来是辣得肚子疼，得不停地跑厕所！如果去山东就更惨啦，没有米饭吃，顿顿大馒头，四两一个，又黑又硬，吃上四五天，全团的脸色也变得又黑又硬啦！当然，那是以前，现在的情况已好多了。但是各地的口味也各有特色，我们大家出去旅游的目的不是单纯为了享受，更主要是为了见识一下，开开眼界，很多没有尝过的东西也要去试一下，是吧？因此，很多风味小吃可能不是很适合大家的口味，但大家都可以去品尝一下，试了也就是达到目的了，对不对？

我们公司安排的就餐地点一般都还是比较好的。但全中国餐厅服务最好的就是珠三角地区了，摆桌上菜麻利快捷，倒茶添汤培训到位，到了外地可没得比噢。像北京的服务员你要是催她一声,她会大声驳斥你说:"没见我正忙着嘛!"要按珠三角的酒楼,一早炒鱿鱼啦。但一个地方有一个地方的特点,这在北京不算什么,所以大家入乡随俗,别拿自家的标准要求别人。海南岛的情况能好一点。但是海南的旅游旺季非常明显。大家知道吗?海南的旺季不是在夏天,因为夏天太热啦!所以海南秋冬的气候是最合适旅游的,冬天里三亚都可以游泳呢!所以这里也就成为了北方人最爱的避寒胜地,到了冬天,特别是春节和国庆节,每个用餐的地方都人满为患,有时要等桌等台,这也请大家体谅一下。当然,我一定会尽全力让这样的事情少发生的。(讲这一段叫"打预防针",先把情况讲得坏坏的,等到了当地没这么差,客人就会感觉很满意了。)

对了,海南天气比较热,大家如果晚上自己外出品尝小吃要特别注意饮食卫生。那位游客问了,海南有什么特色美食啊?那可多啦,首先,海南有四大名菜,它们是东山羊、和乐蟹、加吉鸭、文昌鸡。那东山羊可是一件稀罕物,一般的羊都是白色的吧,它是全黑的,毛皮又油又亮,两只眼睛乌溜溜的,特神!而且它还有一个特点,它是吃东山上的鹧鸪茶长大的,所以肉一点也不膻,当地人常常拿来煮火锅吃,可香啦!文昌鸡就有点像我们广东的清远鸡的做法,白灼后蘸调料吃,皮滑肉嫩,可与清远鸡媲美噢!一般旅行团文昌鸡是有得吃的,但其他三样美食就不一定能安排了,如果有游客要试试,可以晚间到小吃档去品尝。

另外,海南还有椰丝炒饭、椰子盅、竹筒饭、山米酒等等特色食品。同时海南的水果也是很出名的,像椰青、菠萝蜜、芒果、杨桃、菠萝、西瓜等等。海南的菠萝不是泡在糖水里吃的,小贩会给你一点盐加上辣椒粉来蘸着吃,这样就一点也不酸,变得非常甜啦,大家一定要试试!还有一种仙人果,就是仙人掌结的果实,小拳头大,里面的汁红红的,会吃得两片嘴唇像涂了口红。在海南的猴岛上猴子们都爱吃,所以许多猴子都好像涂了口红一样呢!还有槟榔也会弄得满嘴发红,当地人把半个槟榔加上一片叶子和一点生石灰一起嚼,弄得满嘴像流血一样,我是完全吃不来的,你们也可以试试啊!椰青是海南的特产,也就是从树上摘下来的青色的大椰子,几块钱一个,当地人砍开一个小口,插入一根吸管,就成了天然的饮料啦。有些还会把它事先冷藏,砍开后会发现水面上漂满了碎冰,在热气逼人的海南,吸上这么一口冰入肺腑的天然冷饮,真是一种享受啊!有些地方甚至还会有猴子在摊子上,有客人点了椰青,猴子立时上树为你现摘,又看表演又品美味,怎么样,海南的旅游很吸引人吧?不过虽然海南的水果又多又便宜,但吃水果要适量,吃太多了可能后半段行程你就要不停地考察海南厕所建设啦!

在住的方面呢,我们公司为大家安排的全都是三星级或以上的酒店,一般来说条件还是较好的,不过偶尔也会有些问题,比如说遇上旅游旺季或节假日,有时大家不能分到同一楼层啊,有时房间里的东西不齐全啊等等。有问题的时候大家可以向我提出,我会根据具体情况处理好,总之我们一定会全力维护好大家的利益,这是我们的职责所在。

另外还有些问题要注意一下,到了酒店会有行李员来帮你搬行李,一般来说这些服务是要给小费的,如果你的行李并不太多可以不要行李员搬运行李。如果请他们搬了就要给小费,这是一种礼貌,一间房的行李给5至10元左右也就差不多了。

还有,房间冰箱里的饮料和酒柜中的各种酒,一般都是要另收费的,而且通常较贵,大家要看清价目单再取用。第二个要注意的是,进了房间核对一下房间的物品清单,如果少什么用品,及时叫服务员补齐。特别是大小毛巾,有的客人说,我自己带了毛巾,不用它的,那少了也不行,因为第二天退房时服务员查房如果发现少了毛巾就讲不清楚了,所以为了避免发生该类问题,还是早早叫她们补齐的好。

房中配的牙刷、小肥皂、梳子、沐浴液、洗衣袋和信纸等都是可以用或拿走的,但各种毛巾、水杯等都不可以拿走。还有擦皮鞋的小盒子,以前有客人将它拿走了,结果引起了麻烦。毛巾也请大家爱护一下,以前有客人拿来擦皮鞋,弄得黑黑的,这样也不太好,爱护公物是公民的好品德嘛。吸烟的游客要注意,在房间里吸烟要小心,如果不小心烫坏了家具或地毯,酒店要索赔很多钱的。还有钥匙牌,如果遗失了很麻烦,一来不安全,二来要罚款,有的酒店前台可以保管,出门就交到前台会比较好。

最后就是安全问题,入房要检查一下门、窗是否能从里面关牢,离开房间时不要把贵重物品留在房间里,晚上睡觉时一定要反锁好门。看看门背后有没有消防通道图,注意对照观察一下道路。有些酒店会有骚扰电话,大家尽量不要搭理。有人敲门开门时也要小心,有些女人挤进来就不走,你不掏钱就让你好看。

在行的方面,每到达一个景点大家下车时,都要记清楚我们的车牌号码,一般记住最后三位就可以了,还有大概停放的位置。因为许多旅游车车型是一样的,光靠记车的外形较难找车。另外大家一定要在规定时间内准时返回,不要让一两个人影响全团的活动。迟到的游客要罚唱歌,要是总迟到,还要罚款给大家加菜啊!在公共场所不要乱丢果皮纸屑,海南现在罚得也很厉害,有时不光罚钱,还要罚拾垃圾一小时,大家可不希望加上这项特别活动吧?同时,车上卫生也很重要,谁也不想坐在垃圾山上,是不是?所以请大家把果皮垃圾都放入塑料袋中,晚上下车时带下去投入垃圾箱。吸烟的游客也请不要在空调车上吸烟,那样的话空调器会发出一股臭味,我们的乘车环境就变得很糟啦。

在景点入门时请大家不要拥挤,带好团徽,跟上队伍,方便检票员点人,也不要与其他游客或当地人发生冲突。在景点遇到照相的人要绕开，不要从人家的镜头前走过。还有许多景点是禁止照相的，大家要注意观察一下有没有标志牌。一般古建筑的内部、古壁画、佛像等等都是不让照相的，如果你照了很可能会被工作人员把一卷胶卷都拉出来曝光，所以千万要注意。过马路时一定要注意横道线和红绿灯，在东莞有时行人不太注意这些，但许多外地大城市是管理得非常严的。如果违反了交通规则会罚你穿上一件小背心，在路口帮助维持秩序一小时，我想谁也不想享受在海南的辣太阳底下吃汽车废气一小时的特别待遇吧？

最后，回到车上时请大家不要争座位。我不会固定第一天的座位从此不变，因为有些老人走路慢，上车较晚，会坐得较后，但他们常常会晕车，所以请年轻人照顾一下。我们大家都来自××市，出门在外，要注意互相团结，互相帮助。同时在外面的表现要给我们的家乡争光，不要给家乡抹黑。

在购物方面，因为旅游购物是旅游胜地的一大收入来源，所以那儿常是政府指定要搞购物项目的，这可以理解。同时旅游购物对于我们旅游者也是很重要的，有些专门集中的特产购物点也给我们带来了一些方便，所以大家不妨去看看，中意的就买，不中意的就不买。

海南的特产大家都知道，珍珠是最出名的啦。俗话说"西珠不如东珠，东珠不如南珠"，这南珠就是指的海南岛直到广西合浦一带的珍珠啦。鉴别珍珠有一个最简单的方法，拿两颗珍珠轻轻互擦，有一种沙沙的感觉就是真的珍珠了。海南岛还盛产鹿茸、鹿鞭等鹿制品。有的游客问了，鹿不是北方的特产吗，怎么海南岛也有鹿？没错啊，海南岛自古就有鹿，不是还有一个著名景点叫鹿回头嘛！

另外海南还有水晶、玳瑁、椰雕、贝雕等许多工艺品。椰雕可是海南的一大特色，以前叫"天南贡品"呢，是进贡给皇帝用的。古代的椰雕是用椰子剥光外面所有的棕毛，再打磨光滑，刷上漆，就成了又轻巧又坚实的小首饰盒了。现在有了更进一步的发展，留下部分棕毛，做成娃娃的头发，再画上眼嘴，就成了各式各样可爱的椰娃娃了。价格也不贵，也就10元到20元之间，买回去送给亲戚朋友可是很有地方特色的礼物啊！椰子制品可多啦，还有椰子糖、椰子膏、椰子球、椰子酥，而且还价廉物美，是带给办公室同事分享的最好的礼物啦！

那些珠宝、贵重药材，会鉴别的人不妨买些贵重的，如果不太会鉴定，那还是买些普通的作为旅游纪念品较为合适。大家在购物的时候，可以考虑一下东西的使用价值、欣赏价值和纪念价值。比如在香山购买红叶，也许它没有什么使用价值，但它有很大的纪念意义,这些小物品买回去赠给亲友都是很相宜的。很多东西,不在于它有多贵重,而在于它的纪念价值。

现在说说晚间活动的事。我们国内团一般不安排集体的晚间活动,多是留给大家自由逛街,但我还是要提醒大家一些注意事项。第一个,晚上大家出去逛街,要记清楚酒店的名称,或者带上酒店的火柴、笔等有标志名称的东西。如果有人迷路了,叫一辆的士,告诉他酒店名称就可以将您安全送达酒店了。别以为这是小事,连我自己都出过一次事。那是在昆明,我们急忙忙地把行李放入房间就赶着出去用晚餐。用晚餐的地方在一个闹市区,吃完饭游客们就提出来要逛逛街,开始大家还一起走的,一买东西就走散了,最后我突然发现就剩自己一个人了,于是想叫车回去,这时才突然想起没有记住入住的酒店叫什么名字!当时也没有地陪导游的电话,站在人生地不熟的昆明街头,真有点叫天天不应、叫地地不灵的感觉。最后总算找到了一个好心的出租车司机,向他描述了酒店大概的样子,他带着我去了几间有点像的酒店一家家试,最后总算找到了,不过花了一大笔车费噢!

另外,大家注意了,平时我们在家都是男孩给女孩当护花使者,不过来到海南可能要倒过来,男游客出门要请女团友当护花使者啦。因为如果一个男士外出就可能遇到"飞来艳福",而如果有女团友一起就不会有这种事啦!别以为"飞来艳福"是好事啊,旅游界盛传一种"1000元的咖啡",在许多城市都有,我自己带的团是在桂林遇上的。晚上团友出去遇到一些漂亮的小姐邀请共喝咖啡,结果喝到一半就有人冲进来说扫黄,要拉游客去落案,游客拼命恳求,最后说私了,于是给了1000元,后来才知道这根本就是圈套。所以大家晚上外出不要涉及非法场所,也不要回来得太晚。还有,大家晚上上街时,可以把团徽放在包里,不要挂在衣服上,让人家知道你是游客。一般游客身上都会带钱,又人生地不熟,很容易成为打劫的目标。另外,大家晚上外出最好随身携带身份证,有些城市在深夜会有巡逻查夜的,如果你太晚回来就可能会被拦查,如果你没带身份证可能就要等我到公安局去救你啦!好了,等过一段时间,我们就会到达广州白云机场。下车以后我会举起这面导游旗,请大家跟我进入候机大厅,然后我去办理登机手续,大家可以自由活动一段时间,去一下洗手间。不过要听清集合时间,一定要准时回来集合,这是很重要的,并且要注意保管好自己的行李物品。

等我办完手续后,我会把登机牌、机票、身份证、机场税票一起发给大家,大家先不要收入包里,因为马上检关的时候要用到,所以请拿在手上。摩丝和喷发胶是不可以带上飞机的,因为里面有挥发性的易燃物质。刀也是不可以带上飞机的。有人问,那削水果的小刀能不能带上飞机呢?自从"9.11"之后不论刀的大小一律不许上机。如果是像瑞士军刀这样几百元一把的小刀,我建议你早早把一件行李办托运,把它放入行李里托运即可。

过安检门的时候身上所有的金属物品都会使警铃响,比如说手表、打火机、烟盒、硬币、钥匙等等,最好事先放在手提袋里,在安检时就不需要拿出来放在托盘上以致于不小心遗漏了。以前我有一位客人戴着一块5万元的高级手表,过安检时放进托盘,然后他忙着拿从传送带上涌出来的行李,忘了拿,等到半小时后想起再回去找早没了,所以我现在就提醒大家要早早拿下来放入随身的手提小行李袋中。还有金属边的眼镜有时也会响,所以如果你身上所有的金属物品都掏光了警铃还响,就试试把眼镜摘掉。另外如果有哪位做过手术,身体内有金属物,请早早向安检人员说明。

到了候机厅内,这时请把身份证、机票、机场税存根都收好,因为不再用到了,只留登机卡在外面即可。在候机厅内我们的团友请尽量坐在一起,不要分散,请注意听喇叭中叫登机的通知。我们的航班号是××××,起飞时间是××××。有时会提前10~30分钟叫登机,如果接近登机时间时有谁需要上洗手间,请告诉团友或我一声。在候机厅里有杂志、书籍、食品等出售。乘飞机耳朵疼的团友可以去买一些香口胶,起飞的时候嚼一些,使耳咽管打开,就不疼了。等机场宣布可以登机时,请跟着我的这面导游旗去登机门集中,同时拿出登机卡。

登上飞机以后,大家可以将行李放在头上的行李舱里,如果放不下可以放座位下面,不要为这些小事与别的乘客发生矛盾。要注意的是不可以放在过道上,因为那不但是送餐的工作通道,还是发生紧急事故的逃生通道,如果你放在走道上了,空中小姐会拿去放在机尾空处的。另外,大家一上飞机就要关闭手提电话,因为它会影响飞机驾驶操作的。

坐下来后要系好安全带,在起飞时请不要打开小桌板,没事不要乱按头顶上的红色呼唤铃,坐在门边的游客请不要搬动任何红色的手柄。飞机起飞的时候,有人会感到耳朵嗡嗡作响或疼,就嚼些香口胶,没有准备的话用力张大几次嘴巴,直到听到耳朵里轻轻"啪"的一声就好多了。在飞机上是不可以吸烟的,有的飞机上的洗手间有烟灰缸,我们很多客人会误以为在洗手间可以吸烟,其实呢,在洗手间吸烟也是不允许的,一但违反规定就会被严厉批评及罚款的。曾经有一位游客在洗手间吸烟,结果警铃骤响,空中小姐连同副驾驶员一起冲到机尾,撞开门,把全机乘客都吓得要命,然后对那位游客又是教育又是罚款,搞得好不尴尬。所以大家一定要记住:在飞机上是不可以吸烟的。还有不要随便拿炸弹、"非典"什么的乱开玩笑,那样是会被拘留7天的!

到了飞机降落的时候,大家要等到飞机完全停稳之后再站起身拿取行李。常看到飞机还在滑行就有人像打仗一样抢着拿行李,被空中小姐批评。因为飞机还没停稳,速度还很快,行李舱门打开遇到颠簸时,东西会掉出来砸伤人。下机后我会拿出导游旗,请大家跟好,不要走散。因为机场人多,我们要戴好团徽,互相照应。如果有团友托运了行李,请大家耐心等一等,正好也可以利用这个时间去洗手间。出了机场就会有当地导游在关口外接我们,这样我们就可以顺利地开始我们的游览活动了。

好了,我还有什么讲得不清楚的,大家可以随便提问。

资料来源:黎泉,《从新导游做起》。

饭店内服务

在旅游团进入所下榻的饭店后,全陪应尽快与地陪一起办好相关的住店手续。

1. 分房

和地陪一起到饭店总台领取房间钥匙,由领队分配住房;掌握旅游团成员所住的房号,并把自己的房号告诉给全体团员。

2. 热情引导游客进入房间

让每位游客检查房内设施是否能正常使用,是否齐备,若不能使用,应找地陪与宾馆协调换房。

3. 处理入住后的问题

协助有关人员随时处理游客入住过程中可能出现的问题。遇有地陪在饭店无房的情况,全陪应负起全责,照顾好全团游客。

4. 掌握与地陪的联系方法

请地陪留下家庭电话和移动电话的号码,以便联络。

【补充材料3-4】

全陪分配标间的方法

1. 若团队男女比例合适,可请客人自愿组合。

2. 若团队中有夫妻,而且在旅游合同中明确表示要住一起,全陪应予以照顾;若合同中未载明,也可根据团队情况适当予以照顾。

3. 当团队住房出现单男或单女现象时，请客人谅解或采取下述变通办法：按照旅游合同，住单间的客人支付另一半费用；如客人不愿住单间，可考虑安排一间三人房或标间加床。

4. 部分酒店会提供免费的司陪用房（条件比普通客房稍差，主要供司机和地陪使用），必要时可请领队或全陪入住司陪房，以避免出现单男单女现象。

资料来源：http://hi.baidu.com/hsr0330/blog/item/7d30a594e7e90347d1135edf.html

任务四

核对、商定日程

全陪应分别与领队和地陪核对、商定日程，以免出差错，造成不必要的误会和经济损失。一般以组团社的接待计划为依据，尽量避免大的改动，小的变动（如不需要增加费用、调换上下午的节目安排等）可主随客便，而对无法满足的要求，要详细解释。如遇到难以解决的问题（如领队提出一些会使计划有较大变动的提议或全陪手中的计划与领队或地陪手中的计划不符等情况），应立即反馈给组团社，并使领队得到及时的答复。商定好详细日程后，请领队向全团宣布。全陪同领队、地陪商定日程不仅是一种礼貌，而且是十分必要的。

【补充材料3-5】

与外国领队的配合技巧

外国领队是外国旅行社的派出人员，专门负责监督各地的接待质量，协调团队与各地旅行社、当地导游（即地陪）的各种关系以确保团队的参观游览活动顺利进行。仅从外国领队上述的职能来看，我们还不能说：他是来"挑刺儿"的，而不是来"栽花儿"的。

因为"监督"与"协调"的最终目的，是为了"确保团队的参观游览活动顺利进行"。如果光"挑刺儿"，不"栽花儿"，把方方面面的关系整"毛"了，使团队的参观游览活动受到影响，恐怕领队也会"吃不了，兜着走"。对于地陪来说，一个旅游团队来到当地，如何把团带好，让客人高兴而来、满意而去，也应该是他首先要考虑的问题。既然领队与地陪有一个共同的目的，即"确保团队的参观游览活动顺利进行"，那么领队与地陪之间的配合问题，就有了一个可以制约双方的基本原则和"大前提"。

在确保"基本原则"的前提下,地陪在接待日程的安排以及导游规范服务上不出"大格儿",领队自然也不会时时处处地干预地陪的工作或出"难题儿"。双方相安无事,工作自然进展顺利。说到地陪与外国领队具体的配合技巧,应该注意以下五个字,即"敬"、"捧"、"让"、"抗"、"晾"。前两个字"敬"与"捧",是指在正常工作状态下地陪应持的态度;后三个字"让"、"抗"和"晾",则是指在领队置团队利益于不顾的特殊场合中,地陪应采取的工作方式。

1. "敬"与"捧"

我们接待的团是由外国旅行社组织并由地陪所在旅行社通过外联或横向联系得来的,而外国领队则是组团的外国旅行社派出的工作人员。无论从做生意的上家与下家的角度,还是从我们是主人、人家是客人的角度,地陪对其都应该保持一种尊敬的态度。这种"敬"的态度绝对不是奴颜婢膝、低声下气,它更多地体现在地陪主动地与领队的配合上:比如主动与领队讨论日程,在出现了某些变化时,主动征求领队意见以调整日程等。所谓"捧",自然也不是那种庸俗的吹捧,而是支持领队执行他分内的职责,在他工作的时候给他提供必要的帮助,在他出现失误的时候,能善意地在私下给他指出来。同时注意平时当着客人的面说一些领队的好话。

如果一个地陪在工作中这样做了,而领队又明显地感觉到了地陪的这一颗诚心并给予了善意的回报,那么不但地陪和领队能从中得到合作的乐趣,连团里的客人也会感到和谐的气氛带给他们的幸运。

2. "让"、"抗"和"晾"

在需要数人配合的工作中,任何一个人也不愿意看到出现紧张关系的情形。但"林子大了,什么鸟儿都有",在旅游行业中,特别是在外国导游这种自由职业者的队伍里,难保不出现置团队利益于不顾的"害群之马"。

这些人仗着与游客是"同胞弟兄",有天然的感情纽带连着,做起事儿来似乎更无所顾忌。如果我们的地陪遇到这种情形,那可是要大伤脑筋了。看着领队胡来,侵害游客利益,自然是于心不忍;虽想出面制止,又怕胜算不足,"狐狸没逮着,反弄一身臊",岂不晦气!在这里,地陪导游面临两种选择:一是自觉能力有限,对游客"爱莫能助"时,做好分内工作,将游客的损失尽可能减小到最低程度,这就是所谓的"让";二是争取大多数游客的支持(这是最重要的条件),在绝对做好本职工作的同时,与领队"叫板",即所谓"抗"。问题的关键(或曰"技巧")是,公开的(即当着全体游客的面)、正面的冲突或对抗只能有一次,最多不能超过两次,否则游客会认为地陪与领队之争是个人利益之争,地陪会失去处于中间立场的游客的支持，从而沦为"孤家寡人"而最终败北。因此，在"抗争"之后，地陪应采取"晾"的策略，就像什么事情也没有发生一样，照样与游客谈笑风生，照样按计划安排参观游览活动等，就是不再提起已经发生的冲突，把领队"晾"在一边，直到把该团送走。这是一种"边缘"方式，不到迫不得已之时，不可采用，而宁可采取第一种方式——"让"。

与全陪或地陪的配合技巧

无论是做全陪还是做地陪，都有一个与另一个相配合的问题。那么应该如何配合呢？问题的关键是应明白各自的角色或位置，即准确的"个人定位"。你是全陪，你的主要职责就是"监督"与"配合"。

所谓"监督"，是组团社派出的代表即全陪的重要权力。但是这个"监督"又不是像包公那样整天黑着个脸，看什么都不顺眼，或者端着个照相机，跟记者似的到处拍照、搜集材料，这样的监督，谁做地陪也会受不了的。那全陪与地陪便会天天争吵不休，这团还怎么带呢？再说，组团社与接待社都是多年的合作关系了，相互之间抱有很大的信任度，没有哪个接待社会置质量于不顾。所以全陪应认真监督接待社的接待质量，如发现有质量问题，应及时地与地陪沟通，以期改正或弥补。

所谓"配合"，则是在接待过程中以地陪为主，全陪为辅。带队参观，地陪在前面讲，全陪在后面跟，随时清点人数，以免游客走失。遇有游客因病住院，地陪继续带团游览，全陪则在医院里陪床。游客丢失证件，地陪继续带团游览，全陪则应负责处理挂失、开证明、到相关部门办理补证手续等事宜。做全陪，就是甘做"绿叶"以衬"红花"。全陪应以自己周到细致的"配合"协助地陪把团带好，同时赢得游客的信任。也只有这样做了，全陪与地陪的位置才算准确到位，两人的关系也才能处好。

如果你是地陪，则应该把主要精力放在带团上，认真执行接待计划，圆满完成接待任务。在你与全陪关系的处理上，应注意"尊重"与"协商"。

所谓"尊重"，不是说事事都要请示全陪。认真执行接待计划，严格按照接待日程走，就是对发团社以及它派出的代表（即全陪）的最大的尊重；在接待过程中，时时注意维护游客利益，也是对发团社以及它派出的代表（即全陪）的最大的尊重；遇到问题，不将责任"一股脑儿"地推给发团社（即使其中有发团社的责任），更是在特殊情况下对发团社以及它派出的代表（即全陪）的最大尊重和宝贵支持。

所谓"协商"，是指在"计划赶不上变化"，日程需要调整时，两人之间的磋商与协调；

是指团内发生了重大情况，如交通事故、游客重病、重大失窃案等，两人之间的磋商与协调。有了这种尊重与协商，还愁地陪与全陪搞不好关系吗？

谈到全陪与地陪的配合问题，还有一条"底线"是双方必须严格遵守的，那就是无论发生什么事情，全陪和地陪都绝对不可以在游客面前争吵，更不可以置团队的正常活动于不顾而非要争个我是你非！总之，"客人第一"、"齐心协力"、"做好工作"、"大家受益"是我们工作与合作的原则。

资料来源：王连义，《怎样做好导游工作》。

任务五 各站服务

各站服务工作是全陪工作的主要组成部分。全陪要通过这一项工作使旅游团的计划得以顺利全面地实施，使游客有一次愉快、难忘的旅游经历和体验。

1. 联络工作

全陪要做好各站间的联络工作，架起联络沟通的桥梁：做好领队与地陪、游客与地陪之间的联络、协调工作。做好旅游线路上各站间，特别是上、下站之间的联络工作。在实际行程和计划有出入时，全陪要及时通知下一站。抵达下一站后，全陪要主动把团队的有关信息，如前几站的活动情况、团员的个性、团长的特点等通报给地陪，以便地陪能采取更有效、更主动的工作方法。

2. 监督与协助

在旅游过程中，全陪要正确处理好监督与协助这两者的关系。一方面，全陪和地陪的目标是一致的，他们都是为了通过自己的服务使游客获得一次美好的经历，让游客满意，并以此来树立自己旅行社的品牌。因此，从这方面来说，作为全陪，协助地陪做好服务工作是主要的。但是全陪和地陪毕竟分别代表着各自的旅行社，且全陪会更多地考虑游客的利益，因此，监督地陪及其所在接待社按旅游团协议书提供服务也是全陪必须要做的工作。所以，协助是首要的，监督是协助上的监督，两者是相辅相成的。

若当地的活动安排上与上几站有明显重复，应建议地陪作必要的调整。若对当地的接待工作有意见和建议，要诚恳地向地陪提出，必要时要向组团社汇报。

3. 旅行过程中的服务

（1）生活服务。生活服务的主要内容包括：出发、返回、上车、下车时，要协助地陪清点人数，照顾年老体弱的游客上下车；游览过程中，要留意游客的举动，防止游客走失和意外事件的发生，以确保游客人身和财产的安全；按照"合理而可能"的原则，帮助游客解决旅行过程中的一些疑难问题；创造、维护融洽的氛围，使旅游团成员有强烈的团队精神。

（2）讲解服务和文娱活动。作为全陪，提供讲解服务固然不是最重要的，但进行适当的讲解仍是必要的。尤其是在两站之间，在汽车、火车专列或包厢里做较长时间的旅行时，全陪也要提供一定的讲解服务。其讲解内容一定要是游客感兴趣的。此外，为防止长途旅行时团队气氛沉闷，全陪还要组织游客开展一些文娱活动，如唱歌、讲故事、讲笑话、玩游戏等。形式上力求丰富多彩，但要有吸引力，使游客能踊跃参与。

【补充材料3-6】

长途导游漫谈

导游在旅游团从一地到另一地的长途中转时，一定要提醒司机开车前不要喝酒、不要长时间疲劳驾驶。如司机比较烦闷或较累时，导游一定不可以不管不问，要高度重视起来，可以提醒司机停车休息一下或者与司机聊一聊天。

长途旅行时，如果导游员在途中沉默寡言，只顾自己休息睡觉，要想提高服务质量，使旅游者满意和愉快是不可能的。这样的导游员，即使做好了景点的导游讲解，也不算是一个好的导游员。

长途导游是一项非常劳累而繁难的脑力和体力劳动。从准备工作、讲解内容到实际导游，不知要耗费多少心血和体力。许多导游完成长途导游后都感到嗓子疼痛、疲劳不堪。我经常听到一些导游说："长途导游太难太苦，一路上没有多少好讲的，途中几个小时，能讲个把小时就不错了，再说，身体也吃不消啊。"难道这些困难是无法克服的吗？不是的，实践证明，只要我们深刻地认识它，下工夫去对付它，是会苦尽甘来的。

那么，何为长途导游呢？导游员陪同旅游者进行长途旅行就是长途导游吗？不是，长途导游是指在长途旅行中，导游员为旅游者组织安排旅行游览活动，提供向导、讲解和旅途服务。

那么，怎样进行好长途旅行中的车上导游呢？一般应具备三个条件。

1. 有知识

长途导游以讲解为主。讲解要以丰富的知识做后盾，要言之有物；不能无病呻吟，要有感而发；要实事求是，不能胡编乱造。所讲的内容应该是旅游者最关注、迫切希望了解的内容。国家旅游局人教司1990年编的《导游业务》一书中指出："具备一定的文化知识修养，是导游员最起码的条件。具有丰富的知识，首先是导游行业的需要。因为导游员接触的面既广又杂：上至天文，下至地理，工农商学兵，党政工青妇，特别是中外历史、地理、政治、经济、文化、建筑、艺术、宗教、美学、心理学、法律和民俗，都得懂一些。所以有人讲'导游员首先应当是位博学多才的杂家'。""导游之所以要有丰富的知识，还因为他们的接待对象不是单一的：上至退休总统、议长，下至在职行李搬运员；有绅士派头十足的上层人士，还有潜心家务的家庭妇女。所接待的旅游者的身份、阶层、职业、年龄、志趣、爱好、生活习惯和民族性格都有很大差异，没有丰富的知识，是难以接待好客人的。"这些话讲得很中肯，我们应照办才行。

需要综合知识的即兴导游，对导游员的影响很大。发挥得好，游客会认为你知识渊博，问不倒，是行万里路的良师益友，是"活字典"，你的职业威信也就增加了，同游客的感情也就增加了。即使在导游过程中出现了一些问题，或日程发生了变化，游客也会很自然地从导游的角度，设身处地地予以谅解和配合。

2. 有趣味

导游员不但要"学富五车"，还要有"口若悬河、妙语连珠"的功夫，不然就会"茶壶煮汤圆，有货倒不出"，当"哑巴导游"，或者语言干巴巴的像个"瘪三"，没人喜欢听。导游员要有较强的表达能力和驾驭语言的能力，要掌握丰富的词汇，要做一名"民间大师"。生动丰富、幽默诙谐的语言，能使你的讲解变得趣味无穷。"语不惊人死不休"，导游员就应该有这种精神。

3. 有娱乐

长途旅行时间长，路途远，较枯燥，游客易疲劳，要调剂和活跃旅途气氛，娱乐活动当然是不可少的。导游员不但应该是个"杂家"、"语言大师"，而且还应该尽可能成为"多面手"：讲故事、说笑话、猜谜语、演小品、说急转弯、做小游戏、唱流行歌曲、演传统戏、唱地方曲；能模仿、善滑稽、南腔北调、十八般武艺，样样都能来两下。尤其是唱歌，它能活跃气氛，增进导游和游客的情谊，消除长时间旅行产生的疲劳。导游要能唱好几首歌曲，特别是能唱好几首民歌、地方戏最好。

游客喜欢什么，对什么感兴趣，你就讲解什么；沿途能看见什么，你就讲解什么。长途旅行中峰回路转，云行河流，海阔天空，气象万千，导游员的导游讲解也要自由活泼，不拘一格，纵意而谈。舒卷随心，跌宕起伏，张弛结合，这样才能真正达到导游艺术之美的境界。

资料来源：柴云森，《怎样做好导游工作》。

（3）为游客当好购物顾问。食、住、行、游、购、娱是旅游内容的一个重要组成部分。和地陪相比，全陪因自始至终都和游客在一起，感情上更融洽一些，也更能赢得游客的信任。因此，在很多方面（诸如购物等），游客会更多地向全陪咨询，请全陪拿主意。在这种时候，全陪一定要从游客的角度考虑，结合自己所掌握的旅游商品方面的知识，为游客着想，当好购物顾问。

离站、途中、抵站服务

1. 离站服务

每离开一地前，全陪都应为本站送站与下站接站的顺利衔接做好以下工作：

提前提醒地陪落实离站的交通票据及核实准确时间；

如离站时间因故变化，全陪要立即通知下一站接待社或请本站接待社通知，以防空接和漏接事件的发生；

协助领队和地陪妥善办理离站事宜，向游客讲清托运行李的有关规定并提醒游客检查、带好旅游证件；

协助领队和地陪清点托运行李，妥善保存行李票；

按规定与接待社办妥财务结账手续；

如遇飞机推迟起飞或航班取消，全陪应协同机场人员和该站地陪安排好游客的食宿和交通事宜。

2. 途中服务

在向异地（下一站）转移的途中，无论游客乘坐何种交通工具，全陪都应提醒游客注意人身和财物的安全，安排好旅途中的生活，努力使游客的旅行充实、轻松愉快。

全陪必须熟悉各种交通工具的性能及交通部门的有关规定，如两站之间的行程距离、所需时间、途中经过的省份城市等。

由领队分发登机牌、车船票，并安排游客座位，组织旅游团顺利登机（车、船），自己殿后。

与交通部门的工作人员（如飞机乘务员、列车乘务员等）处好关系，争取他们的支持，共同做好途中的安全保卫工作和生活服务工作。

做好途中的食、住、娱工作。如乘火车（或轮船）途中需要就餐时，上车（或船）后，全陪应尽快找餐车（或餐厅）负责人联系，按该团餐饮标准为游客订餐。如该团有餐饮方面的特殊要求或禁忌应提前向负责人说明。

旅游团中若有晕机（车、船）的游客，全陪要给予特别关照；游客突患重病，全陪应立即采取措施，并争取司机或乘务人员的协助。

做好与游客的沟通工作（如通过交谈联络感情等）。

【补充材料3-7】

导游在旅游途中需要反复提醒游客的注意事项

1. 提醒游客注意人身安全及财产安全，贵重物品及现金随身携带，注意防扒。
2. 请游客记住旅游车的标志及车号。
3. 入住酒店前要反复说明酒店的名称、位置、电话等。
4. 入住时请检查房间内设施，不得损坏。
5. 在卫生间方便及洗澡时要注意防滑，餐厅也要防滑。沐浴时为了避免滑倒，请把地巾铺在地上，或采取其他防滑措施，特别提醒老年人千万要注意。
6. 用餐时若发现口味不对、不卫生或有特殊要求的，请游客当时提出，便于改正。
7. 游览时要注意安全，紧跟着导游员走，不能掉队。告诉游客会留时间给大家拍照留念。提醒游客记住景点游览时间、集合的时间地点、停车地点等事项。
8. 在旅游景点购物时提醒游客不要和当地人发生矛盾。
9. 晚上娱乐时间不要过长，注意休息，更不能参与黄、赌、毒。
10. 自由活动时提醒游客不要单独活动，若有特殊情况，请向领队、全陪、地陪三方请假，并提醒他记住酒店的位置及联系方式。
11. 若有游客在中途离团，请他写一份离团证明。
12. 提醒游客记住导游的联系方式，掉队后便于联系。

资料来源：www.17u.net/bbs/

3. 抵站服务

所乘交通工具即将抵达下一站时，全陪应提醒游客整理、带齐个人的随身物品，下机（车、船）时注意安全。

下飞机后，凭行李票领取行李。如发现游客行李丢失或损坏，要立即与机场有关部门联系处理，并做好游客的安抚工作。

出港（出站）时，全陪应举社旗走在游客的前面，以便尽快同接该团的地陪取得联系。如出现无地陪迎接的现象，全陪应立即与接待社取得联系，告知其具体情况。

向地陪介绍本团领队和团员情况，并将该团计划外的有关要求转告地陪。

组织游客登上旅游车，提醒其注意安全并负责清点人数。

【补充材料 3-8】

小常识：丢失身份证，怎样乘飞机

有很大部分游客因为丢失了身份证来不及补办，便采用假身份证登机，殊不知机场安检人员早就练出了一双"火眼金睛"，加上高科技的鉴别仪器，游客很难蒙混过关。其实，遗失了身份证也可以登飞机，办法是：

（1）到户口所在地公安机关开具相应证明，注明姓名、出生日期、家庭住址等，贴上近期免冠照片并加盖公章，然后到机场派出所开具登机证明。

（2）如果在外地遗失身份证，也可凭旅行社证明，再到遗失地公安机关开具报失证明，同样注明姓名、出生日期、家庭住址等，贴上近期免冠照片并加盖公章，然后到机场派出所开具登机证明。

（3）凭汽车驾驶证和派出所证明，到机场派出所开具临时身份证明，即可登机。

资料来源：http://iask.sina.com.cn/b/6538125.html

末 站 服 务

末站服务是全陪服务的最后环节，和地陪工作一样，全陪仍要一丝不苟，通过这最后的服务加深游客对行程的良好印象。

当旅行结束时，全陪要提醒游客带好自己的物品和证件；向领队和游客征求团队对此次行程的意见和建议，并填写《团队服务质量反馈表》；致欢送词，对领队、游客给予的合作和支持表示感谢并期望再次重逢。

【补充材料3-9】

欢送词五要素

在送别时致好欢送词，给游客留下的最后的印象将是深刻的、持久的、终生难忘的！经过几十年的总结归纳，我们中国导游认为，有水平、符合规范的"欢送词"，应有五个要素，共20个字，这就是：

表示惜别，感谢合作，小结旅游，征求意见，期盼重逢。

所谓"表示惜别"，是指欢送词中应含有对分别表示惋惜之情、留恋之意的内容。讲此内容时，导游面部表情应深沉，不可嬉皮笑脸，要给客人留下"人走茶更热"的感觉。

"感谢合作"是指感谢旅途中游客给予的支持、合作、帮助、谅解，没有这一切，就很难保证旅游活动的成功。

"小结旅游"是指与游客一起回忆一下这段时间所游览的项目、参加的活动，给游客一种归纳、总结之感，将许多感官的认识上升到理性的认识，帮助游客提高认识。

"征求意见"是告诉游客，我们知有不足，经大家帮助，下一次接待会更好。

"期盼重逢"是指要表达对游客的情谊和自己的热情，希望游客成为回头客。

欢送词除文采之外，更要讲"情深"、"意切"，让游客终生难忘。

我国一位从事导游工作近40年的英文导游，在同游客告别时，为体现"期盼重逢"，他说："中国有句古语，叫做'两山不能相遇，两人总能相逢'。我期盼着在不久的将来，我们还会在中国，也可能在贵国相会，我期盼着，再见，各位！"也许这位老导游的话和他的热诚太感人了，时至今日，每年圣诞节、新年时，贺年卡都会从世界各地向他飞来。有不少贺年卡，甚至是他一二十年前接待的客人寄来的，上面工工整整地用英文手写着"Greetings From Another Mountain"（来自另一座山的问候）。

由此可见，一篇讲究艺术性的欢送词，几句情深意切又有文采的话，会给游客留下多么深刻的印象！另外，还有一点要特别注意，有经验的导游在话别游客之后，他们都会等"飞机上天，轮船离岸，火车出站，挥手告别"，才离现场。"仓促挥手，扭头就走"，会给游客留下"是职业导游，不是有感情的导游"的印象，认为其是"人一走，茶就凉"的导游。我们千万莫当此样的导游！

资料来源：王连义，《怎样做好导游工作》。

【补充材料3-10】

国内旅游游客意见表

尊敬的游客：

　　欢迎您参加旅行社组成的团队出外旅游，希望此次旅程能为您留下难忘的印象。为不断提高我社旅游服务的水平和质量，请您协助我们填下此表（在每栏其中一项里打"∨"），留下宝贵的意见。谢谢您！欢迎您再次旅游！

组团社：　　　　　　　　　　　全陪导游姓名：
团号：　　　　　　　　　　　　人数：
游览线路：　　　　　　　　　　天数：
游客代表姓名：　　　　　　　　联系电话：
单位：　　　　　　　　　　　　填写时间：　年　月　日

项　目	满意	较满意	一　般	不满意	游客意见与建议
咨询服务					
线路设计					
日程安排					
活动内容					
价格质量相符					
安全保障					
全陪导游业务技能					
全陪导游服务态度					
地陪导游服务					
住　宿					
餐　饮					
交　通					
娱　乐					
履约程度					
整体服务质量评价					

资料来源：http://211.82.200.9/x0dygl/editor/UploadFile/20081210214920704.doc

任务八

善后工作

下团后,全陪应认真处理好旅游团的遗留问题。

对团队遗留的重大、重要问题,要先请示旅行社有关领导后,再做处理。认真对待游客的委托,并依照规定办理。对团队的整个行程做总结,若有重大情况发生或有影响到旅行社以后团队操作的隐患问题,应及时向领导汇报。认真、按时填写《全陪日志》。及时归还所借钱物,按财务规定办理报销事宜。

全陪带团到祖国的大江南北参观游览,见识颇多,又同各种各样的领队、地陪打交道,每送走一个旅游团,都应及时总结带团的经验体会,找出不足,不断提高全陪导游服务的水平,不断完善自我。

【补充材料3-11】

全陪日志

单位/部门		团　号	
全陪姓名		组团社	
领队姓名		国　籍	
接待时间	年 月 日至 年 月 日	人　数	（含 岁 儿童 名）
途经城市			
团内重要客人、特别情况及要求			

项目三　全程陪同导游员实务

续表

领队或游客的意见、建议和对旅游接待工作的评价				
该团发生的问题和处理情况（意外事件、游客投诉、追加费用等）				
全陪的意见和建议				
全陪对全过程服务的评价：	合格		不合格	
行程状况	顺利	较顺利	一般	不顺利
客户评价	满意	较满意	一般	不满意
服务质量	优秀	良好	一般	比较差
全陪签字		部门经理签字		质管部门签字
日期		日期		日期

资料来源：http://211.82.200.9/x0dygl/editor/UploadFile/20081210215243652.doc

【补充材料3-12】

××旅行社旅游团费用结算单

_____ 台核　　　　　年　月　日　　　　　编号：_____

团号				组团社			
标准				全陪		人数	
旅游线路							
团队综合服务费	项目						
	计划内项目						
	增加项目						
	综合服务费总计						
全陪费用	交通费						
	房　费						
	其　他						
	全陪费用总计						
	团款总计（大写）						
	已付费用				余款		
	备注	未汇					

户名：　　　　　　　　　　　　开户行：

账号：　　　　　　　　　　　　电话：

资料来源：http://www.17u.net/bbs/show_4_297503.html

能力实训

【实训项目1】全陪的服务准备

实训目的:掌握全陪服务准备工作的相关内容。

实训内容:将学生分成四组,发放四份全陪出团计划单,各小组分析研究后汇报各自的准备工作,包括:熟悉接待计划、物质准备、知识准备、联系地接社。

教师主要观测点:

1. 观察学生准备工作是否周到细致。

2. 考查学生的工作态度是否认真。

【实训项目2】全陪的各站服务

实训目的:通过训练让学生掌握全陪各站服务的程序与规范。

实训内容:将学生分成四组,每组分配不同角色,如全陪、地陪、领队、游客等,模拟各站服务,包括联络、监督协调、旅行过程中的服务。

教师主要观测点:

1. 观察学生对各站服务环节的把握情况。

2. 考查学生对现场情况的把握能力和应变能力,沟通与协调能力,导游讲解与服务技能。

【实训项目3】全陪的转站服务

实训目的:通过训练让学生掌握全陪转站服务的程序与规范。

实训内容:将学生分成四组,每组分配不同角色,如全陪、地陪、领队、游客等,模拟团队抵站、途中服务和离站服务。

教师主要观测点:

1. 观察学生对团队转站服务环节的把握情况。

2. 考查学生对团队抵、离站情况的处理能力,培养学生认真负责的工作态度。

项目四
出境领队导游实务

学习目标

知识目标：了解出境领队导游在境外的主要工作内容，熟悉并掌握出境领队导游的工作程序、标准和出入境手续的办理程序。

技能目标：熟悉出境领队导游的工作，经过培训与境外见习后可以担任该工作。

工作项目

旅行社陈经理给导游小申派了带15人赴韩国五日游的工作任务，小申要怎样做才能圆满地完成此次带团任务呢？

导游小申需要完成以下任务：

【任务一】出境前的准备工作。导游小申出境前需要进行针对性较强的准备工作，主要包括与计调交接，研究旅游团及接待计划，核对旅游团成员的证件、签证、机票和名单表，物质准备，开好出团说明会（出国旅游说明会）等工作。

【任务二】全程陪同服务。导游小申要进行出中国境服务、入他国境服务、境外旅游服务、返程服务等工作。

【任务三】后续工作。导游小申主要进行填写《领队日志》及《旅游服务质量评价表》、整理游客意见、处理投诉、报账和归还物品、处理遗留问题、与游客保持联络等工作。

【导入案例】

马尔代夫历险记

2004年8月，我带领一个11人的深圳团队到马尔代夫进行为期五天的休闲度假旅游。美景海韵深深地打动了游客，他们尽情享受着阳光、沙滩和海水。

然而，在酒店下榻的最后一晚，意外发生了。团队中的两位游客因为抓鱼，被鱼尾击中受伤了。由于不知道是被什么鱼所伤，伤口又一个劲儿地流血，我只好请团长照顾其他游客，自己则带着伤者到酒店医务室。

在医务室，经其他游客指认，我们吃了一惊，原来游客被鳐鱼弄伤了。要知道，这种鱼有些是有毒的。我赶紧请值班医生打电话到马累首都医院，向急诊医生求证击伤游客的鳐鱼的种类，求证的结果令人松了口气，原来击伤客人的鳐鱼是不带毒的。

为此，全团召开会议，决定更改行程，把原定次日下午去马累的船期改为了早上五点出发。那一天就是2004年8月13日。

当天上午的行程很顺利，游客们乘船观赏了壮丽的海上日出。赶到马累的海岸广场时，我们幸运地看到了穆斯林的周五礼拜盛况。客人们表现得很有兴趣，步行至著名的大清真寺，接着到极具特色的集贸市场。可惜的是，当天商场一律两点才开始营业。而我们起了个大早，活动了四五个小时，客人们都有些疲惫了。我把大家安顿在一个穆斯林小学里休息，自己和团长到附近找歇脚的酒店，最后选中了中央酒店。

午餐后，我们一行11人步行到酒店附近的特色商店。三点多钟时，游客们刚从商店出来，就听到不远处传来"啪啪"两声枪响，随即，马路上的人们开始四散奔逃，场面极其混乱。一位好心的当地人对我喊："Dangerous！（危险）Run！（快跑）"转眼间，团队的游客已被冲散。我本能地高喊："回酒店！"然后紧紧抓住团长，顺着人流奔跑的方向，先躲进一间小店避过风头，再慢慢往中央酒店的方向转移。庆幸的是，在行进路上、在酒店大堂，我终于找回了每一位游客！

游客们惊魂未定地躲进客房，呼啸而过的警报声、高音喇叭传出的低沉的演说声，更增加了游客们的恐惧心理。我马上拨通旅行社的电话进行汇报，告知其具体情况，同时请求必要时向领事馆求助。接着又马上找到酒店负责人，交涉派专车为我们免费服务，待时机成熟时，送我们赶赴机场。

大约一个小时后，待警报的声音远去、呼啸的车流静下，我们被安全地送到了机场。办好登机手续后，我马上向旅行社汇报进展。直到飞机平安抵达香港，游客们悬着的心总算落了地，开始笑谈起马尔代夫历险记，戏说逃难中"英雄救美"的故事。

后来，从新闻中得知，当天在马累约3000人上街示威游行。

至今为止，我做导游16年了，处理过各种突发事件。我感到，导游工作的根本就是要心系游客的安全，把"提早有效地预防"与"合理快速地处理"相结合，确保游客享受安全的、愉快的旅程。

本案例中作者是如何处理境外的旅游突发事件的？她的把"提早有效地预防"与"合理快速地处理"相结合，确保游客享受安全的、愉快的旅程的经验，对于我们来说有什么借鉴意义？

资料来源：刘艳红，中国导游网。

出境前的准备工作

【知识链接】

出境旅游领队

出境旅游领队是经国家旅游行政管理部门批准的国际旅行社委派的出国旅游团队的专职服务人员，代表该旅行社全权负责旅游团在境外的旅游活动。他既是旅游团雇佣的服务工作人员，也是旅游团的代言人和领导，起着沟通旅行社之间、旅游者和全陪及地陪之间的桥梁作用，监督接待旅行社落实旅游合同计划，在旅游过程中积极协助导游员落实各项接待服务，共同完成接待工作。

出境前的准备工作是搞好旅游服务的基础，只有做好了出境前的准备工作才能保证出境旅游活动的顺利进行。

1. 与计调（简称OP）交接

（1）移交出团资料。

①团队构成的大致情况（人数、性别、年龄、职业等）。

②团内重点团员的情况（是否有贵宾或重要人物）。

③团队的完整行程。

④团队的特殊安排和特别要求（住宿、餐饮或其他方面的要求）。

⑤召开行前说明会的时间。

(2) 移交出境旅游行程表（参看表 4-1）。

行程表的内容包括：

1. 游览线路、时间、景点。
2. 交通工具的安排。
3. 食宿标准、档次。
4. 行程中购物、娱乐活动的安排以及自费项目。
5. 组团社和接团社的联系人和联络方式。
6. 遇到紧急情况时的联络方式。

表 4-1　　　　　　　　　出境旅游行程表示例——韩国全景五日游

日期	城市	交通	行 程 安 排	餐	宿
D1	北京/首尔	飞机 大巴	北京出发乘国际航班抵达仁川机场： ▲韩方导游迎接团队，乘车前往首尔 ▲韩国古老河道——清溪川 ▲韩国迪斯尼乐园——乐天世界（自费 260 元/人）	— — 晚	四星酒店
D2	首尔	大巴	早餐后： ▲景福宫（或德寿宫）、青瓦台总统府 ▲38 线——非武装地带（自费 350 元/人） ▲土特产高丽参专卖店、化妆品店 ▲紫水晶加工厂、电器免税店 ▲明洞或东大门市场或大型免税店自由购物 ▲乱打秀（自费 350 元/人）	早 中 晚	四星酒店
D3	首尔/济州	飞机 大巴	早餐后： ▲2002 年世界杯足球场 ▲乘内陆航班飞往济州岛，抵后参观龙头岩 ▲天地渊瀑布、神奇之路 ▲晚餐后，入住酒店	早 中 晚	四星酒店

续表

日期	城市	交通	行程安排	餐	宿
D4	济州／釜山	大巴飞机	早餐后： ▲城邑民俗村、城山日出峰 ▲乘内陆航班飞往韩国著名的海港城市（即韩国第二大城市）——釜山，国际商店街 ▲晚餐后入住酒店	早中晚	四星酒店
D5	釜山／北京	大巴飞机	早餐后： ▲参观龙头山公园，并登上龙头山俯瞰繁华的市区与临海 ▲土特产店 ▲乘国际航班返回北京结束愉快的旅程！	早——	

境内组团社电话：略

境外接待社电话：略

中国驻韩大使馆电话：略

行程中购物店、景点、自费项目的说明：略

推荐自费项目：略（注：推荐自费项目客人自愿参加，费用在当地现付地接导游；参加自费景点自由选择，全团半数以上的游客同意参加，为此项目成立，不参加的团友需在景区门口等候或自由活动。）

退团说明：若因客人的缘故退团，有机票订金和订房损失×元/人。若客人在出团前×天因故不走，将有×元/人的损失。在出团前×天因故不走，将损失全部团款。

退费说明：如遇天气、战争、罢工、地震等不可抗力的因素无法游览，退还未游览景点的门票费用；游客因个人原因临时自愿放弃游览，酒店住宿、餐、车等费用均不退还。

补费说明：如遇航空公司政策性调整机票价格，请按规定补交差价。机票价格为团队机票，不得改签、换人、退票。如果旅游目的地国家政策性调整门票或其他相关价格，请按规定补交差价。

7. 出境后需要客人零星现付费用的说明以及自费项目的说明。

8. 需要向客人特别说明的事项，如：保险、退团说明、退费说明、补费说明、行李的重量要求。

（3）移交《中国公民出国旅游团队名单表》。《名单表》一式四联：出境边防检查专用联、入境边防检查专用联、旅游行政部门审验专用联、旅行社自留专用联。领队只需带其中的一、二联即可。

2. 研究旅游团及接待计划

（1）熟悉旅游团成员的基本情况。熟悉旅游团的名称、团号；成员的姓名、性别、年龄、职业、宗教信仰、饮食禁忌、生活习惯等；较有影响的成员、需特殊照顾的成员、知名人士的情况。

（2）熟悉旅游行程接待计划。研究旅游线路和旅游计划，包括抵离各地的时间、交通工具、全部游览项目、下榻的酒店、行程中文娱节目的安排及用餐等。

了解旅游目的地的历史、地理、文化、政治、经济情况。研究组团社的计划是否与游客要求一致，接团社的安排是否与组团社一致。有变动及时通知组团社进行部分计划修改，组团社认可后应将情况报告给接团社。尽量做到出行前使组团社和接待社的计划与旅游者的要求一致。

3. 核对旅游团成员的证件、签证、机票和名单表

（1）核对游客护照、护照内的签证以及出国旅游团队名单表。

护照重点检查：姓名、护照号码、签发地、签发日期、有效期、是否本人签名。

签证重点检查：签发日期、截止日期、签证号码。

名单表重点检查其信息是否和护照以及签证信息一致。

（2）核对机票及行程。核对乘机人姓名、乘机日期、航班号。将机票信息与旅游行程进行对照，核对航班号、日期和起飞时间。

【补充材料 4-1】

机票种类小常识

因私出国人员购买国际机票，一般在国内各航空公司及其标准代理点均可办理购买手续，也可在外国航空公司驻我国的办事处购买。

购买机票时，要填写订票单（包括旅客姓名、性别、出生年月日、国籍、护照、身份证号码、联系电话、拟订航班号码及是否订座等），售票员审查并确认有余票后，即可付款取票。

机票中有"OK"票和"OPEN"票两种。

购买机票和预订座位是两个紧密相关的事情，但又不是等同的概念。购买机票后，还必须要预订座位。凡是确定好座位的机票，都被称为"OK"票。旅客持有确定好座位的机票，即可按上边的日期和航班号登机启程。"OPEN"票是相对"OK"票而言的。凡是机票上没有确定起飞具体时间，即没有预订妥座位的有效机票，都被称为"OPEN"票。也就是说，购买机票而未预订座位是不能登机的。只有既购买了机票，又确定妥座位才能登机。对于初次出国的人员来说，搞清"OK"票和"OPEN"票的区别，是十分必要的。

(3) 其他。检查全团的防疫注射情况，查验境外住店分配情况。

4. 物质准备

(1) 带团必备物品：

①证件（护照）和机票（必须有复印件）。

②出国旅游团团员名单表（复印件若干份）。

③出境旅游行程表及辅助说明的文件。

④分房名单（复印件若干份）。

⑤境外接待社联系方式。

⑥其他相关的必备物品，如领队证、名片、队旗、托运行李不干胶标签等。

⑦团队费用。

(2) 工作辅助物品：资料书籍、紧急求助电话、中国驻外大使馆电话、应急小礼品等。

(3) 个人生活用品。

5. 开好出团说明会（出国旅游说明会）

召集时间一般定于出团前一天至一周内。

(1) 出团说明会的内容：

①致欢迎词，向游客发放《出境旅游行程表》、《旅游服务质量评价表》和团队标识等。

②对旅游行程进行说明（包括出境、入境手续与注意事项，旅游行程）。

③介绍旅游目的地国家的基本情况、风俗习惯和相关的法律法规知识，并提出要求，可放录像、电影、幻灯，也可发放资料。

④告知其外币兑换手续。

⑤公布分房名单。

⑥强调集合时间，回答游客的问题，登记游客的特殊要求。

⑦告诉游客乘飞机时为防止耳鸣的发生，可用棉花自制耳塞一副，或者到商店购买防震耳塞棉。

⑧如果有客人晕机，提醒客人出门上机前的两三小时内切勿吃得太饱。一般晕机的情况只出现在飞机起飞的初期，一段时间之后或飞机飞到特定的高度时，晕机的情况自然会消失。

> 【补充材料 4-2】
>
> ### 中国公民出境旅游文明行为指南
>
> 中国公民，出境旅游，注重礼仪，保持尊严。
> 讲究卫生，爱护环境；衣着得体，请勿喧哗。
> 尊老爱幼，助人为乐；女士优先，礼貌谦让。
> 出行办事，遵守时间；排队有序，不越黄线。
> 文明住宿，不损用品；安静用餐，请勿浪费。
> 健康娱乐，有益身心；赌博色情，坚决拒绝。
> 参观游览，遵守规定；习俗禁忌，切勿冒犯。
> 遇有疑难，咨询领馆；文明出行，一路平安。

资料来源：中央文明办、国家旅游局．2006年10月2日。

（2）说明会上出境领队要注意的问题：

①要以良好的精神面貌和礼貌的语言亮相。

②着重强调时间，尤其是出发时间。

③将自己的手机号告诉给游客。

④建议领队将出国说明事项的主要内容印成书面文件分发给每一位游客，尤其要将海外自费项目价格、外汇兑换方式及兑换率、游客饮食及穿着提醒、游客安全注意事项等内容罗列其中，便于客人掌握。

> 【知识链接】
>
> ### 货币知识
>
> 货币知识的范围广、内容复杂，这里只介绍一些与旅游活动关系密切的常识。
>
> 1. 外汇
>
> 外汇是指外国货币（包括钞票、铸币等），外币有价证券（包括政府公债、国库券、公司债券、股票、息票等），外币支付凭证（包括票据、银行存款凭证、邮政储蓄凭证等）以及其他外汇资金。中国对外汇实行由国家集中管理、统一经营的方针。在中国境内，禁止外汇的流通、使用、质押，禁止私自买卖外汇，禁止以任何形式进行套汇、炒汇、逃汇。旅游者携入中国的外币和票据金额没有限制，但入境时必须据实申报。在中国境内，旅游者若需要钱时可持外汇到中国银行及各兑换点兑换，但要保存好银行出具的外汇兑换

证明（俗称水单，其有效期为半年）。离境时，人民币如未用完，可持水单将其兑换回外汇，最后经海关核验申报单后，可将未用完的外币和票证携出。

在中国境内，如下国家和地区的现钞可兑换成人民币：澳大利亚元、加拿大元、日元、马来西亚元、新加坡元、英镑、美元、港币等。泰国铢和菲律宾比索可在侨乡的个别中国银行兑换。台胞携入的台币，中国银行可通融为其兑换成人民币。

2. 旅行支票

旅行支票是银行或旅行社为方便旅游者，在旅游者交存一定金额后签发的定额票据。购买旅行支票后，旅游者可随身携带，在预先约定的银行或旅行社的分支机构或代理机构凭票取款，比带现金旅行安全便利。购买旅行支票时，旅游者要当场签字，作为预留印鉴；支取款项时必须当着付款单位的面在支票上签字；付款单位将两个签字核对无误后，方予付款，以防假冒。

中国银行在收兑旅行支票时要收取7.5‰的贴息。

3. 信用卡

信用卡是指银行为提供消费信用而发给客户的，在指定地点支取现金、购买货物或支付劳务费用的信用凭证，实际上是一种分期付款的消费者信贷。信用卡上印有持卡者姓名、签字、号码及每笔赊购的限额和有效期等内容。中国银行于1986年6月发行了人民币长城信用卡，中国工商银行于1989年10月发行了人民币牡丹卡。我国目前受理的外国信用卡主要有七种：万事达卡、维萨卡、运通卡、大莱卡、JCB卡、百万卡和发达卡。

保险知识

保险是一种风险转移机制，即个人或企业通过保险将一些难以确定的事故转移给别人去负担。以付出一笔已知的保险费为代价，就可将损失转移给保险公司承担。当然，办理保险本身并不能消除风险，保险只能为遭受风险损失的人提供经济补偿。来华旅游者大多在本国、本地区办理了旅行意外伤害保险，进入中国境内后，旅游团一般都自动加入了中国的保险。

航空客运知识

1. 航空旅行常识

（1）航班、班次、时刻。民航的运输飞行主要有三种形式，即班期飞行、加班飞行和包机飞行。其中，班期飞行是按照班期时刻表和规定的航线，定机型、定日期、定时刻的飞行；加班飞行是根据临时需要在班期飞行以外增加的飞行；包机飞行是按照包机单位的要求，在现有航线上或以外进行的专用飞行。此外，还有不定期航班与季节性航班飞行。

航班分为定期航班和不定期航班，前者是指飞机定期自始发站起飞，按照规定的航线经过经停站至终点站，或直接到达终点站的飞行。在国际航线上飞行的航班称为国际航班，在国内航线上飞行的航班称为国内航班。航班又分为去程航班和回程航班。

目前国内航班的编号一般由航空公司的两个英文代码和四个阿拉伯数字组成。其中，第一个数字表示执行该航班任务的航空公司的数字代码，第二个数字表示该航班终点站所属的管理局或航空公司所在地的数字代码。第三和第四个数字表示该航班的具体编号，其中，第四个数字为单数的表示去程航班，双数的表示回程航班。如CZ3117是南方航空公司自武汉至北京的飞机，CZ3254是南方航空公司自深圳返武汉的飞机。自2002年起，我国民航实施资源重组，组建了三大航空公司，即中国国际航空公司、中国东方航空公司和中国南方航空公司。

班次是指在单位时间内（通常用一个星期计算）飞行的航班数（包括去程航班与回程航班）。班次是根据往返量需求与运能来确定的。

班期表上用阿拉伯数字1~7表示星期一到星期日，用"＊"号表示次日的航班时刻，"BW"表示该航班隔周飞行等。

世界各国对航班飞机的出发和到达时刻，统一使用24小时制，用连写四个阿拉伯数字来表示。如"1020"，即指上午10：20。到达时刻即指抵达当地的地方时刻。在中转换乘飞机时，需要问清时间，以免订错衔接航班。

我国三个航空公司代码：
  中国国际航空公司（Air China）   代码：CA
  中国东方航空公司（China Eastern Airlines）   代码：MU
  中国南方航空（集团）公司（China Southern Airlines） 代码：CZ

（2）飞机机型。在国际航空运输中，通常用英文字母和阿拉伯数字来表示某一航班所使用的飞机机型。如，"74M"代表BOEING747 – 200B，"COMBL"代表波音747客货混用机，"M82"代表麦道MD – 82，"320"代表空中客A320，"TU5"代表图154Tupolev154，"IL6"代表苏制伊尔62客机，"YN7"代表运 – 7。

（3）客舱等级和餐饮供应。在国际航空运输中，通常用英文字母来表示客舱等级。
  F = 头等舱 First Class

C = 公务舱　Business Class
Y = 经济舱　Economy Class
K = 平价舱　Thrift

在国际航空运输中，通常用符号来表示餐饮供应。如刀叉图案是表示在该航段飞行期间供应正餐，杯碟图案表示在该航段飞行期间有早餐或点心供应。

（4）机场建设费。机场建设费于1980年在北京一地试行，1981年在全国推广开来。开始是面向出境国际旅客征收，后为了建立旅游发展基金，征收对象扩大到除下述旅客外的所有离境旅客：在国内机场中转未出隔离厅的国际旅客；乘坐国际航班出境和乘坐香港、澳门地区航班出港持外交护照的旅客；持半票的12周岁以下的儿童；乘坐国内航班在当日中转的旅客。

2. 国内航空运输

（1）购票。中国旅客须出示本人居民身份证或其他有效身份证件，并填写《旅客订座单》；外国旅客，华侨，港、澳、台同胞购票，须出示有效护照、回乡证、台胞证、居留证、旅行证或公安机关出具的其他有效身份证件，并填写《旅客订座单》。

（2）座位再证实。旅客持有订妥座位的联程或回程客票，若在该联程或回程地点停留72小时以上，须在该联程或回程航班飞机离站前两天中午12时以前，办理座位再证实手续，否则原定座位不予保留。

（3）客票。客票只限票上所列姓名的旅客本人使用，不得转让或涂改，客票有效期为一年。

（4）儿童票。已满2周岁未满12周岁的儿童按成人全票价的50%付费。未满2周岁的婴儿按成人原票价的10%付费，不单独占一座位。每一成人旅客只能有一个婴儿享受这种票价。

（5）退票。旅客（团体旅客另行规定）在客票上列明的航班离站时间24小时以内、2小时以前申请退票，需支付原票款10%的退票费；在航班规定离站时间前2小时以内申请退票，需支付原票款20%的退票费；在航班规定离站时间后退票，按误机处理。

（6）客票遗失。旅客遗失客票，应以书面形式向承运人或其代理人申请挂失，并需提供足够的证明。在申请挂失前，客票如已被冒用或冒退，承运人不负责任。

（7）乘机。旅客必须在承运人规定的时限内，凭客票及本人有效身份证件办理乘机手续。飞机离站前30分钟停止办理乘机手续。

（8）误机。误机是指旅客未按规定时间办妥乘机手续或因其旅行证件不符合规定而未能乘机。旅客误机后，如要求改乘同一航空公司的后续航班，不收误机费。如要求退票，需支付原票款50%的误机费。

（9）免费行李额。持成人票或儿童票的旅客，每人免费行李限额（包括托运和自理行李）为：头等舱40千克，公务舱30千克，经济舱20千克。持婴儿票的旅客无免费行李额。

（10）随身携带物品。持头等舱票的旅客，每人可随身携带两件物品；持公务舱或经济舱票的旅客，每人只能随身携带一件物品。上述两项每件的体积均不得超过20cm×40cm×55cm，总重量均不得超过5千克。超过规定件数、重量或体积的限制，要按规定作为交运行李托运。

（11）不准在托运行李内夹带的物品。旅客不得在交运行李内夹带重要文件、资料、外交信件、证券、货币、汇票、贵重物品、易碎易腐物品，以及其他需要专人照管的物品。承运人对交运行李内夹带的上述物品的遗失或损坏按一般托运行李承担赔偿责任。

（12）行李赔偿。交运行李如发生损坏或丢失，由承运人负责赔偿。赔偿限额每千克不超过人民币50元，如行李的价值每千克低于50元时，按实际价值赔偿。

（13）行李声明价值。交运行李每千克价值超过人民币50元时，可以办理行李声明价值，承运人收取声明价值附加费，声明价值不能超过行李本身的实际价值。每一旅客的行李声明价值最高限额为人民币8000元。如此项行李丢失，承运人按声明价值赔偿。

（14）承运人赔偿责任。承运人对每名旅客身体伤害的最高赔偿限额为人民币7万元。

3. 国际航空运输

（1）座位再证实。已定妥续程或回程国际、地区航班座位的旅客，如在上机地点停留72小时以上，应迟在班机起飞前72小时对所定座位予以再证实，否则所定座位将自行取消。如在联程或回程地点停留时间在72小时以内，无需办理座位再证实。

（2）客票。客票（包括行李票）是承运人与旅客之间的运输凭证，也是旅客乘机交运行李的凭证。客票只限客票上所列姓名的旅客本人使用，经转让或涂改的客票无效。客票有效期为一年。

（3）儿童票。2周岁以上12周岁以下的儿童按成人全票价的50%付费。未满2周岁的婴儿，按成人全票价的10%付费，不单独占一座位。

（4）退票。由于承运人及旅客本人原因，旅客未能按客票列明的航程旅行，旅客申请退票，可按规定办理退票。退票只限在原购票地点或经航空公司同意的地点办理。

（5）计重免费行李额。在国际地区航线上，按旅客票价等级，每一全票或半票旅客免费交运的行李额为：一等票价 40 千克，公务票价 30 千克，经济票价 20 千克；按成人票价 10% 付费的婴儿，无免费行李额。

（6）不得作为行李运输的物品。旅客的交运行李和自带行李内不得夹带易燃、易爆、腐蚀、有毒、放射性物质，可聚合物质，磁性物质及其他危险物品。旅客不得携带中华人民共和国有关国家法律、政府命令规定的禁止出境、入境或过境的物品及其他限制运输的物品。旅客乘坐飞机时不得携带武器或随身携带利器和凶器。交运行李内不得装有货币、珠宝、金银制品、票证、有价证券和其他贵重物品。

铁路客运知识

1. 车票

车票是旅客乘车的凭证，同时也是旅客加入铁路意外伤害强制保险的凭证。

车票分为两种：客票，包括软座、硬座。附加票，包括加快票（特快、普快）、卧铺票（高级软卧、软卧、包房硬卧、硬卧）、空调票。

2. 儿童票

从 2010 年 12 月 1 日起，身高 1.2 米～1.5 米的儿童乘车时，应随同成人购买座别相同的半价客票、加快票及相应空调票（简称儿童票）。每一成人旅客可以免费携带身高不够 1.2 米的儿童一名，超过一名时，超过的人数应买儿童票。身高不够 1.2 米的儿童单独使用卧铺时，应购买全价卧铺票，有空调时还应购买半价空调票。

3. 站台票

进站接送旅客的人应购买站台票。站台票当日使用，一次有效。随同大人进站身高不够 1.1 米的儿童及特殊情况经车站同意进站的人员，可不买站台票。未经车站同意无站台票进站时，加倍补收站台票款。

4. 对丢失车票的处理

旅客在乘车前丢失车票，应另行买票。在乘车中丢失车票，应从发现丢失车票的车站（如不能判明丢失站时，从列车始发站算起）补收票款，核收手续费。

5. 对不符合乘车条件的情况的处理

对于下列不符合乘车条件而乘车的旅客，除按规定补票、核收手续费外，还必须加收应补票 50% 的票款：旅客无票或持用失效车票乘车时，应补收自乘车站（不能判明时从列车始发站）起至到站止车票票价。持伪造或涂改的车票乘车时，除按无票处理外，并送交公安部门处理。持站台票上车并在开车后 20 分钟仍不声明时，按无票处理。持用低等级的车票乘坐高等级列车铺位、坐席时，补收所乘坐区间的票款差额。旅客使用半价票没有减价凭证或不符合减价条件时，补收全价票价与半价票价差额。

6. 旅客携带品范围及对超过范围情况的处理

旅客携带品由自己负责看管。每人免费携带品的重量和体积是（特殊区段另有规定者除外）：儿童（包括免费儿童）10千克，外交人员35千克，其他旅客20千克。携带品的长度和体积要适于放在行李架上或座位下边，并不妨碍其他旅客乘坐和通行。携带品的外部尺寸（长、宽、高的总和），最大不得超过160厘米；杆状物品的长度不得超过200厘米；重量不得超过20千克。

凡是危险品（如雷管、炸药、鞭炮、汽油、煤油、电石、液化气体等易爆、易燃物品和杀伤性剧毒物品）、国家限制运输的物品、妨碍公共卫生的物品、动物（如鸡、鸭、鹅、狗、猪、猴、猫、蛇等）以及损坏和污染车辆的物品，都不能带入车内。但在保证安全和卫生的条件下，可携带下列物品：安全火柴20小盒，气体打火机5个。不超过20毫升的指甲油、上光剂、染发剂。不超过100毫升的酒精、冷烫液。不超过600毫升的摩丝、发胶、卫生杀虫剂、空气清新剂。军人、武警、民兵、公安人员和猎人凭法规规定的持枪证明佩带的枪支、子弹。初生雏20只。对超过免费重量的物品，按其超重部分应收四类包裹运费。

7. 保价运输

旅客或托运人托运的行李、包裹分为保价运输和不保价运输两种，按哪种方式运输，由旅客或托运人选择，并在托运单上注明。按保价运输时，可分件声明价格，也可按一批全部件数声明价格。按一批办理时不得只保其中一部分。承运人承运保价运输的行李、包裹，有权检查声明价格同实际价格是否相符。如托运人拒绝检查，承运人可拒绝按保价运输承运。按保价运输的行李、包裹发生运输变更时，保价费不补不退。因承运人责任造成的取消托运时，退还托运人全部保价费。

水上客运知识

1. 中国的水路交通分为沿海航运和内河航运两大类。
2. 外国旅客在中国水上旅游时大多乘坐豪华游轮。
3. 大型客轮的船室一般分五等：一等舱（软卧，1~2人），二等舱（软卧，2~4人），三等舱（硬卧，4~8人），四等舱（硬卧，8~24人）和五等舱（硬卧），还有散席（包括座席）。豪华客轮设有特等舱（由软卧卧室、休息室、卫生间等组成）。

4. 船票。船票分普通船票和加快船票，又分成人票、儿童票和残废军人优待票。旅客在乘船前丢失船票，应另行购票。上船后旅客丢失船票，如能提出足够的证明，经确认后无需补票；无法证明时，按有关规定处理。

5. 行李。乘坐沿海和长江客轮，持全价票的旅客可随身携带免费行李 30 千克，持半价票者和免票儿童可携带 15 千克；每件行李的体积不得超过 0.2 立方米，长度不超过 1.5 米，重量不超过 30 千克。乘坐其他内河客轮，免费携带的行李分别为 20 千克和 10 千克。

6. 禁止携带和托运的物品。下列物品不准携带上船：法令限制运输的物品，有臭味、恶腥味的物品，能损坏、污染船舶和妨碍其他旅客的物品，爆炸品，易燃品，自燃品，腐蚀性物品，有毒物品，杀伤性物品以及放射性物质等。

全程陪同服务

1. 出中国境服务

（1）出发前集合。

①提前抵达集合地点。为了确保旅游团队顺利登机，建议领队在航班起飞前 2.5 至 3 小时到达航站楼以及办理相关登机手续，因为在飞机起飞前 30 分钟将停止办理登机手续。领队需要在事先约定的地点快速集合团队，集合团队时可将旅行社社旗直立竖起等待旅游团的到达。

这里需要注意：出境领队应当比规定时间至少早 10 分钟赶到出境口岸的集合地点；领队要将手机始终开启，随时准备接听游客打来的电话；集合的位置应当选择游客容易找到的地方，一般在出团说明会上都已告知游客了。

②为游客签到。出境旅游领队与游客会合后，应当拿出全团的名单表，为已经抵达的游客签到。在临近规定的集合时间时，如团队成员尚未到齐，出境旅游领队要主动与未及时赶到的游客进行电话联系并催促其快点赶到。

③请客人整理行李。提醒客人将托运的行李上锁；不能将签证、护照等有效证件放入托运行李中，并且要注意托运的行李不要夹带违禁物品，再次强调不要携带液体、打火机等。

④发表简短讲话。在全体团员到齐后,出境领队应即席发表一个简短的讲话,告知游客下面将要办理的登机、海关等手续,并希望全体团员配合。

(2) 办理海关申报。

①了解海关通道。海关通道分为"红色通道"(亦称"应税通道")和"绿色通道"(亦称"免税通道")。

②领队带游客办理海关申报手续。我国海关规定:我国出境人员,除享受免验待遇的人员外,都应填写《中华人民共和国海关进出境旅客行李物品申报单》(图4-1),并将全部行李物品向海关交验。

海关手续 { 无需申报物品的游客走绿色通道。
需申报物品的游客走红色通道并办理相关手续,持申报单交验护照。

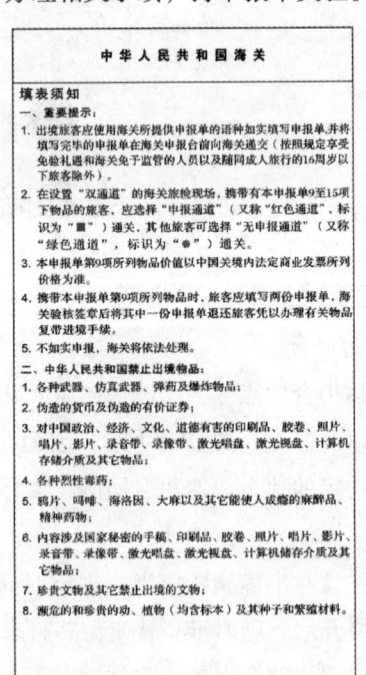

图4-1 出境旅客行李物品申报单

凡携带价值超过5000元人民币的照相机、摄像机和手提电脑等旅行自用物品,或超过20000元的人民币现钞或折合5000美元的外币现钞,文物及濒危动植物以及金银(随身佩戴品除外)等贵重金属,务必要填写《中华人民共和国海关出境旅客行李物品申报单》,一式两份,一份交海关查验,一份经海关审核后将退还旅游者留存,以备返回时通关之用。

【案例 4-1】

据报载，2005 年 7 月 19 日—浙江游客陈某在南京禄口机场出境时携带了 65 万欧元现钞（是国家规定的可携带的 130 倍），在申报时刻意隐瞒，在填写《出入境旅客行李物品申报单》"是否携带超过限额的外币现钞"一栏中填写了"无"，属未如实申报。被查获后，南京海关对其违规行为做出处理，陈某受到警告，同时被处以 100 万元罚款。

案例点评 经航空口岸出入境的旅客都要填写《出入境旅客行李物品申报单》。该单除要填写一些基本数据外，还明确规定：若旅客携带超过 2 万元人民币现钞或超过折合 5000 美元的外币现钞则需要申报。该旅客不仅携带现钞数额巨大，而且刻意隐瞒，属严重违规，受到处罚是必然的。

（3）办理乘机手续及行李托运手续。

①了解民航国际航班的行李托运携带规定。

计件免费行李（参见表 4-2）。

表 4-2　　　　　我国民航国际航班行李托运携带规定

航空公司		免费托运行李额（公斤）			托运行李尺寸长+宽+高不超过（厘米）	免费手提行李额（公斤）	手提行李尺寸长+宽+高不超过（厘米）	检票开始时间起飞前（小时）	检票截止时间起飞前（小时）
		经济舱	公务舱	头等舱					
中国国际航空公司（CA）	加拿大航线	32，两件	32，两件	32，两件	<158	5	<115	3	1
	美国航线	32，两件	32，两件	32，两件	<158	5	<115	3	1
	其他航线	20/学生30	30	40	<158	5	<115	3	1
东方航空公司（MU）	美洲航线	32，两件	32，两件	32，两件	两件<273	5	<115	3	1
	澳洲航线	30	30	40	<158	5	<115	3	1
	其他航线	20	30	40	<158	5	<115	3	1
南方航空公司（CZ）		20/学生40	30	40	<158	5	<115	3	1

托运的行李如丢失或损坏，由航空公司负责赔偿，赔偿金额每千克不超过人民币 100 元。如行李价值每千克低于 100 元时，按实际价值赔偿。

托运行李每千克价值超过人民币 100 元时，可以办理行李声明价值，航空公司收取相应的声明价值附加费。声明价值不能超过行李本身的实际价值。每一旅客的行李声明价值最高限额为人民币 8000 元。如此件行李丢失，航空公司按声明价值赔偿。

②协助办理乘机手续及托运行李。通过机场大屏幕，查看所乘国际航班在哪个柜台办理手续，找到相应的"团队"专用柜台。领队将团队客人的护照一并交给机场值机人员，等待领取登机牌。

办完登机手续，机场的值机人员会将机票的旅客联、登机牌、行李票、护照退还给领队。

这里需要注意：为防止意外事件的发生，需由领队统一保管团队游客的护照和签证。

托运行李的办理方式有两种：

集体办理：领队收齐全团游客的护照、机票（签证）到"团队"专用柜台办理。

单独办理：由游客持护照、机票（签证）自己办理。此种方式办理行李托运，查询会比较方便。

③将边检、登机所需物品发还给游客。领队可将飞机票的旅客联、登机牌、行李票分发给游客办理行李托运手续。

（4）卫生检疫。

①黄皮书查验。黄皮书（即《国际预防接种证书》）是世界卫生组织为了保障入出国境人员的人身健康，防止危害严重的传染病通过入出国境的人员、交通工具、货物和行李等传染和扩散，而要求提供的一项预防接种证明，其作用是通过卫生检疫措施而避免传染。如果出入国境者没有携带黄皮书，国境卫生检疫人员则有权拒绝其出入境，甚至采取强制检疫措施。

黄皮书的有效期是按疾病种类划分的。对于预防霍乱，黄皮书的有效期为：自接种后 6 天起，6 个月内有效，如前次接种不满 6 个月又经复种，自复种的当天起，10 年内有效。

②其他的卫生检疫特殊检查。如 2003 年"非典"时期，出入境关口要测量旅客体温。

（5）边防检查及登机安检。

①边防检查。边防检查是指对出入国境人员的护照、证件、签证、出入境登记卡、出入境人员携带的行李物品和财物、交通运输工具及其运载的货物等的检查和监护，以及对出入国境上下交通运输工具的人员的管理和其违反规章的行为的处理等。

边防检查是为了保卫国家的主权和安全，而对出入国境的人员等进行的检查。边防检查的内容包括：护照检查、证件检查、签证检查、出入境登记卡检查、行李物品检查、交通运输工具检查等。

领队带领游客按出境名单顺序排队，站在黄线外，手持出境证件和登机牌依次接受边防检查。乘坐国际航班要填写《出境登记卡》，共有四联。边防检查人员对持照人的证件进行核查（包括护照是否真实有效，签证是否真实有效等），然后在护照上加盖验讫章（该章内包括出境口岸的名称、编号、"出境边防检查"字样和年月日等），撕走《出境登记卡》的前两联并将其留存于边防检查站；领队需要提醒客人后两联由游客自己保管，不能丢失，因为回国返航时过边检需要交验后两联。

②登机安检。领队同样需要带领游客按出境名单顺序排队，站在黄线外，手持出境证件和登机牌依次接受安全检查。安全检查是世界各国普遍采用的一种检查制度，安检方式有：搜身、用磁性探测器近身检查、过安全门、物品检查、红外线透视仪器检查等。

（6）进入隔离区等待登机。

①过完安检通道后领队带领客人进入隔离区。

②到达隔离区后按登机牌上提示的登机位置找到登机口，在入口处休息等待登机。

③领队需要提醒团队中的游客，如果有客人想吸烟，可以到吸烟室吸烟，并且快去快回。

④当听到登机广播后，领队需要清点人数，归拢团队，并引领团队至登机口。

⑤领队要提醒客人自己拿好登机牌并且将登机牌交机场服务人员查看，有的机场服务人员会从登机牌中撕一角，其他部分交还给客人，之后准备登机。

（7）对号入座，做好准备等待起飞。

起飞时为防止耳鸣的发生，常见方法有：喝水，或吞咽唾沫；张口嚼口香糖，幅度最好大些；打哈欠；用拇指和食指捏住鼻子，闭紧嘴巴，用力呼气，让气流冲开咽鼓管进入中耳空气腔而消除耳闷、耳重、耳痛等症状；在飞机飞行途中还可以带上耳塞棉。

2. 入他国境服务

（1）卫生检疫。各个国家的形式有所不同，有的需要查验黄皮书和健康申报单，有的只是对游客进行检视。

（2）办理入境手续。

①出示证件。向入境检查人员交付护照、签证、入境卡。也有的入境官要求出境旅游领队出示当地的旅行社接待计划或行程表。

②接受盘问。入境检查官员可能会就入境的原因进行简单盘问。出境旅游领队及游客面对入境检查官员的诸项提问不必紧张，要予以配合，从容回答。如不能说清楚，可将当地负责接待此团的旅行社的总经理的姓名及电话告之。

③完成入境检查。入境官员经审验无误,在护照上加盖入境章后,会把护照和签证退还。至此,出境旅游领队及游客即通过了入境关,正式进入了这个国家(地区)。

(3) 领取托运行李。过移民局边检关后,出境旅游领队应向其带领游客到航空公司的托运行李领取处认领自己的行李。如果是大型的机场,传送行李的皮带可能有多条,但每条都会有显示屏显示航班号,领队只需要告诉游客按号去查找并领取,同时提醒游客准备好行李票和登机牌以备领取行李时用。在机场的行李人员核对完行李号和登机牌号码后,就可拿走行李了。如行李有破损或遗失,要立即持行李牌报告给机场行李部门。如确认丢失,可填写《行李报失单》由航空公司解决。出境旅游领队应何其记下机场服务人员的姓名及电话,以备日后询问。

(4) 办理入境海关手续。世界各国的海关对外国旅客或非当地居民的检查,有四种情况:免检、口头申报、填写《海关申报单》、填写《海关申报单》并开箱检查。通常前三种做法比较普遍,而后一种做法较少遇到。出境旅游领队应告知游客服从配合检查而不要与之争执。

(5) 与接待社导游员会合。办完上面的各项手续,要再次整队并清点人数,带客人出海关。出境旅游领队要举起领队旗,带领全体游客到出口,及时认找当地导游并与之会合。与导游员见面后,出境旅游领队应向其通报到达的客人的人数,并且应主动与导游员进行简单的工作交流,然后一同将客人带往停车场集合登车。在走出机场上车前,出境旅游领队必须再次清点人数,并请所有游客清点自己的托运行李和随身行李。

【案例4-2】

我国一旅行团到澳大利亚旅游,在澳大利亚海关接受入境检查时,一位旅客随身携带的月饼被澳方关员查获,另一位旅客携带的十枚无铅松花蛋更引起了澳方关员的严重关注,甚至叫来了警犬和边防警察。原来,澳方关员没见过这种黑乎乎的东西,以为是毒品或者其他违禁化学品。当中国游客不得已当场吞下一枚松花蛋后,事情才有了转机,澳方关员方才相信这的确是一种方便食品。但是澳大利亚检疫法规定,禁止含有蛋、肉馅的食品(包括月饼)入境,违者将被处以220澳元至6万澳元的罚款甚至监禁。而中国游客均未在入境卡上填写携带有上述违禁品,所以两位游客受到食品销毁并罚款1000澳元的处理。

案例点评 此次事件的责任在领队。领队应该知道澳大利亚有禁止含有蛋、肉馅类食品入境的规定,而且在游客填写入境卡时没有专门询问游客是否携带有上述物品,造成违禁携带并刻意隐瞒,不仅通关受阻,还使客人遭受巨额罚款。受罚游客可以向旅行社索赔。

3. 境外旅游服务

（1）联络工作。

①及时与接待方联系。旅游团到达目的地后，领队要及时与接待方旅行社派出的全陪、地陪联系，告知其实到的旅游者人数，通报旅游者的特殊要求。

②当好代言人。作为旅游团的代言人，领队要代表旅游团向接待方旅行社（一般通过导游员）转达旅游者的要求、意见、建议乃至投诉，但要努力保持与接待方旅行社的良好关系。领队是旅游团的代言人，但不是传声筒。

（2）领队与导游密切合作。

①按照日程表逐项对照。领队与导游首先应交换看看双方所持的行程计划表是否一致，包括下榻饭店、游览景点等等细项，如果发现有不一致的地方，应当马上请导游与接待社联系。行程表当中所涉及的各项因素都应该进行沟通，可以按照旅游团在此地停留的天数逐次叙述。如导游建议调整的日程对整体计划无大碍，领队应同意，并在计划表上进行勾划记录。

②领队需要将所带团队的特殊性介绍给导游。为方便导游及时安排准备，领队应向导游介绍说明此团的特殊性。比如此团是教师团，对异国历史、文化兴趣较浓，喜欢提问题；团员中老人较多，团队行动不能过于急促；团员中有几人要用清真餐，应提前与餐厅打招呼等。

③对行进中出现的任何问题和改变要时时商量。游览当中，如果遇到交通严重堵塞、天气转坏、视野极差等情况出现，当日行程就需要进行调整。调整如果仅是在前后次序上，领队仅与导游商定即可，但需要向游客说明；调整如果牵涉到游览项目的取消，则必须由领队在征询全体游客的意见后再行决定。

（3）执行旅游计划。

①商定日程。到达目的地后，领队要尽早与接待方的导游员商定日程并向游客宣布活动计划。

②监督实施旅游计划。在旅游目的国（目的地）旅游期间，领队要认真监督接待方旅行社实施旅游计划，也要积极协助全陪、地陪组织安排好旅游计划和活动日程，共同搞好旅游接待工作；当旅游活动开展得不是很顺利，特别是发生意外事故时，领队要与接待方导游员密切合作，保卫旅游者的生命财产安全，妥善处理事故，消除不良影响。

第一，领队境外住店服务的主要内容有：

房间分配，按照出国前开"出国说明会"时的计划分配房间，领队需要把自己的房间号向全团游客通报。

巡视客房，确认行李已安全无误地送达客人房间后，领队应该协助客人解决有关房间内遇到的新问题。譬如，告诉客人国外饭店一般不提供开水，但在冰箱中存有少许免费纯净水（其余为收费饮品），有沏茶习惯的中国游客，可以找客房服务员借用电水壶烧水或到餐厅泡茶，很多西方国家的自来水可以直接饮用。国外电压与中国游客带去的电器可能不匹配，告知游客可以请酒店服务生提供电压转换器等。

核对日程，与地陪核对接待社的旅游活动日程。

确定叫早，与饭店确认叫早时间和早餐时间后，及时通知游客。

这里需要注意：国外饭店大多禁烟，领队应提醒游客不要在酒店的公共场所吸烟，不要乱扔烟头，更不可随地吐痰；在饭店时，不可在公共场所大声喧哗，谈话音量不要影响到其他客人；在公共场所出入时，注意着装的整齐，尤其不可以穿睡衣、拖鞋等在酒店内串房、出入厅堂等。

第二，领队境外旅行服务的主要内容有：

注意搜集、了解客人的要求和意见，及时向地陪通报，以便其提供更具针对性的旅游服务。

境外用餐，即使是中餐，往往也不太符合游客的胃口。领队应提前打好"预防针"，并且劝说游客尽可能接受计划内用餐。另外，异国水果是游客的最爱，请游客多吃水果也是其补充营养的好方式。喜欢吃肯德基和麦当劳的游客，适度地到当地快餐店就餐也可。

领队不得组织游客参加黄、赌、毒活动或者危险性活动；不得强迫或者变相强迫游客参加额外付费的旅游项目；不得擅自改变行程、减少旅游项目。如因不可抗力造成行程取消或改变，必须告知游客，并得到游客的认可。

对可能危及游客人身安全的情况要向游客作出真实说明和明确警示，并采取有效措施防止各种事故的发生。

向游客介绍旅游目的地国家的相关法律、风俗习惯及其他注意事项，要求游客遵守当地的法律法规，尊重当地的民风民俗和宗教信仰。

提醒客人遵守时间，记住车牌号以及领队和地陪的手机号，如遇问题应及时跟领队和地陪商量。

严防游客在境外滞留不归。若出现这种情况，领队应及时向组团社和所在国使馆报告，组团社应及时向公安机关和旅游行政部门报告。

第三，领队境外购物服务的主要内容有：

境外购物是每个旅游团队必不可少的旅游项目，只要安排合理，大多数出境游客也是乐意接受的。但境外旅行社为利益驱使，往往频繁安排购物，甚至令购物时间超过游览时间，引起游客不满。因此，安排好境外购物，对领队的个人能力是一场严峻考验。

领队应提醒客人小心商品的质量和价格，不要被购物店虚假的宣传所迷惑，要避免冲动购物。对地陪安排的购物时间和次数，领队也应根据合同进行必要的限制，尤其要阻止非计划内的购物安排。

当客人确实希望购买某些商品时，领队应给予必要的帮助，如告诉客人货币兑换率和海关允许免税携带出入境的数量，请客人留意商品规格和制式是否与中国一致，是否提供全球保修（关系到客人能否在中国享受保修服务）。欧洲国家对外国公民购买的不在本国消费的部分工业产品可给予退税优惠，领队应提醒客人索取购物发票和退税证明，以便出境时办理退税手续。

③保护游客的合法权益。当接待方旅行社或某一接待部门不履行合同，游客的利益受到损害时，领队应与接待方交涉，保护游客的合法权益，必要时可向派出方旅行社报告。

④认真处理游客的其他委托事务。

（4）做好团结工作。

①维护团结。作为旅游团的领导，领队要努力协调旅游团成员之间的关系，维护团结；领队要关心游客，观察游客的情绪变化，努力帮助他们保持游兴。

②妥善处理矛盾。当游客与接待方导游员发生矛盾时，领队应出面斡旋，力求消除矛盾；当接待方的全陪和地陪发生矛盾时，领队应本着友好协作的精神妥善处理。

（5）掌管证件。

①掌管旅游团的集体签证。旅游期间，领队要保管好旅游团成员的集体签证。

②中国出境团的领队要集中保管游客的护照。中国出境旅游团的领队应在离境前收取游客的护照等证件，集中保管，努力避免游客在国外滞留不归。

（6）其他工作。

①协助接待方地陪集中游客、清点行李、保管行李卡。

②分配住房、登机卡等。

③支付必要的费用。

【案例4-3】

神秘的非洲是不少中国公民理想的旅游目的地。北京某旅行社以商务考察的名义组织了一个24人的旅游团到非洲旅游。游客不仅感受到了非洲美丽的景色、古老的文化和奇异的民族风情，也为各式各样的旅游纪念品尤其是象牙制品所陶醉，游客大都对之有强烈的购买欲望。在购买前，客人纷纷向领队询问是否能顺利带回国。领队虽是位新手，首次带团赴非洲，但非常负责。她首先询问了当地导游，获知可以带出境；接着又通过国际电话向北京组团社询问，获知中国入境也不成问题，于是告诉客人可以放心购买。但没想到的是，团队在欧洲转机时却被拦了下来，原来许多欧洲国家为了保护大象，禁止象牙制品出入境，违者最高可处以两年以下监禁。结果，不仅游客们所携带的象牙制品全部被没收，而且还被罚款，游客们怨声载道，领队自然成为了大家埋怨、指责的对象。

案例点评 因为领队也是初次到非洲旅行，对业务不熟悉，所以犯下了致命错误。只对非洲出境和中国入境的海关规定进行了了解，而忽略了过境地，导致团员遭受巨大损失。这个案例说明，领队的工作关系到游客的利益，稍有疏忽即可能给客人造成不必要的损失。领队一定要熟悉业务，仅凭热情是做不好领队工作的。

4. 返程服务

（1）离他国境服务。

①办理乘机手续。领队将游客行李集中起来，提醒客人所托运的行李是否上锁，并且说明托运的行李中不要夹带违禁物品，要反复强调不要携带液体等物品。运行李，换领登机卡。

②购买离境机场税。离境机场税可在购买机票时一起付清，但个别国家例外，如泰国需在乘机前现场购买。

③办理移民局离境手续。将该国移民局所要求的出境卡、登机牌、行李票发给游客，并提醒客人保管好以备出关。

④办理海关手续。

⑤办理购物退税手续。欧美、澳洲以及南非等国家都有退税规定。可现场办理，也可回国内办理。北京、上海、广州等大城市设立有退税点。

⑥登机。告知游客航班号、登机门、登机时间。

这里需要注意：领队需要叮咛游客切勿因在机场逛免税商店，而误了登机时间。

（2）入中国境服务。

①接受检验检疫（同出境）。

②接受入境边检。领队收齐游客手中的《出境登记卡》的后两联（出境时边检已盖章），交给边检人员，带领游客等候入关。

③领取行李。

④接受海关检查。

5. 结束工作

①带旅游团安全回国（家乡）。

②诚恳征求游客的意见和建议。领队需请游客填写《征求意见表》，并认真回收每一份表格。

③代表旅行社举行告别宴会（有时由旅行社领导出面宴请），致好欢送词，努力使旅游团的活动善始善终。

【知识链接】

常规入出境手续

出于国家（地区）安全和利益的考虑，各国（地区）对入出境均实行严格的检查手续，办理手续的部门一般设在口岸和旅客入出境地点，如机场、车站、码头等地方。

1. 边防检查

出入境者要填写《出入境登记卡》，交验护照和签证。卡片的内容有持卡者姓名、性别、出生年月、国籍、民族、婚否、护照种类和号码、签证种类和号码、有效期限、入境口岸、日期、逗留期限等。护照、签证验毕加盖入出境验讫章。

2. 海关检查

海关检查一般会询问是否有需申报的物品，有的国家要求入出境者填写《携带物品申报单》。海关有权检查入出境者所携带的物品，对持有外交护照者可免检。各国对入出境物品的管理规定不一，烟、酒、香水等物品常常限量放行，文物、武器、毒品、当地货币和动植物等为违禁品，非经允许，不得入出境。有的国家还要求填写《外币申报单》，出境时还要核查。

3. 安全检查

现在，入出境登机旅客普遍须接受安全检查，检查手续日趋严格。检查方式包括过安全门、用磁性探测器近身检查、检查行李包和搜身等。

4. 卫生检疫

国家卫生检疫部门有权要求入境者填写《健康申明卡》，出示某种传染病的预防接种证书（黄皮书）、健康证明或者其他有关证件，并且采取必要的预防控制措施。

入出境者应持有的证件

世界上每个主权国家（地区），对入出境旅客均实行严格的检查制度。只有具备合法身份的人员才能入出国境。外国人、华侨、港澳台同胞及中国公民入出中国国境均须在指定的口岸向边防检查站（由公安、海关、卫生检疫三方组成）交验有效证件，填写入出境卡，经边防检查站查验核准加盖验讫章后方可入出境。

有效证件是指各国政府为其公民颁发的出国证件。其种类很多，不同类型的人员使用的有效证件名称也不同。

1. 护照

护照是一国主管机关发给本国公民在国外居留的证件，证明其国籍和身份。

（1）护照的种类。按照颁发对象和用途的不同，世界各国护照一般分为三种：外交护照、公务护照和普通护照。此外，有的国家会为团体出国人员（旅游团、体育代表队、文艺团体等）发给团体护照。

①外交护照。

颁发对象：前往国外进行国事活动的国家元首、政府首脑、议员，出访的政府代表团成员，外交和领事官员以及上述人员的配偶及未成年子女。

特征：护照封面上一般标有"外交"字样。

特殊功能：一般享有外交特权和豁免权。在各类护照中，受到尊敬和礼遇的程度最高。

②公务护照。

颁发对象：一般性出访的官员，在驻外使、领馆和其他外交代表机关中从事技术和辅助工作的人员，因公务派往国外执行文化、经济等任务的一些临时出境人员。

特征：护照封面上一般标有"公务"字样。

③普通护照。

颁发对象：前往国外或旅居外国的普通公民。

特征：护照封面不作特别标识。

（2）中国护照。

①中国护照的种类。中国现行护照分外交护照、公务护照和普通护照三种。其中公务护照包括多次有效和一次有效两种；普通护照包括因公务普通护照和普通护照两种。

此外，中国还为出境旅游的公民发放一次性有效的旅游护照。

②中国护照的式样。中国护照封面中央印有烫金国徽，国徽上方印有"中华人民共和国"烫金字样，国徽下方分别印有"外交护照"、"公务护照"、"因公务普通护照"、"普通护照"字样。

中国外交护照为大红封面、烫金字，因而也叫做"红色护照"；中国公务护照的封面为墨绿色；因公务普通护照和普通护照的封面颜色则分别为深棕色和紫色。

③中国护照的有效期。中国外交护照、公务护照、因公务普通护照由外事部门颁发，普通护照由公安部门颁发。

中国护照，除一次有效公务护照和一次有效因公务普通护照的有效期为两年外，其他各种护照的有效期均为五年。护照有效期满可以延期，每次延期最长不得超过五年，每本护照最多可延期两次。一次有效的护照在国内不予延期，在境外需要延期时，可在护照有效期内延期一次，最长不得超过两年。华侨可在有效期满前向中国驻外使领馆或外交部授权的驻外机关提出延期申请。

2. 签证

签证是主权国家颁发给申请者进入或经过本国国境的许可证明，是附签于申请人所持入出境通行证件上的文字证明，也是一个国家检查进入或经过这个国家的人员的身份和目的的合法性证明。在中国，华侨回国探亲或旅游无需办理签证。

(1) 签证的种类。按照颁发对象和由此引发的签证颁发国对持证人待遇的不同，可将签证分为外交签证、公务签证、普通签证三类。

①外交签证。

签发对象：入境或过境的应给予外交官员待遇的外国人（一般持外交护照）。

特征：签证上标明"外交"字样。

待遇：按照国际惯例，世界各国对持有本国外交签证的外国官员，一般都给予过境或停留期间的外交豁免权。

②公务签证。

签发对象：入境或过境的外国公务人员（一般持公务护照）。

特征：签证上注明"公务"字样。

③普通签证。

签发对象：入境或过境的普通人员（一般持普通护照）。

特征：签证上一般只有"签证"字样。

旅游签证属于普通签证，在中国为L字签证（发给来中国旅游、探亲或因其他私人事务入境的人员）。签证上规定持证者在中国停留的起止日期。签证的有效期不等。

另外，按照签发国许可持证人的出入境行为，可将签证分为入境、出境、入出境、出入境、过境五种签证。

在特殊情况下，前往或途径未建交的国家，签证通常做在另一张纸上，称为另纸签证，与护照同时使用。

9人以上的旅游团可发给团体签证。团体签证一式三份，签发机关留一份，来华旅游团两份，一份用于入境，一份用于出境。

外国人来中国旅游，需由中国驻外国的使领馆办理旅游签证。9人以上组团来中国旅游的可申请办理团体旅游签证。去深圳、珠海、厦门经济特区的外国人，可直接向上述口岸签证机关申请"特区旅游签证"。到海南省洽谈商务、旅游、探亲，停留不超过十五天的，可以临时在海口或三亚口岸办理入境签证。

为方便外国人进入珠江三角洲地区旅游，经国务院批准，对已到香港、澳门特别行政区持普通护照的建交国家的外国人组团进入广州、深圳、珠海、佛山、东莞、中山、江门、肇庆、惠州等地区旅游，实行简化手续，提供入境便利的政策。上述人员需参加经在香港和澳门合法注册的旅行社组织的旅游团，入境后仅限在上述地区内旅游，停留时间为入境之日起不超过第6天（144小时）。旅游团需持团队名单入出境，可从设在上述地区的对外国人开放的口岸入出境。入境时，由边防检查站查验其护照、旅游团名单后放行，旅游团成员免填《出入境登记卡》。

持联程客票搭乘国际航班直接过境，在中国停留时间不超过24小时、不出机场的外国人免办签证；要求临时离开机场的，需要经过边防检查机关的批准。

（2）外国人申请签证须履行的手续。外国人申请签证需回答被询问的有关情况并履行下列手续：

①提供有效护照或者能够代替护照的证件；

②填写《签证申请表》，交近期2寸半身正面免冠照片；

③交验与申请入境、过境事宜有关的证明。

3. 港澳居民来往内地通行证

港澳同胞回内地旅游、探亲，可凭《港澳居民来往内地通行证》入境、出境。证件为卡式证件，设置有机读码，出入境边防检查机关用机器查验证件，持卡人可免填《出入境登记卡》。成年人持有该证有效期为10年，在有效期内可多次使用。

4. 台湾同胞旅行证明

《台湾同胞旅行证》是台湾同胞回大陆探亲、旅游的证件。所需证件在香港地区由中国外交部驻香港签证办事处办理，或由香港中国旅行社代办；在美国、日本或其他国家，由中国驻外使领馆办理旅行证件。该证件经口岸边防检查站查验并加盖验讫章后，即可作为其入出境及在大陆旅行的身份证明。

5. 有关外国游客来华旅游的有关规定

（1）持旅游签证的外国人，必须从中国对外国人开放的口岸或是指定的口岸通行，接受边防检查机关的检查，向边防检查机关缴验有效护照和中国的签证，填写入境卡，经边防检查机关查验核准，加盖入境验讫章后入境。

（2）外国人在中国境内可凭本人的有效护照和旅游签证前往对外国人开放的地区旅行。目前，我国对外国人开放的地区包括了大中城市和绝大多数的旅游胜地。外国人在中国境内前往开放地区旅行，应乘飞机或火车，未经批准不得乘坐自备交通工具旅行，若需要，应在入境前报经主管机关批准。自备交通工具包括自行车、摩托车、汽车、船舶和飞机等。

（3）外国游客不得进入不对外国人开放的地区，违者将依法受到处罚。外国人因公务需前往不对外国人开放的地区，要事先向所在地公安机关出入境管理部门申请《外国人旅行证》。申请《外国人旅行证》时应出示本人护照及有效签证，提供接待部门出具的说明其必须前往的理由的公函，填写《外国人旅行申请表》，获准后方能前往。《外国人旅行证》与本人护照同时使用。

（4）持旅游签证来中国的外国人不得在中国从事与其身份不符的活动，如就业、宗教宣传、非法采访等，违者将受到处罚。中国政府保护在中国境内的外国人的合法权益。外国人在中国境内，必须遵守中国法律，尊重中国的风俗习惯。

（5）外国游客可在签证准予在华停留的期限内在中国旅行。停留期限到期，如需继续旅行，可向当地公安机关申请延长在中国的停留期限。旅行结束后，需在签证有效期内填写出境卡，从对外国人开放的国际口岸经边防检查机关查验证件，加盖出境验讫章后出境。

（6）外国人如在中国境内丢失了护照，应及时向当地公安机关出入境部门报失，陈述丢失经过，并持公安机关出具的报失证明到本国驻中国使领馆申请出境证件，然后再到出入境管理部门办理相应手续，方能出境。

我国内地对外开放一类口岸地区一览表

地　区	空　港	陆　港	水　港
北　京	北京		
天　津			天津、塘沽
河　北	石家庄		秦皇岛、唐山
山　西	太原		

续表

地 区	空 港	陆 港	水 港
内 蒙	呼和浩特、海拉尔	二连浩特、满洲里	
辽 宁	沈阳、大连	丹东	营口、锦州、大连、丹东
吉 林	长春	集安、珲春、图们	大安
黑龙江	哈尔滨、佳木斯、齐齐哈尔、牡丹江	逊克、抚远、密山、漠河、绥芬河	哈尔滨、佳木斯
上 海	上海		上海
江 苏	南京		连云港、南通、镇江、张家港、南京、扬州、江阴、常熟
浙 江	杭州、宁波、温州		宁波、镇海、舟山、温州
安 徽	合肥、黄山		芜湖、铜陵
福 建	福州、武夷山、厦门		福州、厦门、漳州、泉州、莆田
江 西	南昌		九江
山 东	济南、青岛、烟台		威海、青岛、烟台
河 南	郑州、洛阳		
湖 北	武汉		汉口、黄石
湖 南	长沙		岳阳
广 东	广州、深圳、湛江、梅州	广州、皇岗、佛山、文锦渡、罗湖、沙头角、笋岗、拱北、常平、端州、三水	广州、黄浦、惠州、茂名、南海、番禺、潮州、汕头、深圳蛇口、湛江、肇庆、中山
广 西	南宁、桂林、北海	友谊关、凭祥、东兴、水口	北海、防城、福州、钦州
海 南	海口、三亚		海口、三亚
重 庆	重庆		
四 川	成都		
贵 州	贵阳		
云 南	昆明、西双版纳	畹町、瑞丽	思茅、景洪
西 藏	拉萨	聂拉木、普兰、吉隆、日屋、亚东	
陕 西	西安		
甘 肃	兰州		
新 疆	乌鲁木齐、喀什	巴克图、阿拉山口、红其拉甫、霍而果斯、红山嘴、老爷庙	

海关手续

1. 入出境旅客通关

"通关"系指入出境旅客向海关申报，海关依法查验其行李物品并办理入出境物品征税或免税验放手续，或其他有关监管手续的总称。

"申报"系指入出境旅客为履行中华人民共和国海关法规规定的义务，对其携带入出境的行李物品的实际情况依法向海关所作的书面申明。

（1）须通过设有海关的地点入出境，接受海关监管。根据《中华人民共和国海关法》和《中华人民共和国海关对进出境旅客行李物品监管办法》的规定，入出境行李物品必须通过设有海关的地点入境或出境，接受海关监管。旅客应按规定向海关申报。

（2）携带物品以自用合理数量为原则。除依法免验者外，入出境旅客行李物品，应交由海关按规定查验放行。海关验放入出境旅客行李物品，以自用合理数量为原则，并对不同类型的旅客行李物品，规定了不同的范围和征免税限量或限值。

（3）依法向海关申报。旅客入出境若携带有需海关申报的物品，应在申报台前向海关递交《中华人民共和国海关入出境旅客行李物品申报单》或海关规定的其他申报单证，按规定如实申报其行李物品，报请海关办理物品入境或出境手续。其中，携带中国法律规定管制的物品，还需向海关交验国家行政主管部门出具的批准文件或证明。旅客行李物品经海关查验征免税放行后，才能携离海关监管现场。

（4）依法选择合适的通关方式。在实施双通道制的海关现场，旅客携带有需向海关申报的物品时，应选择"申报"通道（亦称"红色通道"）通关；携带无需向海关申报的物品的旅客，则可选择"无申报"通道（亦称"绿色通道"）通关。

（5）妥善保管有关单证。经海关验核签章的申报单证应妥善保管，以便回程时或者入境后，凭之办理有关手续。海关加封的行李物品不得擅自开拆，或者损毁海关施加的封志。

2. 部分受限制进出境的物品

（1）烟、酒

旅客类别	免税烟草制品限量	免税12度以上酒精饮料限量
来往港澳地区的旅客（包括港澳旅客和内地因私前往港澳地区探亲和旅游等旅客）	香烟200支或雪茄50支或烟丝250克	酒1瓶（不超过0.75升）

续表

旅客类别	免税烟草制品限量	免税12度以上酒精饮料限量
当天往返或短期内多次来往港澳地区的旅客	香烟40支或雪茄5支或烟丝40克	不准免税带进
其他进境旅客	香烟400支或雪茄100支或烟丝500克	酒2瓶（不超过1.5升）

（2）旅行自用物品。入出境旅客旅行自用物品限照相机、便携式收录音机、小型摄影机、手提式摄录机和手提式文字处理机各一件，还含经海关审核批准的其他物品。经海关放行的旅行自用物品，旅客应在回程时复带出境。

（3）金、银及其制品。旅客携带金、银及其制品入境应以自用合理数量为限，超过50克应填写申报单证；复带出境时，海关凭本次入境申报的数量核放。我国公民出境所携带金、银及其制品除有一定的限额外，回程时还需将原物带回。携带或托运出境在中国境内购买的金、银及其制品（包括镶嵌饰品、器皿等新工艺品），海关验凭中国人民银行制发的《特种发货票》查核放行。

（4）人民币。旅客携带人民币出入境，应当按照国家规定向海关如实申报。中国公民出入境、外国人入出境，每人每次携带的人民币限额为20000元。携带上述限额内的人民币出入境，在实行"红绿通道"制度的海关现场，可选择"绿色通道"通关；超出限额的，应选择"红色通道"向海关办理有关手续，海关予以退运，不按规定申报的，另予以处罚。

（5）文物、字画和中成药。文物指遗存在社会上或埋藏在地下的历史文化遗物。字画亦称书画，系书法和绘画的合称。旅客携带文物、字画出境，必须向海关申报。对旅客购自有权经营文物的商店（文物商店或友谊商店）的文物、字画，海关凭"文物古籍外销统一发货票"和中国文物管理部门加盖的鉴定标志查验放行。旅客在中国国内通过其他途径得到的文物、字画，如家传旧存文物和亲友赠送的文物、字画，凡需要携带出境，必须事先报经中国文物管理部门鉴定。目前，在北京、上海、天津、广州等八个口岸设有鉴定机构。经过鉴定准许出口的，由文物管理部门开具出口许可证明。文物、字画出境时，海关凭文物管理部门的出口许可证明放行。

我国禁止出境的文物、字画有国家馆藏一、二、三级文物；公元1795年（乾隆60年）以前各时期文物；1949年以前生产、制作的具有科学、历史、艺术价值的我国少数民族文物；列入文物保护范围的近现代文献资料、图书资料、纪念物等；徐悲鸿、傅抱石、潘天寿等近百名书画家的作品。

旅客携带中药材、中成药出境，前往港澳，限值人民币150元；前往国外，限值人民币300元。个人邮寄中药材、中成药出境，寄往港澳，限值人民币100元；寄往国外，限值人民币200元。

麝香、犀牛角和虎骨（包括其任何可辨认部分和含其成分的药品、工艺品）严禁出境；入境药用羚羊角限50克免税放行，超出部分征税放行；携带、邮寄羚羊角出境，海关凭国家濒危物种进出口管理办公室核发的《允许出口证明书》放行。

入境旅客出境时携带用外汇购买的、数量合理的自用中药材、中成药，海关凭有关发货票和外汇兑换水单放行。

（6）旅游商品。入境旅客出境时携带用外汇在我国境内购买的旅游纪念品、工艺品，除国家规定应申领出口许可证或者应征出口税的品种外，海关凭有关发货票和外汇兑换水单放行。

3. 行李物品和邮寄物品征税办法

为了简化计税手续和方便纳税人，中国海关对进境旅客行李物品和个人邮递物品实施了专用税制、税率。现行税率共有五个税级：免税、10%、30%、80%、100%。物品进口税从价计征，其完税价格由海关参照国际市场零售价格统一审定，并对外公布实施。

4. 禁止入出境物品

（1）禁止入境物品

①各种武器、仿真武器、弹药及爆炸物品；

②伪造的货币及伪造的有价证券；

③对中国政治、经济、文化、道德有害的印刷品、胶卷、照片、唱片、影片、录音带、录像带、激光视盘、计算机存储介质及其物品；

④各种烈性毒药；

⑤鸦片、吗啡、海洛因、大麻以及其他能使人成瘾的麻醉品、精神药物；

⑥带有危险性病菌、害虫及其他有害生物的动物、植物及其产品；

⑦有碍人畜健康的、来自疫区的以及其他能传播疾病的食品、药物或其他物品。

（2）禁止出境物品

①列入禁止进境范围的所有物品；

②内容涉及国家秘密的手稿、印刷品、胶卷、照片、唱片、影片、录音带、录像带、激

光视盘、计算机存储介质及其物品；

③珍贵文物及其他禁止出境的文物；

④濒危的和珍贵的动物、植物（均含标本）及其种子和繁殖材料。

边防检查、安全检查和卫生检疫

1. 边防检查和安全检查

边防检查站是国家设在口岸的入出境检查管理机关，是国家的门户。它的任务是维护国家主权、安全和社会秩序，发展国际交往，对一切入出境人员的护照、证件和交通运输工具实施检查和管理。

（1）入境检查。外国人来中国，应向中国的外交代表机关、领事机关或外交部授权的驻外机关申请办理签证（互免签证的除外）。除签证上注明入、出境的口岸外，所有入出境人员可在全国的开放口岸入出境。

外国人到达中国口岸后，要接受边防检查站的检查。填好入境登记卡，连同护照一起交入境检查员检验，经核准后加盖入境验讫章，收缴入境登记卡后即可入境。

下列外国人不准入境：

①被中国政府驱逐出境，未满不准入境年限的；

②被认为入境后可能进行恐怖、暴力、颠覆活动的；

③被认为入境后可能进行走私、贩毒、卖淫活动的；

④患有精神病和麻风病、性病、开放性肺结核等传染病的；

⑤不能保障其在中国所需费用的；

⑥被认为入境后可能进行危害我国国家安全和利益的其他活动的。

下列外国人，边防检查站有权阻止其入境：

①未持有效护照、证件或签证的；

②持伪造、涂改或他人护照、证件的；

③拒绝接受查验证件的；

④公安部或者国家安全部通知不准入境的。

（2）出境检查。外国人入境后应在签证有效期内从指定口岸离开中国。出境时，应向出境检查员交验护照证件和出境登记卡；持中国政府签发的居留证者，如出境后不再返回，应交出居留证件。出境检查员核准后，加盖出境验讫章，收缴出境登记卡后放行。

中国人出境必须向主管部门申领护照，除有特殊规定外，不论因公因私必须办好前往国签证才能放行。

下列为不准出境的几种人：

①刑事案件的被告人和公安机关、人民检察院或人民法院认定的犯罪嫌疑人；

②人民法院通知有未了结民事案件不能离境的；

③有其他违反中国法律的行为尚未处理，经有关主管机关认定须追究的。

下列人士，边防检查机关有权限制其出境：

①持无效出境证件的；

②持伪造、涂改或他人护照、证件的；

③拒绝接受查验证件的。

（3）交通运输工具的检查。出入中国国境的国际交通运输工具，包括中、外籍的国际航空器、国际航行船舶、国际列车和入出境汽车及其他机动车辆。国际交通运输工具入出或过境，须从对外开放的口岸通行，并在入出境口岸接受我国边防检查机关的检查和监护。

边防交通运输工具检查的内容有：

①办理交通运输工具入出境手续。国际交通运输工具抵离我国口岸时，其负责人应当向边防检查机关申报服务员工及旅客名单，提供其他的情况，经审核查验无误后放行；

②查验服务员工及旅客的护照、证件，为旅客办理入、出、过境手续，为服务员工办理准予停留或登陆、住宿手续，查封或启封交通运输工具；

③必要时，对服务员工及旅客的行李物品进行检查；

④需要时，对交通运输工具实施机体、船体、车体检查。

（4）安全检查。根据我国政府规定，为确保航空器及旅客的安全，严禁旅客携带枪支、弹药，具有易爆、腐蚀、有毒、放射性的物品等危险品。旅客在登机前必须接受安全人员的检查，拒绝接受检查者不准登机，损失自负。

2. 卫生检疫

中华人民共和国卫生检疫局是中华人民共和国国务院授权的卫生检疫涉外执法机关，它及其下属的各地国境卫生检疫机关在对外开放的国境口岸，对入出境人员依法实施如下主要卫生检疫内容：

（1）入境、出境的微生物、人体组织、生物制品、血液及其制品等特殊物品的携带人、托运人或者邮递人必须向卫生检疫机关申报并接受卫生检疫，未经卫生检疫机关许可，不准入境、出境。海关凭卫生检疫机关签发的特殊物品审批单放行。

(2) 入境、出境的旅客、员工个人携带或者托运可能传播传染病的行李和物品时应当接受卫生检查。卫生检疫机关对来自疫区或者被传染病污染的各种食品、饮料、水产品等应当实施卫生处理或者销毁，并签发卫生处理证明。海关凭卫生检疫机关签发的卫生处理证明放行。

(3) 来自黄热病疫区的人员，在入境时，必须向卫生检疫机关出示有效的黄热病预防接种证书。对无有效的黄热病预防接种证书的人员，卫生检疫机关可以从该人员离开感染环境的时候算起，实施六日的留验，或者实施预防接种并留验到黄热病预防接种证书生效时为止。

(4) 入出境的交通工具、人员、食品、饮用水和其他物品以及病媒昆虫、动物均为传染病监测对象。

(5) 卫生检疫机关有权阻止患有艾滋病、性病、麻风病、精神病、开放性肺结核的外国人入境。来中国定居或居留一年以上的外国人，在申请入境签证时，须交验艾滋病血清学检查证明和健康证明书，在入境后30天内到卫生检疫机关接受检查或查验。

后 续 工 作

1. 填写《领队日志》及《旅游服务质量评价表》

领队写好《领队日志》具有十分重要的意义。组团旅行社的领导往往是通过《领队日志》来了解接待国（地）旅游业的发展状况、旅游服务水准、导游员的业务水平、旅游设施水准及其演变状况等，从而采取必要对策。因此，领队应重视《领队日志》的编写工作。

《领队日志》的内容主要包括下述几点：

(1) 游客状况、表现、意见、建议以及对旅游活动的反映。

(2) 接待方的饭店、交通、餐饮、娱乐场所等旅游设施的状况及接待水准。

(3) 接待方全陪和地陪导游员的知识水平、导游服务技能、处理问题的能力和服务态度。

(4) 接待方旅行社落实旅游接待计划的状况以及存在的主要问题。

(5) 与接待方导游员之间的合作状况以及存在的主要问题。

(6) 旅游过程中出现的问题或事故的原因、处理经过和结果及游客的反映等。

(7) 带团中的成功经验和失败教训以及自己的意见、建议等。

2. 整理游客意见，处理投诉等问题

对于投诉，领队要如实汇报，不得推卸责任，应积极主动地协助旅行社领导处理投诉等问题。

3. 报账和归还物品

出境旅游领队应在带团结束后及时到旅行社财务部门进行报账。报账的同时按照旅行社的规定领取带团补助。出境旅游领队如在带团期间有借款，或有因特殊原因得到组团社批准个人垫付的额外费用，也需要在报账时一并结清。

4. 处理遗留问题

下团后，领队应妥善、认真地处理好旅游团的遗留问题：如果在游客离开后，发现游客遗忘了某些物品，领队应及时将其交回旅行社，设法尽快交还失主；如果游客曾委托领队办理一些事情，领队应该尽快帮其处理完毕。

5. 与游客保持联络

出境旅游领队带团归来，不要与游客彻底告别，要将游客作为旅行社的人脉资源加以重视，可以通过电话、短信、QQ、MSN、E－mail等多种方式与途径与游客进行联系，争取将一次性游客变成常规回头游客。

能力实训

【实训项目1】熟悉出境领队的工作流程

实训目的：通过训练让学生掌握出境工作的各个环节。

实训内容：将学生分组并分配不同角色，如领队、海关工作人员、机场工作人员、边防检查工作人员、游客等，模拟出境工作的全部流程。

教师主要观测点：

1. 观察学生对出境工作各个环节的把握状况。
2. 考查学生对出境工作的把握能力和应变能力。

【实训项目2】出入境知识抢答

实训目的：熟悉出入境过程中的海关、边检等方面的常识。

实训内容：将我国出入境中海关、边检等方面的常识分解为小的知识点，通过分组抢答或者自由抢答进行学习。

教师主要观测点：

1. 观察学生对中国海关限制出境和禁止入境的物品、人员的把握情况。
2. 考查学生对各类知识的熟练程度。

项目五
常见问题和事故的预防与处理

学习目标

知识目标：了解导游人员在带团过程中常见的各种事故，熟悉带团过程中常见的各种事故发生的原因，掌握事故处理的方法、程序以及如何做好预防工作。

技能目标：能正确处理带团过程中常见的各种事故，尽量避免事故的发生。

工作项目

导游小代在带团过程中会遇到各种各样的突发情况，他需要完成以下任务：

【任务一】预防和处理漏接、空接和错接事故。
【任务二】处理旅游活动计划和日程的变更事宜。
【任务三】预防和处理误机（车、船）事故。
【任务四】预防和处理遗失事故。
【任务五】预防和处理游客走失事宜。
【任务六】预防和处理游客患病、死亡的问题。
【任务七】处理游客越轨言行事宜。
【任务八】预防与处理旅游安全事故。

【导入案例】

临危不惧、坚忍不拔、睿智应敌，尽展导游新风采
——中国旅行社总社员工王新慷个人事迹

2008年3月5日，中国旅行社总社（以下简称"中旅总社"）负责接待的澳洲China Bestours 的代理人团（团号C0802-A2291），在西安旅游期间遭遇匪徒挟持事件，在各方的努力下，事件得以顺利解决，犯罪嫌疑人被当场击毙，所有10名团员安然无恙。

中旅总社员工王新慷（英文名字：Eric）在此次事件中表现出了超凡的胆识和无私的奉献精神。他沉着冷静，临危不惧，积极应对。在事发之时，团队客人陷入了慌乱惊恐之中，王新慷保持了清醒的头脑和冷静的态度，与地陪刘占奎一起与绑匪周旋谈判。为保障团队客人的人身安全，他同意驱车前往绑匪指定的西安市公安局，在路途中成功说服绑匪陆续释放了9名人质。公安机关全面介入后，他不顾个人安危，主动留下陪伴被劫持的最后一名人质。在绑匪提出换车前往机场的过程中，王新慷坚持与客人在一起，始终陪伴客人，不仅是翻译更成为了人质的精神支柱。在途中他不断与绑匪交流，在很大程度上稳定了人质的情绪和绑匪的情绪，为警方办案创造了条件。当绑匪被警方击毙后，王新慷在第一时间将人质接下车，并伴随其返回西安市区，配合警方的后续工作。

当王新慷陪同客人到达西安机场与团队其余成员会合后，全团成员喜极而泣，更是将他视为英雄。团员们虽有团聚的欣喜，但仍未走出恐惧的阴霾。在王新慷的带领下，全团成员怀着复杂的心情离开了西安飞赴上海，继续完成余下的行程。抵沪后，王新慷积极配合中旅总社做好客人的安抚工作，向他们表示歉意并释疑解惑，通报了事件的处理经过，说明了中国政府所采取的果断行动，同时向客人介绍了中旅总社为团队所做的特殊安排，最大限度地缓解了团员们的精神压力，稳定了人心。作为全团的领队，作为与客人共患难的团友，尤其作为全团的灵魂人物，王新慷适时适地以积极的心态引导客人面对此事、面对媒体，从而赢得了客人的信任与尊重。在他的努力下，全团客人在离境当天面对媒体之时乐观平静，甚至纷纷举起自己的相机向媒体拍照，并微笑挥手告别送行人员。看到客人满心阳光地离开了中国，在场的所有工作人员和上海领事馆人员都感到了由衷的欣慰。

根据被劫持的游客回忆，在这一事件中华人导游的美好品质得到了充分体现，王新慷英勇救人，堪称英雄。受害者之一，58岁的昆州人卡伦·瓦普尔斯（Karen Waples）事后安全返回澳大利亚，在接受《星期日邮报》（*Mail on Sunday*）的采访时说：她不知道他姓什么，但她知道他是真正的英雄，如有需要，他会为他们挡子弹。他们还称，中国是安全

的，事件不会阻碍澳大利亚游客来中国参观奥运赛事。全团客人对王新慷的感激、赞许是无法用语言来形容的。澳驻沪领事也对他所做的一切表示了感谢，建议中旅总社对王新慷予以嘉奖和奖励，并报国家旅游局予以表彰。澳大利亚驻上海领事馆对王新慷的杰出表现给予了高度的评价，表达了热烈的赞扬并致以由衷的感谢。

这就是王新慷，一个在危难时刻将生的希望留给游客，一个视游客为自己的亲人，用诚信赢得了他们的信任的新时期导游形象的代表。当同事们为他在危急之时主动要求留下，置生死于度外的所作所为而由衷敬佩、自叹不如的时候，他淡然地说："我有那么好吗？你们如果遇到同样的事，也会做出和我一样的选择。"质朴的语言道出了他爱岗敬业、恪尽职守、牢记使命、全心全意为海内外游客服务的心声，反映了他不惜以生命为代价，忠实地履行一名旅游从业人员的光荣职责，把青春和热血奉献给祖国旅游事业的崇高精神。

本案例中王新慷是如何处理突发旅游事故的？他的事迹对于我们来说有什么借鉴意义？

资料来源：中国导游网，http://www.tourguide.net.cn

旅游活动中无论计划多么周密，都还存在一些不可控因素。对游客而言，发生任何问题事故都是不愉快的，甚至是不幸的。因此，问题事故一旦发生，导游人员必须当机立断、沉着冷静，在领导的指示下合情合理地处理一系列问题，力争将事故的损失和影响减少到最低限度。

有的时候，问题事故的发生并不是导游人员的责任，但导游人员是独立工作在旅游接待第一线的工作人员，负有帮助解决问题和协助处理事故的责任。并且，在导游服务过程中对问题和事故的处理，也是对导游人员工作能力和独立处理问题的能力的重大考验。处理得好，游客满意了，导游人员的威信就会因此提高；反之，不仅游客不满，还可能留下隐患，使旅游活动不能顺利进行，甚至会演变为涉外事件。因此，在旅游活动过程中，出现问题、发生事故时，不管责任在哪一方，导游人员都必须全力以赴，认真对待，及时、果断、合情合理地进行处理。

预防和处理漏接、空接和错接事故

1. 漏接的预防及处理

漏接是指旅游团（者）抵达后，无导游人员迎接的现象。无论是何原因引起的，都会令游客抱怨、发火。这都是正常的。导游人员应尽快消除游客的不满情绪，做好工作。

（1）由于主观原因所造成的漏接。

①主观原因有如下情况：第一，由于导游工作不细，没有认真阅读接待计划，将旅游团（者）抵达的日期、时间、地点搞错；第二，迟到，没有按规定时间提前抵达接站地点；第三，只阅读接待计划，没阅读变更记录，仍按原计划接站；第四，没查对新的航班（车次、船次）时刻表。特别是新旧时刻表交替时，"想当然"仍按旧时刻表的时间接站，因而造成漏接事故；第五，导游人员举牌接站的地方选择不当。

②处理方法：第一，实事求是地向游客说明情况，诚恳地赔礼道歉，求得谅解；第二，如果有费用问题（如游客乘出租车到饭店的车费），应主动将费用赔付给游客；第三，提供更加热情周到的服务，高质量地完成计划内的全部活动内容，以求尽快消除因漏接而给游客造成的不愉快情绪。

（2）由于客观原因造成的漏接。

①客观原因有如下情况：第一，由于种种原因，上一站接待社将旅游团原定的班次或车次变更而使旅游团提前抵达，但漏发变更通知，造成漏接；第二，接待社已接到变更通知，但有关人员没能及时通知该团地陪，造成漏接；第三，司机迟到，未能按时到达接站地点，造成漏接；第四，由于交通堵塞或其他预料不到的情况发生，未能及时抵达机场（车站、码头），造成漏接；第五，由于国际航班提前抵达或游客在境外中转站乘其他航班而造成漏接。

②处理方法：第一，立即与接待社联系，告知现状，查明原因；第二，耐心地向游客作解释工作，消除误解；第三，尽量采取弥补措施，使游客的损失减少到最低限度；第四，必要时请接待社领导出面赔礼道歉，或酌情给游客一定的物质补偿。

（3）漏接的预防。

①认真阅读计划。导游人员接到任务后，应了解旅游团抵达的日期、时间、接站地点

（具体是哪个机场、车站、码头），并亲自核对清楚。

②核实交通工具到达的准确时间。旅游团抵达的当天，导游人员应与旅行社有关部门联系，弄清班次或车次是否有变更，并及时与机场（车站、码头）联系，核实其抵达的确切时间。

③提前抵达接站地点。导游人员应与司机商定好出发时间，保证按规定提前半小时到达接站地点。

> 【案例5-1】
>
> 某日上午8:00，某旅行社门市接待人员接到北京组团社电话，原定于第二日下午7:50到达的旅游团，因出发地订票的原因改为第二日上午11:40提前到达，需要提前接站。门市接待人员因有急事，在未能和旅行社计调联系上的情况下，在计调的办公桌上留下便条告知此事后离去。计调回社后，没有注意到办公桌上的便条，直到第二日上午12:00，组团社全陪从火车站打来电话才知此事。
>
> 请问如果你是地接，该如何处理？

2. 空接的原因及处理

空接是指由于某种原因旅游团推迟抵达某站，导游人员仍按原计划预定的班次或车次接站而没有接到旅游团。

（1）空接事故的原因。

①接待社没有接到上一站的通知。由于天气原因或某种故障，旅游团（者）仍滞留在上一站或途中。而上一站旅行社并不知道这种临时的变化，没有通知下一站接待社。此时，全陪或领队也无法通知接待社，因此造成空接。

②上一站忘记通知。由于某种原因，上一站旅行社将该团原定的航班或车次变更了，变更后推迟抵达。但上一站有关人员由于工作疏忽，没有通知下一站接待社，造成空接。

③没有通知地陪。接到了上一站的变更通知，但接待社有关人员没有及时通知该团地陪，造成空接。

④游客本身原因。由于游客本人生病、有急事或其他原因，临时决定取消旅游，没乘飞机或火车前往下一站，但又没及时通知下一站接待社，造成空接。

（2）空接的处理。

①导游人员应立即与本社有关部门联系，查明原因；

②如推迟时间不长，可留在接站地点继续等候，迎接旅游团的到来，同时要通知各接待单位；

③如推迟时间较长，导游人员应按本社有关部门的安排，重新落实接团事宜。

【案例 5-2】

某旅游团计划于 2 月 5 日乘 CA×× 航班由 A 市飞抵 B 市，导游员小孟按接待计划上的时间前往机场，但未能接到该团。试分析小孟未接到该团的可能的原因。

如果该团推迟到第二天上午抵达，小孟该怎么办？

3. 错接的预防及处理

错接是指导游人员接了不应由他接的旅游团（者）。

（1）错接的预防。

①导游人员应提前到达接站地点迎接旅游团。

②接团时认真核实。导游人员要认真逐一核实旅游客源地派出方旅行社的名称、旅游目的地组团旅行社的名称、旅游团的代号、人数、领队姓名（无领队的团要核实游客的姓名）、下榻饭店等。

③提高警惕，严防其他人员非法接走旅游团。

（2）错接的处理。

一旦发现错接，地陪应立即采取的措施是：

①报告领导。发现错接后马上向接待社有关领导报告，查明两个错换团的情况，再做具体处理。

②将错就错。如果经调查核实，错接发生在本社的两个旅游团之间，两个导游人员又同是地陪，那么就将错就错，两名地陪将接待计划交换之后就可继续接团。

③必须交换。经核查，错接的团是两家接待社的团，必须交换旅游团；两个团都属于一个旅行社接待，但两个导游人员中有一名是地陪兼全陪，那么就应该交换旅游团。

④地陪要实事求是地向游客说明情况，并诚恳地道歉，以求得游客的谅解。

⑤如发生其他人员（非法导游）将游客带走的情况，应马上与饭店联系，看游客是否已住进应下榻的饭店。

【案例 5-3】

近年来，我国有些城市不止一次发生接错团的情况，即甲社的导游员把乙社的一个旅游团误认为是自己的团而接走，车抵达饭店后才发现出错。

请问，如果你是地陪，应从哪些方面着手防止此类事故的发生？

处理旅游活动计划和日程的变更事宜

旅游活动中计划被要求更改一般有两种情况：

1. 旅游团（者）要求变更计划行程

在旅游过程中，由于种种原因，游客向导游人员提出变更旅游路线或旅游日程时，原则上应按旅游合同执行；遇有较特殊的情况或由领队提出，导游人员也无权擅自做主，要上报组团社或接待社有关人员，需经有关部门同意，并按照其指示和具体要求做好变更工作。

2. 由于客观原因需要变更计划和日程

旅游过程中，因客观原因、不可预料的因素（如天气、自然灾害、交通问题等）需要变更旅游团的旅游计划、路线和活动日程时，一般会出现三种情况，针对不同情况要有灵活的应变措施。

（1）缩短或取消在某地的游览时间。

①旅游团（者）抵达时间延误，造成旅游时间缩短。

第一，仔细分析因延误带来的困难和问题，并及时向接待社外联或计调部门报告，以便将情况尽快反馈给组团社，找出补救措施。第二，在外联或计调部门的协助下，安排落实该团交通、住宿、游览等事宜。提醒有关人员与饭店、车队、餐厅联系及时办理退房、退车、退餐等一切相关事宜。第三，地陪应立即调整活动日程，压缩在每一景点的活动时间，尽量保证不减少计划内的游览项目。

②旅游团（者）提前离开，造成游览时间缩短。

第一，立即与全陪、领队商量，采取尽可能的补救措施。立即调整活动时间，抓紧时间将计划内的游览项目完成；若有困难，无法完成计划内所有的游览项目，地陪应选择最有代表性、最具特色的重点旅游景点进行导游，以求游客对旅游景点有个基本的了解。第二，做好游客的工作。不要急于将旅游团提前离开的消息告诉给旅游团（者），待与领队、全陪制定好新的游览方案后，找准时机向旅游团中有影响的游客实事求是地说明困难，诚恳地道歉，以求得谅解，并将变更后的安排向他们解释清楚，争取他们的认可和支持，最后分头做游客的工作。第三，地陪应通知接待社计调部门或有关人员办理相关事宜，如退饭店、退餐和退车等。第四,给予游客适当的补偿,必要时经接待社领导同意可采取加菜、加风味餐、赠送小纪念品等物质补偿的办法。如果旅游团的活动受到了较大的影响,游客损失较大而表示强烈的不满时,可请接待社领导出面表示歉意,并提出补偿办法。第五,若旅游团(者)提前离开,全陪应立即报告组团社,并通知下一站接待社。

(2) 延长旅游时间。

游客提前抵达或推迟离开都会延长游览时间而造成游览日程变更。出现这种情况时,地陪应该采取以下措施:

①落实有关事宜,与接待社有关部门或有关人员联系,重新落实旅游团(者)的用房、用餐、用车的情况,并及时落实离站的机(车、船)票。

②迅速调整活动日程,适当地延长在主要景点的游览时间。经组团社同意后,酌情增加游览景点,努力使活动内容充实。

③提醒接待社有关人员通知下一站接待社该团的日程变化。

④在设计变更旅游计划时,地陪要征求领队和全陪的建议和要求,共同商量,取得他们的支持和帮助。在改变的旅游计划决定之后,应与领队、全陪商量好如何向团内游客解释说明,取得他们的谅解与支持。

(3) 逗留时间不变,但被迫改变部分旅游计划。

这种情况一般是外界客观原因造成的,如大雪封山、道路维修改造等。这时导游员应采取如下措施:

①实事求是地将情况向游客讲清楚,求得谅解;

②提出由另一景点代替的方案,与游客协商;

③以精彩的导游讲解、热情的服务激起游客的游兴;

④按照有关规定做些相应补偿,如用餐时适当地加菜、将便餐改为风味餐、赠送小礼品等,必要时由旅行社领导出面,诚恳地向游客表示歉意,尽量让游客高高兴兴地离开。

【案例5-4】

某旅游团按计划于10月5日17:30飞抵D市,10月7日20:30乘飞机离开D市。由于时值旅游旺季,接团社未能按计划为该团买到机票,只得安排该团乘加班机,提前到10月6日13:05飞离D市。

如果你是该团的导游员,应该怎样做好客人的工作,使他们在得知计划更改时不致起哄?又应该采取哪些补救措施,尽量使客人在D市的逗留期间内过得愉快?

任 务 三

预防和处理误机（车、船）事故

误机（车、船）事故是指因故造成旅游团（者）没有按原定航班（车次、船次）离开本站而导致其暂时滞留本地。

1. 误机（车、船）事故的原因

（1）客观原因导致的非责任事故。由于游客走失、不听安排或由于途中遇到交通事故、严重堵车、汽车发生故障等突发情况造成迟误。

（2）主观因素导致的责任事故。由于导游人员或旅行社其他人员工作上的差错造成迟误。如导游人员安排日程不当或过紧，没有按规定提前到达机场（车站、码头）；导游人员没有认真核实交通票据；班次已变更但旅行社有关人员没有及时通知导游人员等。

2. 误机（车、船）事故的预防

误机（车、船）会带来严重的后果。杜绝此类事故的发生关键在预防，地陪应做到：

（1）认真核实机、车、船票的班次、车次、日期、时间及在哪个机场、车站、码头乘机车、船等。

（2）如果票据未落实，接团期间应随时与接待社有关人员保持联系。没有行李车的旅游团在拿到票据核实无误后，地陪应立即将其交到全陪或游客手中。

（3）离开当天不要安排旅游团到地域复杂、偏远的景点参观游览，不要安排团员自由活动。

（4）留有充足的时间去机场（车站、码头），要考虑到交通堵塞或突发事件等因素。

（5）保证按规定的时间到达机场、车站、码头。

乘国内航班要提前1.5个小时到达机场，乘国际航班出境应提前2个小时到达机场，乘火车应提前1个小时到达火车站。

3. 误机（车、船）事故的处理

一旦发生误机（车、船）事故，导游员应按照下列步骤进行处理：

（1）导游人员应立即向旅行社领导及有关部门报告并请求协助。

（2）地陪和旅行社尽快与机场（车站、码头）联系，争取让游客乘最近班次的交通工具离开本站，或包机（车、船）或改乘其他交通工具前往下一站。

（3）稳定旅游团（者）的情绪，安排好其在当地滞留期间的食宿、游览等事宜。

（4）及时通知下一站，对日程作相应的调整。

（5）向旅游团（者）赔礼道歉。

（6）写出事故报告，查清事故的原因和责任，责任者应承担经济损失并受处分。

【案例 5-5】

　　KZH1015 团将于 10 月 17 日 17:40 乘火车离 A 市赴 E 市。地陪小胡带领该团游览了清静寺后于 16:00 将该团带到市中心购物。16:40 全团上车后发现少了两名客人。于是小胡让领队照顾全团在原地等候，自己和全陪分头去找这两名客人。等找到客人，回到车上时，离火车开车时间只有 20 分钟了。驾驶员立即开车，可是汽车抵达火车站时，火车已驶离站台。

　　试分析造成这次误车事故的原因，并说明小胡应采取什么补救措施？

预防和处理遗失事故

1. 证件、钱物和行李遗失的预防

（1）多做提醒工作。旅游团在参观游览时，导游人员要提醒游客带好随身物品和提包；在热闹、拥挤的场所和购物时，导游人员要提醒游客保管好自己的钱包、提包和贵重物品；离开饭店时，导游人员要提醒游客带好随身行李物品，检查是否带齐了旅行证件；下车时提醒游客不要将贵重物品留在车上。

（2）不代为游客保管证件。导游人员在工作中需要游客的证件时，要经由领队收取，用毕立即如数归还，不要代为保管，还要提醒游客保管好自己的证件。

（3）切实做好每次行李的清点、交接工作。

（4）每次游客下车后，导游人员都要提醒司机清车、关好车窗并锁好车门。

2. 遗失证件的处理

请失主冷静地回忆，详细了解丢失的情况，找出线索，尽量协助其寻找；

如确已丢失，马上报告公安部门、接待社领导和组团社，并留下游客的详细地址、电话；

根据领导或接待社有关人员的安排，协助失主办理补办手续，所需费用由失主自理。

（1）丢失外国护照和签证。

①由旅行社出具证明；

②请失主准备照片；

③失主本人持证明去当地公安局（外国人出入境管理处）报失，由公安局出具证明；

④持公安局的证明去所在国驻华使领馆申请补办新护照；

⑤领到新护照后，再去公安局办理签证手续。

（2）丢失团体签证。

①由接待社开具遗失公函；

②原团体签证复印件（副本）；

③重新打印与原团体签证格式、内容相同的该团人员名单；

④该团全体游客的护照；

⑤持以上证明材料到公安局出入境管理处报失，并填写有关申请表（可由一名游客填写，其他成员附名单）。

（3）丢失中国护照和签证。

①华侨丢失护照和签证：

第一，接待社开具遗失证明；

第二，失主准备彩色照片；

第三，失主持证明、照片到公安局出入境管理处报失并申请办理新护照；

第四，持新护照到其居住国驻华使领馆办理入境签证手续。

②中国公民出境旅游时丢失护照、签证：

第一，请当地陪同协助到当地警察机构报案，并取得警察机构开具的报案证明；

第二，持当地警察机构的报案证明和有关材料到我国驻该国使领馆领取《中华人民共和国旅行证》；

第三，回国后，可凭《中华人民共和国旅行证》和境外警方的报失证明，申请补发新护照。

（4）丢失《港澳居民来往内地通行证》（港澳同胞回乡证）。

①向公安局派出所报失，并取得报失证明，或由接待社开具遗失证明；

②持报失证明或遗失证明到公安局出入境管理处申请领取赴港澳证件；

③出入境管理部门核实后，给失主签发一次性《中华人民共和国入出境通行证》；

④失主持该入出境通行证回港澳地区后，填写《港澳居民来往内地通行证件遗失登记表》和申请表，凭本人的港澳居民身份证，向通行证受理机关申请补发新的通行证。

（5）丢失台湾同胞旅行证明。失主向遗失地的中国旅行社或户口管理部门或侨办报失，核实后发给一次性有效的入出境通行证。

（6）丢失中华人民共和国居民身份证。由接待社开具证明，失主持证明到公安局报失，经核实后开具身份证明，机场安检人员核准放行。回到居住所在地后，凭公安局报失证明和有关材料到当地派出所办理新身份证。

3. 丢失钱物的处理

（1）外国游客丢失钱物的处理。

①稳定失主情绪，详细了解物品丢失的经过，物品的数量、形状、特征、价值。仔细分析物品丢失的原因、时间、地点，并迅速判断丢失的性质是不慎丢失还是被盗；

②立即向公安局或保安部门以及保险公司报案（特别是贵重物品的丢失）；

③及时向接待社领导汇报，听取领导指示；

④接待社出具遗失证明；

⑤若丢失的是贵重物品，失主持证明、本人护照或有效身份证件到公安局出入境管理处填写《失物经过说明》，列出遗失物品清单；

⑥若失主遗失的是入境时向海关申报的物品，要出示《中国海关行李申报单》；

⑦若将《中国海关行李申报单》遗失，要在公安局出入境管理处申请办理《中国海关行李申报单报失证明》；

⑧若遗失物品已在国外办理财产保险，领取保险时需要证明，可以在公安局出入境管理处申请办理《财物报失证明》；

⑨若遗失物品是旅行支票、信用卡等票证，在向公安机关报失的同时也要及时向有关银行挂失；

⑩失主持以上由公安局开具的所有证明，可供出海关时查验或向保险公司索赔。

发生证件、财物，特别是贵重物品被盗是治安事件，导游人员应立即向公安机关及有关部门报警，并积极配合有关部门早日破案，挽回不良影响；若不能破案，导游人员要尽力安慰失主，按上述步骤办理。

【案例 5-6】

导游员小王接待的某旅游团原计划于 12 月 23 日 16：00 乘飞机由 W 市飞抵 S 市。22 日晚饭后，小王突然接到内勤通知，该团因故必须乘 23 日 8：00 的航班提前离开 W 市。该团即将抵达机场时，团员怀特夫人神色慌张地告诉小王，她将一条钻石项链放在枕头下面，因离店时匆忙忘记取出，要求立即返回饭店。

在此情况下小王接到内勤变更通知后，应该如何处理？得知怀特夫人将项链遗失时又该如何处理？

（2）国内游客丢失钱物的处理。

①立即向公安局、保安部门或保险公司报案；

②及时向接待社领导汇报；

③若旅游团行程结束时仍未破案，可根据失主丢失钱物的时间、地点、责任方等具体情况做善后处理。

4. 行李遗失的处理。

（1）来华途中丢失行李

①带失主到机场失物登记处办理行李丢失和认领手续。失主需出示机票及行李牌，详细说明始发站、转运站，说清楚行李件数及丢失行李的大小、形状、颜色、标记、特征等，并一一填入失物登记表；将失主下榻的饭店的名称、房间号和电话号码（如果已经知道的话）和失主自己的手机号码告诉给登记处并记下登记处的电话和联系人名称，记下有关航空公司办事处的地址、电话，以便联系。

②游客在当地游览期间，导游人员要不时打电话询问寻找行李的情况，一时找不回行李，要协助失主购置必要的生活用品。

③离开本地前行李还没有找到，导游人员应帮助失主将接待旅行社的名称、全程旅游线路以及各地可能下榻的饭店的名称转告有关航空公司，以便行李找到后及时运往相宜地点交还失主。

④如行李确系丢失，失主可向有关航空公司索赔或按国际惯例案取赔偿。

（2）在中国境内丢失行李。

游客在我国境内旅游期间丢失行李，一般是在三个环节上出了差错，即交通运输部门、饭店行李部门和旅行社的行李员。导游人员必须认识到，不论是在哪个环节出现的问题，都是我方的责任，应积极设法负责查找。

①仔细分析，找出出差错的线索或环节。

第一，如果游客在机场领取行李时找不到托运的行李，则很有可能是上一站行李交接或机场行李托运过程中出现了差错。这时全陪应马上带领失主凭机票和行李牌到机场行李查询处登记办理行李丢失或认领手续，并由失主填写行李丢失登记表。地陪应立即向接待社领导或有关人员汇报，安排有关人员与机场、上一站接待社、有关航空公司等单位联系，积极寻找。

第二，如果抵达饭店后，游客告知没有拿到行李，问题则可以出现在四个方面。其一本团游客误拿，其二饭店行李部投递出错，其三旅行社行李员与饭店行李员交接时有误，其四在往返运送行李途中丢失。

出现这种情况,地陪应立即依次采取以下措施:地陪与全陪、领队一起先在本团内寻找;如果不是以上原因,应立即与饭店行李部取得联系,请其设法查找;如果仍找不到行李,地陪应马上向接待社领导或有关部门汇报,请其派人了解旅行社行李员的有关情况,设法查找。

②做好善后工作。主动关心失主,对因丢失行李给失主带来的诸多不便表示歉意,并积极帮助其解决因行李丢失而带来的生活方面的困难。

③随时与有关方面联系,询问查找进展情况。

④若行李找回,及时将找回的行李归还失主。若确定行李已丢失,由责任方负责人出面向失主说明情况,并表示歉意。

⑤帮助失主根据有关规定或惯例向有关部门索赔。

⑥事后写出书面报告(事故的全过程:行李丢失的原因、经过、查找过程、赔偿情况及失主和其他团员的反映)。

【案例5-7】

某旅游团从A地飞往B地,在A地机场办理登机手续时,要求检查护照。全陪匆匆地向游客收取护照,办理完登机手续后,他随手将护照递给了领队,自己向游客分发登机卡。

到B地后,游客彼得告诉全陪他的护照不见了,还说在A地机场收护照后好像没有还给他,但领队说他肯定将护照还给了彼得。

请问:

①在A地机场,全陪的行为有哪些不妥?

②导游员应怎样处理游客丢失护照的问题?

③什么是导游员对待游客的护照等证件的正确态度?

预防和处理游客走失事宜

在参观游览或自由活动时,时常发生游客走失的情况。一般说来,造成游客走失的原因有三种：一是导游人员没有向游客讲清车号、停车位置或景点的游览路线；二是游客对某种现象和事物产生兴趣，或在某处摄影滞留时间较长而脱离团队自己走失；三是在自由活动、外出购物时游客没有记清饭店地址和路线而走失。

无论哪种原因，都会影响游客情绪、有损带团质量。导游员只要有责任心，肯下工夫，就会降低这种事故的发生概率。一旦发生这种事故，也要立即采取有效措施以挽回不良影响。

1. 游客走失事故的预防

（1）做好提醒工作。提醒游客记住接待社的名称、旅行车的车号和标志、下榻饭店的名称和电话号码，带上饭店的店徽等。

团体游览时，地陪要提醒游客不要走散；自由活动时，提醒游客不要走得太远，不要回饭店太晚，不要去热闹、拥挤或秩序混乱的地方。

（2）做好各项活动的安排和预报。在出发前或旅游车离开饭店后，地陪要向游客报告一天的行程，上午和下午游览点和吃中餐与晚餐的餐厅的名称和地址。

到达游览点后，在景点示意图前，地陪要向游客介绍游览线路，告知旅游车的停车地点，强调集合时间和地点，再次提醒游客旅游车的特征和车号。

（3）时刻和游客在一起，经常清点人数。

（4）地陪、全陪和领队应密切配合，全陪和领队要主动负责做好旅游团的安全和断后工作。

（5）导游人员要以高超的导游技巧和丰富的讲解内容吸引住游客的注意力。

2. 游客走失故事的处理

（1）游客在旅游景点走失。

①了解情况，迅速寻找。导游人员应立即向其他游客、景点工作人员了解情况并迅速寻找。地陪、全陪和领队要密切配合。一般情况下是全陪、领队分头去找，地陪带领其他游客继续游览。如果有手机，要及时拨打。

②寻求帮助。在经过认真寻找仍然找不到走失者后，应立即向游览地的派出所和管理部门求助。特别是面积大、范围广、进出口多的游览点，因寻找工作难度较大，争取当地有关部门的帮助尤其必要。

③与饭店联系。在寻找过程中，导游人员可与饭店前台、楼层服务台联系，请他们注意该游客是否已经回到饭店。

④向旅行社报告。如采取了以上措施仍找不到走失的游客，地陪应向旅行社及时报告并请求帮助，必要时请示领导，向公安部门报案。

⑤做好善后工作。找到走失的游客后，导游人员要做好善后工作，分析其走失的原因。如属导游人员的责任，导游人员应向游客赔礼道歉；如果责任在走失者，导游人员也不应指责或训斥对方，而应对其进行安慰，讲清利害关系，提醒其以后注意。

⑥写出事故报告。若发生严重的走失事故，导游人员要写出书面报告，详细记述游客走失经过、寻找经过、走失原因、善后处理情况及游客的反映等。

（2）游客在自由活动时走失。

①立即报告接待社和公安部门。导游人员在得知游客自己在外出时走失时，应立即报告旅行社领导，请求指示和帮助；通过有关部门向公安局管区派出所报案，并向公安部门提供走失者可辨认的特征。

②做好善后工作。找到走失者后，导游人员应表示高兴；问清情况，安抚因走失而受惊吓的游客，必要时提出善意的批评，提醒其引以为戒，避免走失事故再次发生。

③若游客走失后出现其他情况，应视具体情况作为治安事故或其他事故处理。

预防和处理游客患病、死亡的问题

1. 游客患病事件的预防

（1）游览项目选择要有针对性。在做准备工作时，应根据旅游团的信息材料，了解旅游团成员的年龄及其他情况，做到心中有数。选择适合这一年龄段游客的游览路线，如游览高山时，老年人多的团可选择坐览车下山而不要用滑道下山。

（2）安排活动日程要留有余地，做到劳逸结合，使游客感到轻松愉快。不要将一天的游览活动安排得太多、太满，更不能将体力消耗大、游览项目多的景点集中安排，要有张有弛。晚间活动的时间不宜排得过长。

（3）随时提醒游客注意饮食卫生，不要买小贩的食品，不要喝生水等。

（4）及时报告天气变化，提醒游客随着天气的变化及时增减衣服并带雨具等。尤其是炎热的夏季要注意预防中暑。

2. 对游客患一般疾病事件的处理

经常有游客会在旅游期间感到身体不适或患一般疾病，如感冒、发烧、水土不服、晕车、失眠、便秘和腹泻等，这时导游员应该：

（1）劝其及早就医，注意休息，不要强行游览。在游览过程中，导游人员要观察游客的神态、气色，发现游客有病态时，应多加关心，照顾其坐在较舒服的座位上，或留在饭店休息，但一定要通知饭店给予关照，切不可劝其强行游览。游客患一般疾病时，导游人员应劝其及早去医院就医。

（2）关心患病的游客。对因病没有参加游览活动而留在饭店休息的游客，导游人员要主动前去问候，询问其身体状况，以示关心，必要时通知餐厅为其提供送餐服务。

（3）需要时，导游人员可陪同患者前往医院就医，但应向患者讲清楚，所需费用自理，提醒其保存诊断证明和收据。

（4）严禁导游人员擅自给患者用药。

3. 对游客突患重病事件的处理

（1）在前往景点途中突患重病。

①在征得患者、患者亲友或领队同意后，立即将患重病的游客送往就近医院治疗，或拦截其他车辆将其送往医院。必要时，暂时中止旅行，用旅游车将患者直接送往医院。

②及时将情况通知接待社有关人员。

③一般由全陪、领队、病人亲友同往医院。如无全陪和领队，地陪应立即通知接待社请求帮助。

（2）在参观游览时突然患病。

①不要搬动患病游客，让其坐下或躺下。

②立即拨打电话叫救护车（医疗急救电话：120）。

③向景点工作人员或管理部门请求帮助。

④及时向接待社领导及有关人员报告。

（3）在饭店突然患病。游客在饭店突患重病，先由饭店医务人员抢救，然后送往医院，并将其情况及时向接待社领导汇报。

（4）在向异地转移途中突患重病。在乘飞机、火车、轮船前往下一站的途中游客突患重病：

①全陪应请求乘务员帮助，在乘客中寻找从医人员。

②通知下一站旅行社做好抢救的各项准备工作。

（5）处理要点。

①游客病危，需要送往急救中心或医院抢救时，需由患者家属、领队陪同前往。

②如果患者是国际急救组织的投保者,导游人员应提醒其亲属或领队及时与该组织的代理机构联系。

③在抢救过程中,需要领队或患者亲友在场,并详细记录患者患病前后的症状及治疗情况,并请接待社领导到现场或与接待社保持联系,随时汇报患者情况。

④如果需要做手术,需征得患者亲属的同意。如果亲属不在,需由领队同意并签字。

⑤若患者病危,但亲属又不在身边时,导游人员应提醒领队及时通知患者亲属。如果患者亲属系外国人士,导游员要提醒领队通知其所在国使领馆。患者亲属到后,导游人员要协助其解决生活方面的问题。若找不到亲属,一切按使领馆的书面意见处理。

⑥有关诊治、抢救或动手术的书面材料,应由主治医生出具证明并签字,要妥善保存。

⑦地陪应请求接待社领导派人帮助照顾患者、办理医院的相关事宜,同时安排好旅游团继续按计划活动,不得擅自将全团活动中断。

⑧患者转危为安但仍需要继续住院治疗,不能随团继续旅游或出境时,接待社领导和导游人员(主要是地陪)要不时去医院探望,帮助患者办理分离签证、延期签证以及出院、回国手续和交通票证等事宜。

⑨患者住院医疗费用需自理,如患者没钱看病,请领队或组团社与境外旅行社、其家人或保险公司联系解决其费用问题。

⑩患者在离团住院期间未享受的综合服务费由中外旅行社之间结算后按协议规定处理,患者亲属的一切费用自理。

【案例 5-8】

美 BTS 旅游团一行 15 人按计划 5 月 3 日由 W 市飞往 S 市,5 月 7 日离境。在从 W 市飞往 S 市途中,团内一位老人心脏病复发,其夫人手足无措……该团抵达 S 市后,老人马上被送往医院,经抢救脱离危险,但仍需住院治疗。半个月后老人痊愈、返美。

①老人在途中心脏病复发,全陪应该采取哪些措施?

②在医院抢救过程中,地陪要做哪些工作?

③老人仍需住院治疗期间,地陪要做哪些工作?

---

4. 对游客因病死亡事件的处理

游客在旅游期间不论因什么原因导致死亡,都是一件很不幸的事情。当出现游客死亡的情况时,导游员应沉着冷静,立即向接待社领导和有关人员汇报,按有关规定办理善后事宜。

（1）如果死者的亲属不在身边，应立即通知其亲属前来处理后事；若死者系外国人士，应通过领队或有关外事部门迅速与死者所属国的驻华使领馆联系，通知其亲属来华。

（2）由参加抢救的医师向死者的亲属、领队及好友详细报告抢救经过，并出示《抢救工作报告》、《死亡诊断证明书》，由主治医生签字后盖章，复印后分别交给死者的亲属、领队和旅行社。

（3）对死者一般不做尸体解剖，如果要求解剖尸体，应有死者的亲属或领队或其所在国家使领馆有关官员签字的书面请求，经医院和有关部门同意后方可进行。

（4）如果死者属非正常死亡，导游人员要保护好现场，立即向公安局和旅行社领导汇报，协助查明死因。如需解剖尸体，要征得死者亲属和领队或其所在国驻华使领馆人员的同意，并签字认可。解剖后写出《尸体解剖报告》（无论因何种原因解剖尸体，都要写《尸体解剖报告》），此外，旅行社还应向司法机关办理《公证书》。

（5）死亡原因确定后，在与领队、死者亲属协商一致的基础上，请领队向全团宣布其死亡原因及抢救、死亡经过的情况。

（6）遗体的处理一般以火化为宜。遗体火化前，应由死者亲属或领队，或其所在国家驻华使领馆写出《火化申请书》并签字后才能进行火化。

（7）死者遗体由领队、死者亲属护送火化后，火葬场将死者《火化证明书》交给领队或死者亲属，我民政部门发给对方携带骨灰出境的证明。各有关事项的办理，我方应予以协助。

（8）死者如在生前已办理人寿保险，我方应协助死者亲属办理人寿保险索赔、医疗费报销等有关证明。

（9）出现因病死亡事件后，除领队、死者亲属和旅行社代表负责处理外，其余团员应当在代理领队的带领下仍按原计划参观游览。至于旅行社派何人处理死亡事故，何人负责团队游览活动，一律请示旅行社领导决定。

（10）若死者亲属要求将遗体运回国，除需办理上述手续外，还应由医院对尸体进行防腐处理，并办理《尸体防腐证明书》、《装殓证明书》、《外国人运送灵柩（骨灰）许可证》和《尸体灵柩进出境许可证》等有关证件，方可将遗体运送出境。灵柩要按有关规定包装运输，要用铁皮密封，外部要包装结实。

（11）由死者所属国驻华使领馆办理一张经由国的通行证，此证随灵柩通行。

（12）有关抢救死者的医疗、火化、尸体运送、交通等各项费用，一律由死者亲属或该团队交付。

(13) 死者的遗物由其亲属或领队、死者生前好友代表、全陪或所在国驻华使领馆有关官员共同清点造册，列出清单，清点人要在清单上一一签字，一式两份，签字人员分别保存。遗物要交死者亲属或死者所在国家驻华使领馆有关人员。接收遗物者应在收据上签字，收据上应注明接收时间、地点、在场人员等。

在处理死亡事故时，应注意的问题是：必须有死者的亲属、领队、使领馆人员及旅行社有关领导在场，导游人员和我方旅行社人员切忌单独行事；在有些环节还需公安局、旅游局、保险公司的有关人员在场，每个重要环节应经得起事后查证并有文字根据，口头协议或承诺均属无效。事故处理后，将全部报告、证明文件、清单及有关材料存档备用。

【案例5-9】

旅途中的一天，全陪发现一位每天准时用早餐的住单人房间的游客没有来吃早饭，他有点纳闷，但以为其已起身外出散步，没有在意。但集合登车时还没有见到此游客，他就找领队询问，领队也不知道。打电话联系也没人接，他们俩就上楼找。敲门无人答应，推门，门锁着。问楼层服务员，回答说没见人外出。于是他们请服务员打开门，却发现游客已死在床上。两人吓得跑到前厅，惊恐地告诉大家该游客死亡的消息。地陪当即决定取消当天的游览活动，并赶紧打电话向地方接待旅行社报告消息，请领导前来处理问题。然后就在前厅走来走去，紧张地等待领导。

请问：在上述描述中，导游员在哪些方面做得不对？应该怎样做？

处理游客越轨言行事宜

越轨行为一般是指游客侵犯一个主权国家的法律和世界公认的国际准则的行为。外国游客在中国境内必须遵守中国的法律，若犯法，必将受到中国法律的制裁。

对游客越轨言行的处理，事前要认真调查核实，处理时要特别注意"四个分清"：分清越轨行为和非越轨行为的界限，分清有意和无意的界限，分清无故和有因的界限，分清言论和行为的界限。

导游人员应积极向游客介绍中国的有关法律及注意事项，多做提醒工作，以免个别游客无意中做出越轨或犯法行为；发现可疑现象，导游人员要有针对性地给予必要的提醒和警告，迫使预谋越轨者知难而退；对顽固不化者，其越轨言行一经被发现应立即汇报，协助有关部门进行调查，分清性质。处理这类问题要严肃认真，要实事求是，做到合情、合理、合法。

1. 对攻击和诬蔑言论的处理

对于海外游客来说，由于其国家的社会制度与我国的不同，政治观点也会有差异，因此，他们中的一些人可能对中国的方针政策及国情有误解或不理解，在一些问题的看法上产生分歧也是正常现象，可以理解。此时，导游人员要积极友好地介绍我国的国情，认真地回答游客的问题，阐明我国对某些问题的立场、观点。总之，多做工作，求同存异。

对于个别游客站在敌对的立场上对我国进行恶意攻击、蓄意诬蔑挑衅，作为一名中国的导游人员要对其严正驳斥，驳斥时要理直气壮，观点鲜明。导游人员应首先向其阐明自己的观点，指出问题的性质，劝其自制。如果其一意孤行，且影响面大，或有违法行为，导游人员应立即向有关部门报告。

2. 对违法行为的处理

对于海外游客的违法行为，首先要分清其是由于对我国的法规缺乏了解，还是明知故犯。对前者，应讲清道理，指出其错误之处，并根据其违法行为的性质、危害程度，确定是否报有关部门处理。对那些明知故犯者，导游人员要提出警告，明确指出其行为是中国法律和法规所不允许的，并报告有关部门严肃处理。

中外游客中若有窃取国家机密和经济情报、宣传邪教、组织邪教活动、走私、贩毒、偷窃文物、倒卖金银、套购外汇、贩卖黄色书刊及影音制品、嫖娼、卖淫等犯罪活动，一旦发现，应立即汇报，并配合司法部门查明其罪责，严正处理。

3. 对散发宗教宣传品行为的处理

游客若在中国散发宗教宣传品，导游人员一定要予以劝阻，并向其宣传中国的宗教政策，指出不经我国宗教团体邀请和允许，不得在我国布道、主持宗教活动和在非完备活动场合散发宗教宣传品。处理这类事件要注意政策界限和方式方法，但对不听劝告并有明显破坏活动者，应迅速报告，由司法、公安有关部门来处理。

4. 对违规行为的处理

（1）对一般性违规行为的预防及处理。在旅游接待中，导游人员应向游客宣传、介绍、说明旅游活动中涉及的具体法规规定，防止游客不知而误犯。例如，参观游览中某些地方禁止摄影、禁止进入等等，都要事先讲清，并随时提醒。若在导游人员已讲清了、提醒了的情况下游客明知故犯，当事人要按规定受到应有的处罚（由管理部门或司法机关来处理）。

（2）对他人的越轨行为的处理。对于游客中举止不端、行为猥亵的任何表现，都应郑重指出其行为的严重性，令其立即改正。导游人员若遇到此类情况，为了自卫要采取断然措施，情节严重者应及时报告有关部门依法处理。

（3）对酗酒闹事者的处理。游客酗酒，导游人员应先规劝并严肃指明可能造成的严重后果，尽力阻止其再饮酒。不听劝告、扰乱社会秩序、侵犯他人、造成物质损失的肇事者必须承担一切后果，直至法律责任。

预防与处理旅游安全事故

国家旅游局在《旅游安全管理暂行办法实施细则》中规定凡涉及游客人身、财产安全的事故均为旅游安全事故。旅行社在接待过程中可能发生的旅游安全事故，主要包括交通事故、治安事故、火灾事故、食物中毒等。

1. 交通事故

（1）交通事故的预防。

①司机开车时，导游人员不要与司机聊天，以免分散其注意力。

②安排游览日程时，在时间上要留有余地，避免出现司机为抢时间、赶日程而违章超速行驶的现象。不催促司机开快车。

③如遇天气不好（下雪、下雨、下雾）、交通堵塞、路况不好，尤其是在狭窄道路或山区行车时，导游人员要主动提醒司机注意安全，谨慎驾驶。

④如果天气恶劣，地陪对日程安排可适当灵活地加以调整；如遇有道路不安全的情况，可以改变行程，必须把安全放在第一位。

⑤阻止非本车司机的人开车，提醒司机在工作期间不要饮酒。如遇司机酒后开车，决不能迁就，地陪要立即阻止，并向领导汇报，请求改派其他司机。

⑥提醒司机经常检查车辆，若发现事故隐患，应及时提出更换车辆的建议。

（2）交通事故的处理。

①立即组织抢救。导游人员应立即组织现场人员迅速抢救受伤的游客，特别是抢救重伤员，并尽快让游客离开事故车辆。立即打电话叫救护车（医疗急救中心电话：120）或拦车

将重伤员送往距出事地点最近的医院抢救。

②立即报案，保护好现场。事故发生后，不要在忙乱中破坏现场，要设法保护现场，并尽快通知交通、公安部门（交通事故报警台电话：122），争取尽快让其派人来现场调查处理。

③迅速向接待社报告。地陪应迅速向接待社领导和有关人员报告，讲清交通事故的发生情况和游客伤亡情况，请求其派人前来帮助和指挥事故的处理，并要求派车把未伤和轻伤的游客接走送至饭店或继续旅游活动。

④做好安抚工作。事故发生后，善后工作将由旅行社的领导出面处理。导游人员在积极抢救、安置伤员的同时，要做好其他游客的安抚工作，力争按计划继续进行参观游览活动。待事故原因查清后，请旅行社领导出面向全体游客说明事故原因和处理结果。

⑤请医院开出诊断和医疗证明书，并请公安局开具《交通事故证明书》，以便向保险公司索赔。

⑥写出书面报告。交通事故处理结束后，须向有关部门出具有关事故的证明和调查结果，导游人员要立即写出书面报告。内容包括事故的原因和经过，抢救经过和治疗情况，人员伤亡情况和诊断结果，事故责任及对责任者的处理结果，受伤者及其他旅行者对处理的反映等。书面报告力求详细、准确、清楚、实事求是，最好和领导联署。

2. 治安事故

在旅游活动过程中，遇到坏人行凶、诈骗、偷窃、抢劫，导致游客身心及财物受到不同程度的损害的事件，统称为治安事故。

（1）治安事故的预防。导游人员在接待工作中要时刻提高警惕，采取一切有效的措施防止治安事故的发生。

①入住饭店时，导游人员应建议游客将贵重财物存入饭店保险柜，不要随身携带大量现金或将大量现金放在客房内。

②提醒游客不要将自己的房号随便告诉陌生人，更不要让陌生人或自称饭店维修人员的人随便进入自己的房间。尤其是夜间决不可贸然开门，以防意外。出入房间一定要锁好门。

③提醒游客不要与私人兑换外币，并讲清我国关于外汇的管理规定。

④每当离开游览车时，导游人员都要提醒游客不要将证件或贵重物品遗留在车内。游客下车后，导游人员要提醒司机锁好车门、关好车窗，尽量不要走远。

⑤在旅游景点活动时，导游人员要始终和游客在一起，随时注意观察周围的环境，发现可疑的人或在人多拥挤的地方，要提醒游客看管好自己的财物，如不要在公共场合拿出钱包，最好不买小贩的东西，并随时清点人数。

⑥汽车行驶途中，不得停车让非本车人员上车、搭车。若遇不明身份者拦车，导游人员要提醒司机不要停车。

（2）治安事故的处理。导游人员在陪同旅游团（者）参观游览的过程中，若遇到此类治安事件，必须挺身而出，全力保护游客的人身安全，决不能置身事外，更不能临阵脱逃，发现不正常情况，应立即采取行动。

①全力保护游客。遇到歹徒向游客行凶、抢劫，导游人员应做到临危不惧，毫不犹豫地挺身而出，奋力与坏人搏斗，勇敢地保护游客。同时，应立即将游客转移到安全地点，力争在在场的群众和公安人员的帮助下缉拿罪犯，追回钱物。但也要防备犯罪分子携带凶器狗急跳墙，所以切不可鲁莽行事，要以游客的安全为重。

②迅速抢救。如果有游客受伤，应立即组织抢救，或送伤者去医院。

③立即报警（电话：110）。治安事故发生后，导游人员应立即向公安局报警。如果罪犯已逃脱，导游人员要积极协助公安局破案。要把案件发生的时间、地点、经过、作案人的特征，以及受害人的姓名、性别、国籍、伤势及损失物品的名称、数量、型号、特征等向公安部门报告清楚。

④及时向接待社领导报告。导游人员在向公安部门报警的同时要向接待社领导及有关人员报告。如情况严重，应请求领导前来指挥处理。

⑤妥善处理善后事宜。治安事故发生后，导游人员要采取必要的措施稳定游客情绪，尽力使旅游活动继续进行下去。并在领导的指挥下，准备好必要的证明资料，处理好受害者的补偿、索赔等各项善后事宜。

⑥写出书面报告。事后导游人员要按照有关要求写出详细、准确的书面报告。

3. 火灾事故

（1）火灾事故的预防。

①做好提醒工作。提醒游客不要携带易燃、易爆物品，不乱扔烟头和火种，不要躺在床上吸烟。向游客讲清，在托运行李时应按运输部门有关规定去做，不得将不准作为托运行李运输的物品夹带在行李中。只有这样，才能尽可能地减少火灾。

②熟悉饭店的安全出口和转移路线。导游员带领游客住进饭店后，在介绍饭店内的服务设施时，必须介绍饭店楼层的太平门、安全出口、安全楼梯的位置，并提醒游客进入房间后，看懂房门上贴的安全转移路线示意图，掌握一旦失火时应走的路线。

③牢记火警电话（火警：119）。导游人员一定要牢记火警电话，掌握领队和全体游客的房间号码，一旦发生火情，能及时通知游客。

（2）火灾事故的处理。万一发生了火灾，导游人员应：

①立即报警；

②迅速通知领队及全团游客；

③配合工作人员，听从统一指挥，迅速通过安全出口疏散游客；

④判断火情，引导自救。

如果情况危急，不能马上离开火灾现场或被困，导游人员应采取的正确做法是：千万不能让游客搭乘电梯或慌乱跳楼，尤其是在三层以上的旅客，切记不要跳楼；应用湿毛巾捂住口、鼻，尽量将身体重心下移，使面部贴近墙壁、墙根或地面；必须穿过浓烟时，可用水将全身浇湿或披上用浸湿的衣被后捂住口鼻，贴近地面蹲行或爬行；若身上着火了，可就地打滚将火苗压灭，或用厚重衣物压灭火苗；大火封门无法逃脱时，可用浸湿的衣物、被褥将门封堵塞严，或泼水降温，等待救援；当见到消防队来灭火时，可以摇动色彩鲜艳的衣物为信号，争取救援。

⑤协助处理善后事宜。游客得救后，导游人员应立即组织抢救受伤者，若有重伤者应迅速送往医院，若有人死亡，应按有关规定处理；采取各种措施安定游客的情绪，解决因火灾造成的生活方面的困难，设法使旅游活动继续进行；协助领导处理好善后事宜，写出详实的书面报告。

【补充材料5-1】

带团中绷紧安全弦

随着旅游市场的快速发展，尤其在旅游旺季，突显的旅游安全问题成为了一把高悬在旅行社头上的利刃。且不说大的安全事故足以使旅行社元气大伤，就是各种各样的小的安全事故，也会耗费旅行社大量的人力和财力，让人不胜其烦。

在旅游者的维权意识越来越强烈、旅游过程中存在着诸多的不可预见因素以及利润与风险不成比例的情况下，旅游各个环节的责任人都要把"安全第一，预防为主"的思想放在首位，事先作好各种防漏补缺工作，降低风险。本文主要谈谈安全事故的高发段——旅游过程中，团队的灵魂——导游，在防范安全事故方面所应具有的安全意识。

1. 住宿

导游要清楚客人所住房间的楼层、位置及领队或全陪的房间和酒店的安全紧急通道的位置，一旦发生情况，能组织客人迅速、安全地撤离现场，避免伤亡。

提醒客人出门时携带好房间钥匙，贵重物品随身保管或寄存，不要托付他人去自己房间取东西。提醒楼层服务员不要贸然给未持钥匙而要进入房间的客人开门，防止不法之徒打着"我的钥匙忘在房间里了"、"我们是一个团的"等幌子偷盗客人财物。

提醒客人睡前关好窗户，搭上门扣。

有一次一位导游带团入住四川峨眉山大酒店，半夜一点，保安打电话说导游房间的窗户没有关好，导游一检查果然是下午通风时忘记关窗了。当时导游住在二楼，下面是一人高的栅栏和灌木丛，导游作为全陪身上带了不少现金，如果出了问题后果不堪设想。

同时，导游要注意不要给陌生人开门，如遇从事色情服务的人硬闯进门，要及时报警。要将导游的房间号及联系方式告知全陪及客人，如给客人房间打电话时，要先自报家门。

2. 行车

导游在出团前一天（最少在24小时以前，如车辆有变化，也有调整的时间），应与司机定好接头地点及时间。可以顺路搭司机的车去接团，但忌让司机专程绕路接送。如发现司机要携带家属或其他闲杂人员随团，要劝其中止该行为或立即报告旅行社请示处理。若有副手司机或公司的业务人员（比如质监人员、实习导游）随团，要安排其坐在最前面（不能是主座）或最后面的位置，不要让其坐在客人当中，以防发生财物丢失或其他事情时产生嫌疑。

要照顾好客人上下车，待全部客人都坐稳后再示意司机开车。在向客人宣布长途车程所需时间时，应比实际时间富余出半个小时。

提醒司机注意行车安全，行驶中坚持安全礼让，不开"英雄车"、"斗气车"。车辆行驶要保持既快又稳，少有颠簸。在长途行进时，要保持清醒，忌与客人一起呼呼大睡，可适当与司机聊聊天、放点音乐，防止司机犯困。尤其是在有雨、雪、雾的天气，或在过河、陡坡、拐弯多的路上行驶时，要提醒司机小心慢行，尽量不要让客人睡觉，因为如遇紧急情况，清醒的客人的防御反应肯定比睡着的客人快，即使是睡觉也一定要系好安全带。

在雨、雪、雾的天气走山路时，导游和司机应就前方路况进行多渠道打听，落实没有问题后方可前进。切忌抱有"估计"、"大概"、"应该没问题"的侥幸心理前进。尤其现在许多司机是自己包车在跑，担心绕路要增加油费，故而硬着头皮往前冲，为事故埋下了隐患。有一家旅行社就曾发生过这样一次险情：从山西大同赴五台山的路上，到山脚下时天上下起了小雪，司陪人员对路况估计不足，贸然前进，结果雪越下越大，到半山腰路最窄的地方被半人高的雪埋住无法前进，也无法倒车。后来多亏五台山风景区鼎力相助，调动了当地的武警、消防官兵共90多人才把客人安全解救出来。另外，山里的气候多变，夜间气温会骤然降至很低。在拥有名山、大川、沟谷等风景区处，在秋冬季节里，导游应提醒司机进入这些地方前（特别是要在此住宿的）加负号油，如果没有加到标准油，要提醒司机最好半夜起来发动一下车。

如果导游想在行程计划外加景点，应就时间是否允许、所需路程、路况等提前与司机沟通，取得司机的配合后方才可行，不能为了加景点而催促司机开快车、猛车；反之，对于司机提出的加景点、加购物店等要求如果不合理，也要委婉拒绝。

要阻止司机酒后驾车。团队在即将结束旅游的最后一天，有些客人为了表示感谢，往往要请司机喝酒，导游要提醒司机浅尝辄止，也要适度劝阻客人，尤其是用餐和住宿不在一家酒店的团队。

导游要阻止司机在空余时间套团或空车赴异地接团时途中揽客上车。有一位导游就遇到过这样一次情况：他和司机带团从太原赴五台山，到达后是下午5点，吃晚饭时导游没见到司机，第二天见到司机哈欠连天，一追问才知道，司机放下这个团后又返回了太原，连夜拉了另外一批客人到五台山。该导游听后大吃一惊，从太原到五台山单程要4个多小时，也就是说司机连着12个小时跑了近800公里的路，直至凌晨3点才睡下，这样做如何保证第二天的行车安全呢？

行进途中如需休息，应选择在有宽敞便道、视野开阔的地方；卫生间或出售土特产处要选择与停车位置在同一侧的，尽量不选公路对面的，避免让客人穿过车辆快速行驶的公路。通常很多地方的司机都选择将车停在加油站里，这时就要提醒客人不要吸烟。

导游还应提醒晕车（船、机）的客人提前服用晕车药，并且在上车（船、机）后不要频繁走动。

3. 行李

接到行李员运送的客人行李时，导游要先将行李在旅游车行李箱前排列好，集中清点，待所有客人都确认好自己的行李后，方可将行李装车。装厢前还要提醒客人，将白天游览所需物品都带至车上，中途将不再打开行李箱。如遇客人中途要开厢取行李，导游要在旁边检点，防止客人在上下搬挪行李时，遗落了其他客人的行李。尤其是在繁华闹市区，更要防止有外人顺手牵羊。

车上的小件行李应集中堆放在最后面的位置或客人的座位下面，但要不影响客人伸腿；走道里尽量不要放行李；放置在客人头顶行李架上的行李要注意用防护带固定牢，尤其是不要放零散的矿泉水，以免其在行车当中被甩下来砸伤人；司机开车换挡部位及挡风

项目五　常见问题和事故的预防与处理

玻璃前，不允许放置行李；行李安放要平稳，避免碰撞、摔坏行李。

在火车上，如行李放在靠近门口上下车之处，要将行李的带子之间互相拴结起来，防止有人在下车时顺手拽走。

4. 财物

在参观游览中，导游要随时提醒客人加强防范意识，尤其在每次退房前和退房后，或离开任何一个地方时，都应提醒客人清点并保管好自己的财物。男士尽量不用夹包，女士尽量不用手提包。手机、钱包不要总拿在手里。看到有客人将手机放在上衣口袋时，要提醒其小心弯腰时滑落。每次下车前，都要提醒客人关好车窗，导游自己也要注意。客人的身份证、护照等重要证件，不要替客人保管，需要使用时，由全陪或领队收取，用完后及时归还。

5. 游览

根据天气情况，提醒客人增减衣服，防止患病。熟悉接待计划中行程的安排，能够预见危及客人安全的环节。如遇天气不好时，要及时了解前往地点是否安全。如遇刮风、下雨、下雪造成路况危险时，要当即请示领导，变更活动计划，同时向游客作好解释说明工作。

根据不同地区和风景区的情况，导游要提前通知客人准备好相应的衣物并讲解注意事项。例如在山区沟谷游览时，要穿旅游鞋或软底布鞋，防止脚被扭伤，女士不要穿裙子。带好雨衣、雨伞，但在下雨且风很大时，切不可撑伞，以防人伞一起被风带走。在参观寺庙时，要提醒客人着装要整齐，不要穿短袖、短裤、裙子并讲解参观寺庙的禁忌。在游泳时，预先做好准备活动，以防抽筋；游泳时要在规定的安全区域内活动，水中感觉不适时，应尽快上岸休息。在参加蹦极、潜水、滑雪、漂流等高危项目时，要提醒客人听从工作人员的安排，穿好防护衣，落实好各项安全措施，切忌麻痹大意。在与野生动物做亲密接触时，动作要轻柔，并注意自身安全等等。参加游泳、泼水等活动时，贵重物品不要放入更衣柜内，应专项寄存或托人看管。在少数民族地区旅游时，要尊重当地的风俗习惯。以上说明要内容真实，警示明确，既不能危言耸听，又不能含糊其辞。

提醒客人安全第一，游览时要紧随团队，听从安排，切忌擅自单独行动。自由活动时，提醒客人不要走得太远，不要太晚回酒店，不要去秩序乱、不安全的地方。在体力消耗大的活动中，在海拔高的地方，提醒年老体弱者事先备好拐杖，高血压、心脏病患者一定要带好必备药品，身体不佳者备好氧气袋，并量力而行，如感到不适，千万不可勉强，并在游程中格外照顾好他们。山区游览注意走路不看景，看景不走路。照相取景时注意互相礼让，不要拥挤。

要随时注意不让与本团无关的人随团活动。游览当中，要始终跟随客人一起活动，留意他们在精神、行为方面的异常变化。注意维持好活动秩序，注意周围环境的安全，经常用目光默点人数，防止游客走失迷路、掉队或发生其他事故。不得在客人步行上山时，导游自己坐索道上山，应安排全陪或领队带坐索道的客人上山，以便集中客人，自己带步行的客人上山。不得在门口讲解后，告之集合时间，让客人自由参观。不得让客人去爬山，自己在山下休息。

6. 饮食

严格按照旅行社的安排，带客人到指定的旅游定点餐厅用餐。请司机尽量让客人在餐厅门口下车，然后再泊车。避免让客人走很长、很绕的路线或直接穿越马路。

若在抵离餐厅过程中发现商贩、小偷或可疑人员追随、拦阻、围挤客人时，要出面加以阻拦，并带客人迅速离开。带客人通过餐厅通道、楼梯时，如发现地面油腻、台阶破损、地毯卷曲时，要适时提醒客人注意脚下安全。用餐过程中，如发现饭菜不洁、变质、发霉时，要立即撤下菜品并与餐厅主管进行交涉，要求其按标准重新提供。

提醒客人注意饮食卫生，不要暴饮暴食，以免水土不服引起腹泻。在北方旅游时，要提醒客人多喝水、多吃水果，以防上火和感冒。口味差异大时，可自备一些方便面或面包。吃海鲜时，可适量喝点白酒和醋，以起到杀菌消毒的作用。吃海鲜后，一小时内不要食用冷饮、西瓜等冷食，也不要马上去游泳，反之游泳后也不宜立即食用冷饮、海鲜、西瓜等。晕车、船、机者，在乘坐前不要吃得太饱，也不要吃得太油腻。

请客人自备好防腹泻、皮肤过敏、感冒的药品及必要的自救药品，不得轻易将自己的药给客人服用。

7. 购物

导游带团购物（包括医疗保健、娱乐、风味餐）必须去与旅行社有协议的或旅游局指定的地点。提醒客人注意商品的价格、质量，要实事求是地介绍，不能以次充好、以假充真。在客人无购物意向而导游需要完成签单任务时，要向客人作好解释说明工作，如果客人不同意，切不可强求。将每天1~2个购物点均匀地安排好，即便客人事先知道，也不能将购物点集中在一天完成，给客人造成"游览商店"的感觉。不得擅自增加计划外的购物点。导游本人不得向客人直接销售商品（尤其是食品），更不得与不法商贩合伙"宰客"。在客人不配合进店或消费不理想时，导游和司机切不可态度冷淡，服务消极，此举极易造成投诉。

一些变相的消费活动，如请香、抽签、参加民俗活动等，要事先向客人明示这其中何时需要消费，消费多少，本着自愿自觉的原则，请客人根据自己的情况酌情参与。

事先提醒客人不要和当地小商贩发生纠纷，尤其是当客人与小商贩讨价还价后又不买时，有些商贩会口出恶言，还有是不小心碰坏了小商贩的东西，会被其勒索。另外，提醒客人在自由购物时要提防小商贩的欺诈行为。提醒客人不要购买一些闲散人员兜售的不健康的光碟、书籍，来路不明的香烟、药品等。

要熟知乘车、船、机及出入海关携带物品的规定，避免客人买到无法带回的东西。

8. 票据

导游要保存好所有消费票据，为安全事故明确责任提供依据。票据是由国家财税部门印制的，其中发票套印税务统一监制章，收据套印财政章或税务统一监制章，其余票据也要合法、合格，所列项目要填写齐全、清楚、正确，金额大小写要一致，无涂改。

要防止以下情况的发生：对方借口没有发票或没有领到发票，要求隔日领取或下次补给；提供过期作废发票；提供非本单位、非本地区、非此项消费的发票；不盖发票专用章或财务章，或者章与店名不符；借口向客人提供了优惠，或给了导游"餐扣"，就不能提供发票，如需提供则要加价或"餐扣"无法兑现；提供假发票或非财税部门印制的发票或收款收据等。

资料来源：范立芳，《中国旅游报》。

4. 食物中毒

游客因食用变质或不干净的食物常会发生食物中毒事故。其特点是：潜伏期短，发病快，且常常集体发病，若抢救不及时会有生命危险。

（1）食物中毒的预防。为防止食物中毒事故的发生，导游人员应：

①严格执行在旅游定点餐厅就餐的规定；

②提醒游客不要在小摊上购买食物；

③用餐时，若发现食物、饮料不卫生，或有异味变质的情况，导游人员应立即要求更换，并要求餐厅负责人出面道歉，必要时向旅行社领导汇报。

（2）食物中毒的处理。

发现游客食物中毒，导游人员应设法令其催吐，让食物中毒者多喝水以加速排泄，缓解毒性；立即将患者送医院抢救，请医生开具诊断证明，迅速报告旅行社并追究供餐单位的责任。

【补充材料5-2】

旅游者食物中毒赔偿纠纷及其处理

所谓旅游者食物中毒，就是旅游者在就餐中食用了有毒、变质食品，导致旅游者出现不适症状，甚至死亡的旅游安全事故。在夏季或者在沿海地区旅游，食物中毒事件屡有发生，旅行社、食品服务供应商与旅游者之间往往为食物中毒事件争执不已。

1. 旅游者食物中毒纠纷处理的难点所在

（1）旅游者在旅游途中，由于舟车劳顿、体力消耗过大导致其对外界致病细菌的抵抗力下降。同时，由于旅游者水土不服，或者对旅游目的地食物不适应，特别是内地旅游者赴东南沿海旅游，对当地的海鲜等食物不适应，产生肠胃不适症状后，出现了疑似食物中毒症状。除非有卫生监督部门出具的权威结论，否则不能随便认定其是食物中毒。

（2）中毒的食物来源难以确定。旅游者的食物来源有两个，一是旅行社安排的餐厅提供的食物，另一个是旅游者在旅游途中自己购买的食物。由于食物中毒的发生一般在饭后几个小时以后，甚至更长的时间。到底是旅游餐厅的食物有毒或变质，还是旅游者在其他地方购买的有毒或变质的食物引起的食物中毒，是一个难以清晰认定的难题。

2. 旅行社防止食物中毒事件发生的措施

（1）针对不同的旅游群体控制好旅游节奏。许多所谓的食物中毒，实质上就是旅游者的肠胃不适造成的，究其根源，是旅游线路安排得过于紧张，导致旅游者抵抗力下降，出现上吐下泻的症状。旅行社在安排线路时，特别是针对老年旅游团时，一定要降慢旅游节奏，体现"旅速游缓"的特点，让旅游者保存较为充沛的体力。

（2）对特殊线路予以特别关注。特别在夏季，旅行社组织海岛旅游时，要特别重视对餐饮的安排，一定要剔除不适应旅游者食用的食物，如小贝壳类海鲜产品，旅游目的地的市民能够食用，而旅游者食用会导致肠胃不适。同时，导游（领队）要特别告知旅游者食用海鲜的注意事项，防止意外事故的发生。

（3）选择合法正规、卫生环境较好的餐馆。旅游餐馆是否规范、卫生环境的好坏，某种程度上决定了食物中毒事件发生的概率。旅行社应事先对旅游餐馆作实地考察，以普通旅游者的身份体验其餐饮质量和服务环境，确保旅游餐饮的美味和食物的卫生安全。

（4）在旅游菜单中应谢绝安排某些菜肴。旅行社安排旅游菜单时，应剔除某些食物，如土豆等食物最好不进入菜单，这些食物存放不当或者烹饪不当，就容易产生毒素，旅游者食用后很容易引起食物中毒，旅行社完全可以用其他菜肴替代它们。

> 3. 疑似食物中毒事件发生时采取的措施
>
> （1）导游（领队）要及时把旅游者送往医院。只要是疑似食物中毒事件发生了，导游（领队）就要在第一时间协助把旅游者送往医院救治，防止旅游者病情恶化。
>
> （2）导游（领队）要在第一时间取证。疑似食物中毒事件发生后，导游（领队）要协助旅游者取得呕吐物、排泄物的样本，以便向卫生监督部门提供，用于检测其是否属于食物中毒。
>
> （3）导游（领队）要及时报告。导游（领队）首先要向卫生监督管理部门报告，请求他们前来取样鉴定；同时还要向旅行社负责人报告，获得处理的意见和方案。如果旅游者在境外，还要向我国的使领馆报告。
>
> 4. 旅游者食物中毒纠纷处理的基本原则
>
> （1）必须确定旅游者是肠胃不适还是食物中毒。医疗部门的治疗诊断不能作为食物中毒的依据，检测报告应当由卫生监督部门出具。
>
> （2）必须确定旅游者食物中毒的食物来源。食物来源关系到旅行社和餐馆是否承担赔偿责任，因此明确食物来源至关重要。如果食物来源不能明确，旅行社承担责任就难以避免。
>
> （3）如果令旅游者食物中毒的食物来源于旅行社提供的餐馆，旅游者既可以侵权为由向餐馆索要赔偿，也可以违约为由向组团旅行社索要赔偿，由旅游者作出选择。如果证明食物不是来源于旅行社提供的餐馆，旅行社不承担赔偿责任，旅游者的损失要么由旅游者自己承担，要么要求提供食物的商家承担。

资料来源：浙江省旅游质监所黄恢月，《中国旅游报》。

能力实训

【实训项目】旅游事故的预防与处理

实训目的：强化安全意识，培养学生掌握处理各种常见事故的能力。

实训内容：按照规范要求，让同学们分组进行合适的角色扮演，模拟演练各种常见事故的处理。

教师主要观测点：

1. 观察学生是否具备良好的职业素养和沉着冷静的应变能力。
2. 考查学生对常见事故处理的原则、步骤、方法的把握情况。

项目六
导游人员的讲解技能

学习目标

知识目标：了解导游讲解语言的基本原则和要求，熟悉导游讲解应符合的具体要求，掌握实地导游讲解常用技法和较好的导游词的创作技巧。

技能目标：能进行流利而有感染力的讲解，并能创作出较好的导游词。

工作项目

导游小仪因带团过程中讲解水平不太高，为自己拟定了一个提高个人讲解水平的计划，在该计划中，导游小仪为自己确定了以下几个任务：

【任务一】掌握导游讲解应符合的具体要求。导游小仪需要给出导游讲解应符合的具体要求的条目，并作解释说明。

【任务二】掌握5种以上的导游讲解方法。导游小仪需要熟记并灵活运用5种以上的导游讲解方法。

【任务三】创作出几篇针对同一个景点的不同导游词。导游小仪需要创作出几篇针对同一个景点的不同导游词，以适应不同游客的需要。

【导入案例】

导游讲解之我见

我常到景区转悠，顺便听听其他导游是如何讲解的，从中学到了很多东西，但也发现许多导游讲解空洞无物、牵强附会，甚至哗众取宠。联想到在平时与其他导游闲聊时，或者在导游培训过程中，常有导游说带团中不知道什么时候该讲什么。特别是带大团时，导游手持麦克风站在车首，常常因为冷场而倍感尴尬。有时候为了避免冷场，只能东拉西扯，穷于应付。这就引出了导游在带团讲解中普遍存在的一个问题，它固然与讲解技巧有关，但更多的是反映出了许多导游讲解内容的贫乏以及对讲解场合、方式、深度的困惑。为此，我从自己20余年的导游工作实践以及所见所感中，总结出些许经验，盼与同行探讨。

1. 常规讲解应以规范或大众化讲解为基础

导游讲解不应众口一词或千篇一律，应允许导游有一定程度的发挥，但其必须建立在史实、事实、真实的基础上，即应以那些规范的、大众化的、为人们普遍认可的知识与认识为讲解的基本内容。具体说来，导游的常规讲解应遵循"三重三忌"，即重史实，忌谣传；重事实，忌臆造；重规范，忌自创。

以桂林伏波山公园的千人锅为例，导游应该向游客讲述它铸造的年代、背景及历史变迁，但有些导游对此简单带过，却从锅底存在的轻微破损任意发挥，说它象征了改革开放打破大锅饭，实为不妥。又比如，中国地名、城市名的英文翻译以汉语拼音为准已成共识，导游就不应该仍称北京为Peking；同样，中国人名字的英文发音应按中国的方式先姓后名，而不应就着欧美人的习惯先名后姓。

2. 在常规讲解的基础上形成自己的风格

常规讲解是大众化的东西，导游应该在此基础上融合自己对讲解内容的理解与认识，并根据沿途风物及目的地景区的特征，动态地把握讲解时机与内容，从而形成自己的讲解风格。

比如，什么内容该车上讲，什么内容该到现场实地讲解，这就取决于导游对目的地景区的认识与熟悉程度以及游览时间、线路的安排。如果因为担心车上无话可说而把实地讲解部分搬到车上，游客就会感觉云里雾里，而导游本人也会觉得不是滋味。其实车上或沿途可讲解的东西有很多，这就靠导游平时的知识积累和细心观察。比如桂林的两江四湖如此美丽，由此及彼，就可以自然而然地谈到桂林的环境保护以及新旧桂林的对比。全国许多城市都有中山路，与之相关的内容就包括孙中山先生的生平与历史地位、国共合作、台海现状以及我国的和平统一政策等。

3. 就讲解内容而言，应深浅得当、长短适宜、张弛有度

这里同样有"三忌"：忌炫耀，忌为讲解而讲解，忌滔滔不绝。三者之间又相互关联。

（1）针对不同游客决定不同的讲解内容，忌炫耀自己。有些导游因为对某类事件有过亲身经历，或者对某个话题、知识点较有研究，常有意无意地把讲解转到相关内容并任意发挥、无限展开，全然不顾游客的反应，不管游客是否能听懂或是否有兴趣，这其实是对游客的不尊重的表现。因此，导游讲解应以游客听得懂为前提，以游客感兴趣的健康话题为主要内容。

（2）有所讲有所不讲，忌为讲解而讲解。曾经听过一个极端的例子，有导游在前往景区的车上把景区景点的相关内容重复讲了两遍，这样，他就更像是一部录放机而非导游，游客的感受可想而知。另外一个例子，有导游在带一个非犹太裔的美国团队时，不存在任何引子，也没有任何过渡，突然讲起了二战时中国如何暗中救助深受德国法西斯迫害的犹太人的故事。这种跳跃性的讲解想来是很难引起游客共鸣的。因此，当实在无话可说时，宁可不说，也要避免篇首所述为了避免冷场而东拉西扯、东拼西凑的现象。当然，送完团后，当务之急就是要加倍努力，尽快充实自己的讲解内容，提高自己的讲解质量。

（3）给予游客思考的空间与消化知识的时间，忌讲解滔滔不绝。这有如国画的留白，可以是天，可以是水，也可以是云雾，不用着墨，却自成妙境。对导游的讲解，不同游客的理解和接受程度不一样，但都需要一个消化和加深印象的过程。同时，游览和旅途中有导游讲解所不能及的许多现象、景致及氛围，游客需要自己去发现、去感受、去体会。这些都是对导游讲解中"留白"的客观要求。还有一点，可能许多导游自认讲解很累，殊不知游客听起来也并不轻松。如果导游所讲并非游客感兴趣的内容，或者导游讲解存在语言缺陷，比如带有浓重的乡音或外语口语的语音、语调缺陷，游客听起来就更累了。在这种情况下，导游不妨把留白视作对游客的一种人文关怀。

我们可以从本文中获得什么样的导游讲解经验呢？

资料来源：赖建青，中国导游网。

掌握导游讲解应符合的具体要求

导游讲解是为了向游客有效地传播知识、与游客联络感情的一种服务方式。一方面，导游人员讲解的知识要能够为游客所理解；另一方面，要使游客在心理上或行为上产生认同感，在情感上于导游人员趋同。导游人员在讲解时应符合以下八项具体要求。

1. 言之有物

导游讲解要有具体的指向，不能空洞无物。讲解资料应突出景观特点，简洁而充分。可以充分准备，细致讲解，但不要东拉西扯，缺乏主题思想，满嘴空话、套话。导游人员应把讲解内容最大限度地"物化"，使所要传递的知识深深地烙在游客的脑海中，实现旅游的最大价值。

2. 言之有理

导游人员讲解的内容都必须要以事实为依据，要以理服人，不要言过其实或弄虚作假，更不要信口开河。对那种违反事实的讲解，一旦游客得知了事实真相，即刻会感到自己受了嘲弄和欺骗，导游人员在游客心目中的位置也会一落千丈。

言之有理不仅是讲道理的"理"，其另外一层含义是导游讲解要符合游客的生活和风俗习惯，符合人们的欣赏习惯，符合法律法规。

3. 言之有趣

导游人员在讲解时要生动、形象、幽默和风趣，要使游客紧紧地以导游人员为核心，在听讲解的过程中，能感受到一种美好的享受和满足。需要指出的是，导游人员在制造风趣幽默时，比拟要自然，要贴切，千万不可牵强附会。不正确的比拟往往会伤害游客的自尊心，并对其他游客产生不良的影响。

4. 言之有神

导游讲解应尽量突出景观的文化内涵，使游客领略其内在的神采。其讲解内容要经过综合性的提炼，让游客得到一种艺术享受。同时，导游人员要善于掌握游客的神情变化，分析和掌握哪些内容游客感兴趣，哪些内容游客不愿听，游客的眼神是否在转移，游客中是否有人打呵欠……对这些情况要随时掌握,以便及时调整所讲内容。

5. 言之有力

导游人员在讲解时要正确掌握语音、语气和语调,既要有鲜明生动的语言,又要注意语言的韵律和节奏感。此外,导游人员在讲解结束时,语音要响亮,要让游客有个心理准备。

6. 言之有情

导游人员要善于通过自己的语言、表情、神态等传情达意。讲解时,应充满激情和热情,充满温情和友情,富含感情和人情,这样更容易被游客所接受。

7. 言之有喻

导游人员应结合游客的欣赏习惯,恰当地运用比喻手法,减少游客理解的难度,增加游客的兴趣。

8. 言之有礼

导游人员的讲解用语和动作行为要文雅、谦恭,要让游客获得美的享受。

【补充材料6-1】

来广东的第一课

各位团友,大家好:

非常欢迎大家从北方来到我们广东旅游。各位来到广东会发现一些与北方不同的生活习惯,比如我们马上就要去用餐了,一坐下来服务小姐就会来问大家喝什么茶,而在北方一般是饭后喝茶的,到时你可千万别说不喝啊。

我自己也是从北方来广东工作的,我刚来广东时就闹过不喝茶的笑话。那次进了酒店刚坐下来,服务小姐就来问喝什么茶,我想着吃饭就吃饭,喝汤不就结啦,喝什么茶?于是答道:"不喝。"服务小姐用奇怪的眼光上下打量我,过了半晌,好心地冒出一句:"喝茶不要钱的。"搞得我十分狼狈。另一次也是一坐下来服务小姐又问喝什么茶,我又答不喝,这次那位小姐也把我上下打量了一番,然后有点凶恶地说:"不喝也要收茶位费。"现在我再到哪里吃饭都乖乖地喝茶了。所以各位也入乡随俗吧,不管你平时有没有饭前喝茶的习惯也都点上一点茶,可以省掉不少麻烦啊。广东人一般喝红茶,许多北方人喝不惯,但有一味菊花茶却是老少皆宜,清凉去火,味道又芳香可口,大家不妨一试。

来到广东还有一样要注意的就是说话。大家从一下飞机可能就已感受到了,周围的人不是说着您完全听不懂的语言,就是说着怪腔怪调的普通话,舌头强卷不卷,让人听着直帮他累。广东有句俗话,"天不怕,地不怕,就怕广东人说普通话",他们管说普通话叫"煲冬瓜"。

在广东省最出名的"煲冬瓜"专家是我们过去的一位领导,有一次他在电视上自己说,他汇报工作,说到有些项目增长了40%,讲了好几遍,别人问他:"你到底说的是40还是14啊?"急得他一头大汗,这时才真的是汗颜呢。他还有几个著名笑话,有一次他带着人大代表视察小区建设,他说"坐在船头看小区,一个更比一个靓",结果代表们听成了"坐在床头看小妻,一个更比一个靓",差点犯生活作风错误。所以说好普通话是现在广东官员们的一项重要功课。现在广东考评干部都要有半个小时的录音项目,就是听他的普通话说得好不好。

除了官员们,普通的百姓现在也越来越重视学说普通话了,不过对于他们那从不用卷起的舌头来说这真是一项艰巨的任务。记得我有一次带团乘飞机,坐的是北方航空的班机,空中小姐都是说普通话的。有空中小姐来送饮料时机舱里噪音有点大,我回答要"橘子汁"的时候空姐没听清,旁边几个广东团友一起帮忙,纷纷操起广东普通话对空中小姐说:"要挤挤鸡!"听得空姐目瞪口呆,真是越帮越忙。

好了,各位团友,我们的餐厅就快到了,等会儿用餐的时候如果有服务员来问你"要不要挤挤鸡啊",你就知道是怎么回事了吧?

资料来源:黎泉,《幽默导游词》。

掌握5种以上的导游讲解方法

1. 概述法

概述法是导游人员就旅游城市或景区的地理、历史、社会、经济等情况向游客进行概括性的介绍,使其对即将参观游览的城市或景区有一个大致的了解和轮廓性的认识的一种导游方法。这种方法多用于导游人员接到旅游团后坐车驶往下榻饭店的首次沿途导游中。它好比是交响乐中的序曲,能起到引导游客进入特定旅游意境、初步领略游览地奥秘的作用。

概述法——以介绍武汉为例。

武汉位于中国腹地、湖北省东部,地理位置为东经113°41′~115°05′,北纬29°58′~31°

22′。在平面直角坐标上,其东西最大跨距 134 公里,南北最大跨距 155 公里,形如一只自西向东翩翩起舞的彩蝶。

武汉是湖北省省会和其政治、经济、文化中心。它雄踞长江中游,长江、汉水交汇之处,形成武昌、汉口、汉阳三镇鼎立的格局。全市现辖 13 个城郊区,总面积为 8467 平方公里,人口 910 万(2009 年),是长江中游人口最多的城市。

武汉的地形属残丘性河湖冲积平原,市区地势开阔,湖泊星罗棋布,且有龟山、蛇山、洪山、磨山等数十座山峰蜿蜒其间。武汉的气候属亚热带季风性气候,具有雨量丰沛、热量充足、冬冷夏热、四季分明的特点。武汉以水杉为市树,以梅花为市花。水杉有"活化石"之称,梅花也被称为"岁寒三友"之一,为世人称颂。

武汉被誉为"江城",是缘于唐代大诗人李白的《与史郎中饮听黄鹤楼上吹笛》一诗,诗中写道:"一为迁客去长沙,西望长安不见家。黄鹤楼中吹玉笛,江城五月落梅花。"武汉人爱此佳名,遂自号为江城人。除"江城"外,武汉还有一些其他的名称,这些名称的来源反映出了武汉的历史文化发展渊源。譬如商周时代的"盘龙古城"即指代武汉;在航船为主要交通工具的时代,由于汉水(史称夏水)注入长江的入江口处称为夏口,从而使武汉有"江夏"之称达两千多年;而"武汉"这个包括三镇的名称被用得较晚,最早出现在 1572 年的《重修晴川阁记》,当时武昌府、汉阳府合称武汉。

武汉与中国其他城市相比,具有多方面的独特优势。首先,是大市场优势。武汉是华中地区具有悠久历史的著名商埠。汉口被誉为中国古代四大名镇之一。改革开放以来,武汉的交通迅猛发展,市场集散功能和经济辐射作用得到了极大的加强。其次,是大交通优势。武汉素有"九省通衢"之称,是中国少有的集铁路、公路、水路、航空于一体的交通枢纽。随着内环、中环、外环交通运输圈的形成,武汉的交通运输更是四通八达。第三,是工业技术优势。武汉是中国重要的工业基地,工业基础雄厚,综合配套设施完备,具有钢铁、汽车、机电、高新技术四大支柱产业。随着"中国光谷"的建成,武汉将成为 21 世纪中国最有活力的城市之一。第四,是人才优势。武汉科教力量雄厚,科研力量强大,拥有 30 多所高等院校和 730 多个科研机构以及 50 多万各类专业技术人员,其综合实力居全国第三位。第五,是金融优势。武汉是华中地区最重要的金融中心。全国几乎所有的商业银行都在武汉设有分支机构,一大批有实力的外资银行也纷纷抢滩武汉。中国人民银行在汉设立的监管湖南、湖北、江西三省金融机构的武汉分行,标志着武汉已成为华中地区最重要的金融中心。第六,是旅游资源优势。武汉是一座历史文化名城,全市现有名胜古迹 339 处,革命纪念地 103 处,国家级、省级、市级重点文物保护单位 169 处,其中包括殷商盘龙城遗址、辛亥革命首义军政府旧址、中共"八·七"会议旧址和武汉国民政府旧址四处国家重点文物保护单位。武汉申报国家4A级旅游景区的共有四处，其中东湖风景区是国家首批重点风景名胜区，黄鹤楼为"中国旅游胜地四十佳"之一，归元禅寺是国家重点佛教寺院，湖北省博物馆因收藏着曾侯乙编钟和越王勾践剑、吴王夫差矛等稀有珍品而名扬海内外。此外，武汉还有古琴台、晴川阁、中山舰、长春观、宝通寺、木兰山、道观河等景点，它们共同构成了武汉旅游景观最亮丽的风景线。

2. 分段讲解法

分段讲解法就是对那些规模较大、内容较丰富的景点，导游人员将其分为前后衔接的若干部分来逐段进行讲解的导游方法。一般来说，导游人员可首先在前往景点的途中或在景点入口处的示意图前介绍景点概况（包括其历史沿革、占地面积、主要景观名称、观赏价值等），使游客对即将游览的景点有个初步印象，达到"见树先见林"的效果。然后带团到景点按顺次游览，进行导游讲解。在讲解这一部分的景物时注意不要过多涉及下一部分的景物，但要在快结束这一部分的游览时适当地讲一点下一部分的内容，目的是为了引起游客对下一部分的兴趣，并使导游讲解环环相扣、景景相连。

分段讲解法——以长江三峡为例。

乘船自西往东游览长江三峡，导游人员就可将其分为五个部分来讲解。

（1）在游船观景台上介绍长江三峡的概况："长江三峡是瞿塘峡、巫峡和西陵峡三段峡谷的总称，西起四川奉节的白帝城，东至湖北宜昌的南津关，全长约193公里。峡谷两岸悬崖绝壁，奇峰林立，江流逶迤湍急，风光绮丽。瞿塘峡素以雄奇险峻著称，巫峡向以幽深秀丽为特色，西陵峡则以滩多水急闻名。这种山环水绕、峡深水急的自然风光系由历次造山运动，特别是'燕山运动'使地壳上升、河流深切而成，是大自然的力量留下的山水谐和的经典之作。它与峡谷沿岸众多的名胜古迹相互融合，使长江三峡成为闻名遐迩的中国十大风景名胜这一，并被中外游客评为'中国旅游胜地四十佳'之首。"

（2）船进瞿塘峡时，导游人员介绍："瞿塘峡是长江三峡第一峡，从四川奉节的白帝城到巫山的大溪镇，全长约8公里，是长江三峡中最短也最雄奇险峻的峡谷。瞿塘峡中，高达1300多米的赤甲山、白盐山耸峙峡口两岸，形成一陡峻的峡门，称为夔门，素有'夔门天下雄'之称……"

（3）船过巫峡时，导游人员再讲解："巫峡是长江三峡第二峡，从四川巫山县大宁河口到湖北巴东县官渡口，绵延42公里。巫峡口的长江支流大宁河全长300多公里，著名的'小三峡'就位于其中。'放舟下巫峡，心在十二峰'，巫峡中景最秀丽、神话传说最多的是十二峰。其中最为挺拔秀丽的是神女峰，峰顶有一突兀石柱，恰似亭亭玉立的少女……"

（4）船到西陵峡时，导游人员进一步介绍："西陵峡为长江三峡第三峡，西起湖北秭归县的香溪口，东至湖北宜昌的南津关，全长76公里，历来以滩多水急著称。西陵峡西段自西向东依次为兵书宝剑峡、牛肝马肺峡和崆岭峡三个峡谷。西陵峡东段由灯影峡和黄猫峡组成……"

（5）最后再向游客讲解举世闻名的三峡工程。

3. 突出重点法

突出重点法就是在导游讲解中不面面俱到，而是突出某一方面的导游方法。一处景点要讲解的内容很多，导游人员必须根据不同的时空条件和对象区别对待，有的放矢地做到轻重搭配，重点突出，详略得当，疏密有致。导游讲解时一般要突出以下四个方面。

（1）突出景点的独特之处。游客来到目的地旅游，要参观游览的景点很多，其中不乏一些与国内其他地方类似的景点。导游人员在讲解时必须讲清这些景点的特征及其与众不同之处，尤其在同一次旅游活动中参观多处类似景观时，更要突出介绍其特征。譬如，湖北钟祥的明显陵之所以能在众多的明陵中脱颖而出，被联合国教科文组织列为世界文化遗产，主要就在于它的独特性。其陵寝建筑中金瓶形的外罗城、九曲回环的御河、龙鳞神道、琼花双龙琉璃影壁和内外明塘等都是明陵中仅见的孤例，尤其是"一陵两冢"的陵寝结构为历代帝王陵墓绝无仅有。显陵是明嘉靖初期重大历史事件"大礼仪"的产物，其规划布局和建筑手法亦很独特，在明代帝陵中具有承上启下的作用。导游人员在讲解中应突出它的这些独特之处。再如，全国罗汉堂保存较完好的寺庙包括北京碧元寺、昆明筇竹寺、成都宝光寺、重庆罗汉寺和武汉归元寺。导游人员介绍归元寺罗汉堂时，就要突出其独特的罗汉制作工艺和武汉人特有的"数罗汉"的习俗等内容。

（2）突出具有代表性的景观。游览规模大的景点时，导游人员必须事先确定好重点景观。这些景观既要有自己的特征，又能概括全貌。实地参观游览时，导游人员主要向游客讲解这些具有代表性的景观。譬如，湖北省博物馆展出的曾侯乙墓出土文物，包括礼器、兵器和乐器三个部分，导游讲解要把重点放在乐器上；而乐器中又包括弹拨乐器（如五弦琴和十弦琴）、吹奏乐器（如排箫）和打击乐器（如编钟和编磬），导游人员要重点介绍其中的曾侯乙青铜编钟。

（3）突出游客感兴趣的内容。游客的兴趣爱好各不相同，但从事同一职业的人、文化层次相同的人往往有共同的爱好。导游人员在研究旅游团的资料时要注意游客的职业和文化层次，以便在游览时重点讲解旅游团内大多数成员感兴趣的内容。譬如，游览湖北神农架，对华侨及港澳台胞应重点介绍神农祭坛，讲解炎帝遍尝百草、搭架采药的壮举；对青年学生则把重点放在神农架自然博物馆,向他们介绍珙桐、金丝猴等珍稀动植物;对喜欢逐新猎奇的游客,多给他们讲一讲神农架"野人"之谜、神奇的白化动物、冬水夏冰的岩洞、闻雷涌鱼的暗泉等等。

(4) 突出"××之最"。面对某一景点,导游人员可根据实际情况,介绍这是世界或中国最大(最长、最古老、最高,甚至可以说是最小)的××。因为这也是在介绍景点的特征,很能引起游客的兴致。譬如,三峡工程是世界上施工期最长、建筑规模最大的水利工程,三峡水电站是世界上最大的水电站,三峡工程泄洪闸是世界上泄洪能力最强的泄洪闸,三峡工程对外专用公路是国内工程项目最齐全的公路。这样的导游讲解突出了三峡工程的价值,使国内游客产生自豪感,外国游客产生敬佩感,从而留下深刻的印象。不过,在使用"××之最"进行导游讲解时,必须实事求是,言之有据,绝不能杜撰,也不要张冠李戴。

突出重点法——以谐趣园为例。

在游览北京颐和园的园中之园——谐趣园时,导游员应把讲解的重点放在"趣"字上:

(1)"时"趣。谐趣园四季景色不仅变化明显,而且各具特色。春天一池春水,波平如镜,柳枝低拂,绮丽多姿;夏天池中荷叶团团,粉红玉白的花朵随风摇曳,玉蕊琼英,香气袭人;秋天池水凝碧,曲栏水榭侧映水中,绿柳青蒲相映入画;冬天池水凝胶,曲径积雪,白雪压满树枝,廊檐一片银装。

(2)"水"趣。园中有三亩方塘,碧波粼粼,满湖清水,来无影,去无踪。玉琴峡溪水叮咛悦耳,犹如琴韵。

(3)"桥"趣。园中各式小桥有七八座之多,长者10米有余,短者不足2米。而最惹人注目的则是那座由庄子和惠子在池边辩论而得名的"知鱼桥"。

(4)"书"趣。园内涵远堂东侧小亭内有一石碑,名为"寻诗径",是诗人们留恋风景寻求诗句之处。而湛清轩内仍留有乾隆的题词。

(5)"楼"趣。谐趣园西北处有一"瞩新楼",从园外由西往东看,此建筑只是一座三开间平房,而在园内站在湖边由东往西看时,此屋就变成了一座建筑别致、清静优雅的二层楼房。

(6)"画"趣。园内建筑上绘有几百幅内容不一、画法洗练的苏式彩画,有的以花草山水见长,有的以人物故事取胜。大门两侧,南边绘有一幅以桂林山水为题材的工笔山水画,远山近水,层次分明;北边画有一幅熊猫玩耍图,一老一少,风趣逗人。东廊上画有四只形态逼真的鹊鸟,涵远堂后廊上,佛门僧人与顽童嬉戏的图画令游客哑然失笑。

(7)"廊"趣。园内知春亭、引镜、洗秋、饮绿、澹碧、知春堂、小有天、兰亭、湛清轩、涵远堂、瞩新楼、澄爽斋等亭、楼、堂、斋、轩、榭,由三步一回、五步一折的曲廊相连接，错落相间，玲珑可爱。谐趣园是我国园林建筑中用廊最为巧妙的杰作之一。

（8）"仿"趣。谐趣园是仿照无锡惠山的私家名园寄畅园建造的皇家园林。仿建中有所创新，创新中又不走原貌，可谓是谐趣园源于寄畅园，又高于寄畅园。

4. 问答法

问答法就是在导游讲解时，导游人员向游客提问题或启发他们提问题的导游方法。使用问答法的目的是为了活跃游览气氛，激发游客的想象力，促使游客和导游人员之间产生思想交流，使游客获得参与感或自我成就感。同时，还可避免导游人员唱独角戏的灌输式讲解，加深游客对所游览景点的印象。

问答法包括自问自答法、我问客答法、客问我答法和客问客答法四种形式。

（1）自问自答法。导游人员自己提出问题，并作适当停顿，让游客猜想，但并不期待他们回答，只是为了吸引他们的注意力，促使他们思考，激起他们的兴趣，然后作简洁明了的回答或作生动形象的介绍，还可借题发挥，给游客留下深刻的印象。譬如，游览湖北大洪山两王洞，导游人员引导游客从人工开凿的洞口进洞后，指着洞顶一"天窗"告诉游客："这才是两王洞真正的洞口！早在公元17年，农民起义领袖王匡、王凤率绿林军屯兵于此。那么，这些绿林军是怎样从这么高的洞口进洞的呢？除了用藤索、木梯之外，传说这些绿林好汉都有一身的轻功，能飞檐走壁，他们正是靠着这身本领推翻了王莽残暴的统治。"

（2）我问客答法。导游人员要善于提问题，但要从实际出发。希望游客回答的问题要提得恰当，估计他们不会毫无所知，也要估计到会有不同的答案。导游人员要诱导游客回答，但不要强迫他们回答，以免使游客感到尴尬。游客的回答不论对错，导游人员都不应打断，更不能笑话，而要给予鼓励。最后由导游人员讲解，并引出更多、更广的话题。

（3）客问我答法。导游人员要善于调动游客的积极性和他们的想象力，欢迎他们提问题。游客提出问题，证明他们对某一景物产生了兴趣，进入了审美角色。对他们提出的问题，即使是幼稚可笑的，导游人员也绝不能置若罔闻，千万不要笑话他们，更不能显示出不耐烦，而是要善于有选择地将回答和讲解有机地结合起来。不过对于游客的提问，导游人员不要他们问什么就回答什么，一般只回答一些与景点有关的问题，注意不要让游客的提问冲击你的讲解，打乱你的安排。在长期的导游实践中，导游人员要学会认真倾听游客的提问，善于思考，掌握游客提问的一般规律，并总结出一套相应的"客问我答"的导游技巧，以求随时满足游客的好奇心理。

（4）客问客答法。导游人员对游客提出的问题并不直截了当地回答，而是有意识地请其他游客来回答问题，亦称"借花献佛法"。导游人员在为"专业团"讲解专业性较强的内容时可运用此法,但前提是必须对游客的专业情况和声望有较深入的了解,并事先打好招呼,切忌安排不当,引起其他游客的不满。如果发现游客回答问题时所讲的内容有偏差或不足之处,导游人员也应见机行事,适当指出,但注意不要使其自尊心受到伤害。此外,这种导游方法不宜多用,以免游客对导游人员的能力产生怀疑,产生不信任感。

问答法——以游览泰山为例。

如导游人员在带游客游览泰山时,可以提问:"各位游客,大家知道五岳是指哪五座山吗?"一般情况下游客都能够回答出来,即使回答不完全或回答有误,游客的兴趣也因此被调动起来了,导游人员可根据情况进行纠正或补充。

"岳在古今汉语中均为高大的山的意思。五岳就绝对海拔高度和山体规模而言,并不是我国最高大的,但由于五岳之名是中国古代帝王封赐的,这些山都曾是历代帝王登基后举行盛大封禅活动的场所,故闻名天下。五岳一般是指东岳山东泰山,西岳陕西华山,北岳山西恒山,南岳湖南衡山,中岳河南嵩山。"然后,导游人员进一步提问:"五岳各自的特点是什么?"提问后可稍作停顿,观察游客的反应,如游客踊跃回答,应待游客回答后做总结或补充;如游客回答不出,再予以讲解。"东岳泰山以雄伟著称,西岳华山以险峻著称,南岳衡山以秀丽著称,北岳恒山以幽静著称,中岳嵩山以峻闻名。"

5. 虚实结合法

虚实结合法就是在导游讲解中将典故、传说与景物介绍有机结合起来,即编织故事情节的导游方法。所谓"实"是指景观的实体、实物、史实、艺术价值等,而"虚"则指与景观有关的民间传说、神话故事、趣闻轶事等。"虚"与"实"必须有机结合,但以"实"为主,以"虚"为辅,"虚"为"实"服务,以"虚"烘托情节,以"虚"加深"实"的存在感,努力将无情的景物变成有情的导游讲解。譬如,参观武汉黄鹤楼时,导游人员可结合一楼大厅《白云黄鹤图》的壁画向游客介绍黄鹤楼"因仙得名"的传说故事:"古时候,有个姓辛的人在黄鹤山头卖酒度日。一天,有一个衣衫褴褛的老道蹒跚而来,向辛氏讨酒喝……"

在实地导游讲解中,导游人员一定要注意不能"为了讲故事而讲故事",任何"虚"的内容都必须落到"实"处。譬如,游览黄仙洞(湖北钟祥)、太乙洞(湖北咸宁)、龙麟宫(湖北恩施)等溶洞时,除了向游客介绍诸如"黄仙华盖"、"太乙佛尘"、"麒麟摆舞"的传说故事外,导游人员应着重讲解石钟乳、石笋、石柱等洞穴景观的科学成因:当地下水沿着细小的孔隙和裂隙从石灰岩洞顶部渗出而进入溶洞,遇到温度的升高和压力的降低,水中$Ca(HCO_3)_2$变得过饱和,$CaCO_3$就围绕着水滴的出口沉淀下来,并逸出CO_2,因而在洞顶形成下垂的钟乳石；石笋则是由于水滴从钟乳石上滴到洞底时散溅开来，促使水滴中的CO_2进一步扩散，剩余的$Ca(HCO_3)_2$再行分解，因而在洞底沉淀出一根根石笋；石钟乳和石笋分别向下和向上生长，上下相连，就成为了石柱。

导游人员在讲解时还应注意选择"虚"的内容要精、要活。所谓"精"，就是所选传说故事是精华，与讲解的景观密切相关；所谓"活"，就是使用时要灵活，见景而用，即兴而发。

虚实结合法——以"宋嫂鱼羹"为例。

导游员带领游客游览杭州西湖后，来到湖边孤山南麓的"楼外楼"餐馆进餐。

游客：听说"楼外楼"餐馆中有一道"宋嫂鱼羹"的名菜，您能不能给我们说说它的来历？

导游员：好的。这事得先从八百多年前的南宋说起。据说，北宋末年徽、钦二帝被金人北虏，康王赵构南逃，建都临安（即今杭州）。当时有一妇女，人称宋五嫂，不甘受入侵者的统治，也从北地逃来临安，同小叔在西湖边捕鱼为生，艰难度日。一日，小叔淋了暴雨卧病不起，五嫂在为其煮鱼烧蛋补养身子时，一伙官兵来村抓壮丁造皇宫。五嫂苦苦哀求，不慎碰翻了灶上的酒醋瓶。待官兵走后，锅中的鱼蛋已煮成羹状，但小叔吃着却觉鲜美异常，胃口大开，很快得以恢复健康。此后，邻里仿做，成了家家喜爱的美味鱼羹。相传，后来南宋孝宗皇帝游西湖时曾召见过宋五嫂，经品味后亦大加赞赏，御赏重金，并赐酒旗为幌，准此独家沽曲院官酒。宋五嫂一家两代人就在钱塘门外"一色楼台三十里"之间，设店烹鱼羹沽官酒。"尝经御赏，人争赴之"，食鱼羹蔚然成风，她家生意十分兴隆，很快地，宋五嫂就富起来了。而"宋嫂鱼羹"经过不断改进提高，亦成为了鱼肴中之瑰宝。

清道光年间由陈姓秀才创业的"楼外楼"餐馆，发掘整理出这道名菜，既承旧法，又有提高。除以鲜嫩的鲑鱼肉、鸡蛋黄为主料外，配以金华火腿丝、笋尖丝、香菇丝等佳料，以鸡汁汤烩制。此菜配料讲究，精工烹制，色泽黄亮，鲜嫩滑润，宛若蟹羹，故又称"赛蟹羹"。当年，新开业的"楼外楼"就以此天珍美味南宋名羹独步杭州，店业因而大振，成了杭州饮食业中的"名家驰誉者"。今天"楼外楼"的"宋嫂鱼羹"经老厨师们切磋琢磨，不断提高，已更属上乘之品。它开胃健脾，营养丰富，深受中外宾客喜爱，被视为巧夺天工的珍品。

6. 触景生情法

触景生情法就是在导游讲解中见物生情、借题发挥的一种导游方法。在导游讲解时，导游人员不能就事论事地介绍景物，而是要借题发挥，利用所见景物制造意境，使游客产生联想，从而使其能领略其中之妙趣。譬如，步入武汉东湖风景区听涛区，游客可看到有"活化石"之称的珍贵植物——水杉。导游人员在介绍水杉的发现过程和科学价值后，向游客特别说明："为纪念水杉这一古老树种在湖北发现，并以其刚毅坚强、耿直不阿的精神象征着英雄的武汉人民，水杉被定为武汉市的市树。"然后进一步发挥："那么，武汉市的市花又是什么呢？那便是不畏寒威、独步早春的梅花，它象征着武汉人民的刚强意志和高贵品质。"最后，还可向游客讲解李白"黄鹤楼中吹玉笛，江城五月落梅花"的著名诗句。

触景生情法的第二个含义是导游讲解的内容要与所见景物和谐统一，使其情景交融，让游客感到景中有情，情中有景。譬如，在湖北九宫山云关道上有一观音崖，崖下有一天然石床，传说死在石床上的人能超度成仙。九宫山道祖张道清死前留下戒规：每年只能有一个道士去石床等死。有一年，两个道士同时得病，都想抢先占床登仙，结果闹出一段令人忍俊不禁的"道士争死"的趣事。游客望着这张5尺多宽、6尺多长的石床，听着导游人员风趣的讲解，定会发出欢快的笑声。

触景生情贵在发挥，要自然、正确、切题地发挥。导游人员要通过生动形象的讲解、有趣而感人的语言，赋予死的景物以生命，引导游客进入审美对象的特定意境，从而使他们获得更多的知识和美的享受。

7. 制造悬念法

制造悬念法就是导游人员在导游讲解时提出令人感兴趣的话题，但故意引而不发，以激起游客急于知道答案的欲望的导游方法，俗称"吊胃口"、"卖关子"。通常是导游人员先提起话题或提出问题，激起游客的兴趣，但不告知其下文或暂不回答，让他们去思考、去琢磨、去判断，最后才讲出结果。这种"先藏后露、欲扬先抑、引而不发"的手法，一旦"发（讲）"出来，会给游客留下特别深刻的印象。譬如，参观世界文化遗产——湖北明显陵时，游客看到陵前的外明塘往往困惑不解，导游人员不失时机地介绍："明塘是显陵的独特设置，不仅有外明塘，里面还有内明塘。那么显陵为什么要在陵前设置明塘呢？请大家边参观边思考，等到了明楼我再告诉大家答案。"这就给游客留下了一个悬念。待游客登上明楼后，导游人员再告诉游客："一方面，按风水理论，山为龙的骨肉，水为龙的气血，水有界止龙气流逝的作用。于陵前设置明塘，就满足了吉壤中穴对水的基本要求；另一方面，明塘含有龙珠的寓意，如果说神道犹如一条旱龙，那么九曲河就好似一条水龙，两龙交汇于明塘，构成了双龙戏珠的奇特景观。"

制造悬念法是导游讲解的重要手法，在活跃气氛、制造意境、激发游客游兴等方面往往能起到重要作用，所以导游人员都比较喜欢用这一手法。但是，再好的导游方法都不能滥用，"悬念"不能乱造，以免起了反作用。

制造悬念法——以苏州网师园为例。

苏州网师园的月到风来亭，依水傍池，面东而立，亭后装一大镜，将对面的树石檐墙尽映其中。对这个亭子的介绍有两种方法，效果完全不同。

一位导游员介绍说："如果在晚上，当月亮从东墙上徐徐升起，另一个月亭也会在水波中荡漾。这镜子安置得十分巧妙，从里面还可以看到一个月亮。"游客们看了看镜子，并未引起多大兴趣。

另一位导游员将游客带到亭中，这样介绍说："当月亮升起来的时候，在这里可以看到三个月亮。"他微笑着望着游客，并没有立即往下讲。游客们好生奇怪，都以为是听错了或是导游员讲错了，最多只有两个月亮，天上一个，水池里一个，怎么可能会有第三个呢？大家的脸上都露出了迷惑不解的表情。这时导游员才点出：天上、池中、还有镜里共有三个月亮。大家这才恍然大悟，领悟到了镜子安置之巧妙，留下的印象特别深刻。

同是一地，前者介绍虽很热情，也富有诗意，但因是平铺直叙，听者不以为然；而后者虽用词简朴，却能做到出其不意，引起了游客的注意、思考、怀疑和猜测，游客兴趣顿起。后者的成功之处，还在其于掌握了游客的心理，不去一下子把话讲完，而是留有余地，让大家去体察、回味，然后由自己做出补充，因此效果尤佳。

8. 类比法

类比法就是在导游讲解中用风物对比，以熟喻生，以达到触类通的一种导游方法。导游人员用游客熟悉的事物与眼前景物进行比较，既便于游客理解，又使他们感到亲切，从而达到事半功倍的导游效果。

类比法可分为同类相似类比和同类相异类比两种。同类相似类比是将相似的两物进行比较，便于游客理解并使其产生亲切感。譬如，将北京的王府井比作日本东京的银座、美国纽约的第五大街、法国巴黎的香榭丽舍大街；参观苏州时，将其称作"东方威尼斯"（马可·波罗称苏州为"东方威尼斯"）；讲到梁山伯和祝英台或《白蛇传》中许仙和白娘子的故事时，将其称为中国的罗密欧和朱丽叶等等。同类相异类比则是将两种同类但有明显差异的风物进行比较，比出规模、质量、风格、水平、价值等方面的不同，以加深游客的印象。譬如在规模上将唐代长安城与东罗马帝国的首都君士坦丁堡相比；在价值上将秦始皇陵地宫宝藏同古埃及第18王朝法老图坦卡蒙陵墓的藏宝相比；在宫殿建筑和皇家园林风格与艺术上，将北京故宫和巴黎附近的凡尔赛宫相比，将颐和园与凡尔赛宫花园相比等等。这样不仅使外国游客对中国悠久的历史文化有了较深刻的了解，而且使其对东西方文化传统的差异有了进一步的认识。

要正确、熟练地使用类比法，要求导游人员掌握丰富的知识，熟悉客源国，对相比较的事物有比较深刻的了解。面对来自不同国家和地区的游客，要将他们知道的风物与眼前的景物相比较，切忌作胡乱、不相宜的比较。正确运用类比法，可提高导游讲解的层次，加强导游效果，反之则会惹游客耻笑。

9. 妙用数字法

妙用数字法就是在导游讲解中巧妙地运用数字来说明景观内容，以促使游客更好地理解的一种导游方法。导游讲解中离不开数字，因为数字是帮助导游人员精确地说明景物的历史、年代、形状、大小、角度、功能、特性等方面内容的重要手段之一，但是使用数字必须恰当、得法，如果运用得当，就会使平淡的数字发出光彩，产生奇妙的效果，否则就会令人产生索然寡味的感觉。运用数字忌讳平铺直叙，因为导游讲解不同于教师上课，一味地讲多大、多小、多宽等，大量枯燥的数字会使游客厌烦。所以使用数字要讲究"妙用"。

在实地导游中，导游人员常用数字换算来帮助游客了解景观内容。譬如，游览北京故宫时，导游人员若说故宫建成于明永乐十八年，不会有几个外国游客知道这究竟是哪一年，如果说故宫建成于公元1420年，对英国游客再加上一句"比莎士比亚诞生早144年"，对法国游客再加上一句"比凡尔赛宫早建成269年"，对美国游客再加上一句"比白宫早建成420年"，游客不仅很快记住了故宫的修建年代，而且还会产生中国人民了不起、中华文明历史悠久的感觉。

导游人员运用数字分析可以更准确地说明景观内容。譬如，科学家发现各种比例关系中的最佳比值是0.618，并称其为"黄金分割率"。我国许多古建筑之所以给人布局得体、高矮适宜的感觉，就是因其主要的比例关系接近黄金分割率的缘故。像北京故宫太和殿高35.03米，左右陪体（体仁阁、弘义阁）各高23.78米，比值为0.678；太和殿广场东西宽200米，南北进深130米，比值为0.65，均接近黄金分割率的比值，所以产生了良好的审美效果。

导游人员还可通过数字来暗喻中国传统文化。譬如，武汉黄鹤楼外观为五层建筑，里面实际上有九层。我国古代称单数为阳数，双数为阴数，"9"为阳数之首，且与"久"字同音，暗含"天长地久"之意。又如明显陵中九曲河上建有五道石桥，暗喻皇帝的"九五之尊"等等。

10. 画龙点睛法

画龙点睛法就是导游人员用凝练的词句概括所游览景点的独特之处，给游客留下深刻印象的导游方法。游客听了导游的讲解,观赏了景观,既看到了"林",又欣赏了"树",一般都会有一番议论。导游人员可趁机给予适当的总结,以简练的语言,甚至是几个字,点出景物精华之所在,帮助游客进一步领略其奥妙,使其获得更多更高的精神享受。譬如,旅游团游览湖北后,导游人员可用"壮美的长江三峡,灿烂的荆楚文化,绮丽的神龙仙境,迷人的三国胜迹,绝奇的武当功夫"来概括湖北的风光特色;参观武汉后,可用名区(武昌辛亥革命首义文化区)、名馆(中山舰流动博物馆)、名苑(盘龙城遗址文物博览苑)、名楼(国民政府旧址——南洋大楼)和名胜(黄鹤楼、东湖、归元寺、古琴台等风景名胜)来进行总结;咸宁各地的特色则可概括为"三国鏖战精彩地(赤壁),温泉竹海桂花香(咸安),三省通衢客商聚(通城),秀水澄湖鱼米乡(嘉鱼),人杰地灵山水秀(崇阳),九宫神奇传四方(通山)"等等。

画龙点睛法——以少林寺为例。

导游人员在带团游览完河南嵩山少林寺后,为助游客了解和认识其主要特征和精华,作了以下一段总结:"各位游客,我们游览完少林寺后,每个人的感觉可能都不同,我们能否将其总结为四大特征呢?第一,禅宗祖庭,不枉为'天下第一名刹';第二,武林圣地,中外友谊之花处处开;第三,文物荟萃,包罗万象,举不胜举;第四,盛世少林,重换新貌人人夸!"

除上述十种导游方法外,我国导游人员还总结出了简述法、详述法、联想法、猜谜法、引而不发法、引人入胜法、专题讲解法、知识渗透法、点面结合法等多种技法,这里不再一一介绍。导游方法和技巧虽多,但在具体工作中,各种导游方法和技巧都不是孤立的,而是相互渗透、相互依存、相互联系的。导游人员在学习众家之长的同时,必须结合自己的特点将其融会贯通,在实践中形成自己的导游风格和导游方法,并视具体的时空条件和对象,灵活、熟练地运用,这样才能获得良好的导游效果。

针对同一个景点的不同导游词

本书主编仪孝法老师指导的2008级旅游管理专业的孙红雪同学曾获得全国旅游院校导游服务技能大赛一等奖,该同学针对不同对象创作出的"三孔特色导游词"很值得一看。

一、亲子度假团导游词

各位小朋友和爸爸妈妈们，大家好。欢迎你们来到文化圣地——山东曲阜。有首歌叫做《常回家看看》，这里有种渴望叫做"带孩子出来转转"。当今的社会生活节奏非常快，很多家长都没有时间陪孩子。那么今天我就陪小朋友和各位爸爸妈妈们放松一下，咱去享受一次文化的熏陶吧，顺便也增进大家的感情，小朋友们说好不好啊？今天咱游览的就是文化氛围浓厚的曲阜三孔。首先向大家做一下自我介绍，我的名字叫孙红雪，爸爸妈妈们可以叫我小孙，小朋友们可以叫我孙姐姐。

提到曲阜三孔，就不得不说孔子了。一句"有朋自远方来，不亦乐乎"就凝练出了我们山东文化的精髓——好客山东。孔子晚年曾经删《诗书》、订《礼乐》、赞《周易》、修《春秋》，他创立的儒家文化把中国古代文化推向了一个新的高潮。一道"万仞宫墙"、一座"金声玉振坊"无不显露出孔子思想文化的高深。

既然小朋友们和爸爸妈妈们出来游玩，那我就给大家讲一个孔老夫子和他儿子孔鲤的故事吧。有一次孔子站在院子里见他的儿子孔鲤从身边走过，于是就问他："你今天学诗了吗？"孔鲤回答说没有。孔子就说："不学诗，无以言。"就是不学习《诗经》是无法同别人交谈的。于是孔鲤就回去认真学习《诗经》了。后来孔子又问他"你学礼了吗？"孔鲤又回答说没有，孔子就说"不学礼，无以立"，即不学习礼是难以在社会上立身做人的。于是孔鲤就又回去认真学习《礼记》了。这就是孔子教他的儿子孔鲤读诗习礼的美谈。而我们身后这座建筑就是以这件美谈而命名的"诗礼堂"了。那小朋友们听了这个故事有没有感触呢？是不是说我们在以后的学习当中，在和其他人的交往当中都要讲文明，懂礼貌，尊重父母，尊重其他的长辈呀？希望孙姐姐的话会给各位带来更大的帮助。

游览孔庙，尽在大成，学习完礼道，我们就来看看孔庙当中最宏伟的建筑——大成殿吧。这就是名扬天下的大成殿了。重檐九脊，黄瓦飞甍，雕梁画栋，气势宏伟。最引人注目的当属这檐下的十根深浮雕龙柱了。每根龙柱都是二龙对翔，盘绕升腾，中刻宝珠，雕刻玲珑，无一雷同，栩栩如生啊！走进殿中，居中的这座塑像就是孔子了，他头戴十二玉冕，身穿十二章王服，手捧镇圭，显得高贵威严。然而孔子的生平非常坎坷。他幼年丧父，少年丧母，生于乱世，但是他却能够在乱世中独自谋生，学习和奋斗一生。所以各位爸爸妈妈们，不管以后的生活道路有多坎坷，小孙在这里都祝愿大家顺利幸福。

好了，各位小朋友和爸爸妈妈们，我们今天的孔庙之游到这里就结束了。孔庙集结了太多孔老夫子的思想，凝聚了太多后人们的仰望，我们一时半刻是体会不完的，接下来我将带领大家参观游览一下孔府和孔林。

二、商务旅游团导游词

亲爱的游客朋友们，大家好。欢迎来到文化圣地——山东曲阜。有首歌叫做《常回家看看》，还有种渴望叫做"常出来转转"。当今的经济高速发展，我们不仅口袋富了，脑袋富了，而这心情更要富，心情好了才更有力气在事业上打拼啊。首先向大家做一下自我介绍，我的名字叫做孙红雪，大家可以叫我小孙。今天我们游览的就是文化氛围浓厚的曲阜三孔，让我们一起来接受一次文化的洗礼，享受一次文化的熏陶吧！

说到曲阜三孔，就不得不提孔子了。一句"有朋自远方来，不亦乐乎"就凝练出了我们山东文化的精髓——好客山东。孔子晚年曾经删《诗书》、订《礼乐》、赞《周易》、修《春秋》，他创立的儒家文化把中国古代文化推向了一个新的高潮。一道"万仞宫墙"、一座"金声玉振坊"无不显露出孔子思想文化的高深。

既然大家都是商人，我想大家来到这文化圣地肯定也想倾听一下孔老夫子的经商之道吧！儒家鼻祖孔子有一个徒弟叫子贡，子贡一边跟着孔子学习一边做买卖。他的生意可做得大了去了，那这是为什么呢？因为他坚持的就是时转货资的方法，也就是根据市场行情的变化能够贱买贵卖从中获利。他一向坚持人弃我取，人取我与的原则，从不与人抗衡，非常善于把握时机。这也就是子贡取与的故事了。

而我们身后的这座建筑就是孔老夫子当年讲学的地方——杏坛。他曾经告诉过他的学生，"富与贵，是人之所欲也，不以其道而得之，不处也"。意思就是说有钱有地位是人人都向往的，如果不用仁道的方式取得，君子是不能接受的。而这也就正应了我们今天所说的"君子爱财，取之有道"。子曰：德不孤，必有邻。一个人若道德不失去，就肯定有人亲近。所以小孙在这里希望孔老夫子的话对各位有更大的帮助。

好了，杏坛下的孔子思想体会完了，我们就来看看孔庙中最宏伟的建筑——大成殿。这就是名扬天下的大成殿了。重檐九脊，黄瓦飞甍，雕梁画栋，气势宏伟。最引人注目的当属这檐下的十根深浮雕龙柱了。每根龙柱都是二龙对翔，盘绕升腾，中刻宝珠，雕刻玲珑，无一雷同，栩栩如生啊！走进殿中，居中的这座塑像就是孔子了，他头戴十二玉冕，身穿十二章王服，手捧镇圭，显得高贵威严。然而孔子的生平非常坎坷。他幼年丧父，少年丧母，生于乱世，但是他却能够在乱世中独自谋生，学习和奋斗一生。亲爱的各位游客，不知道听了孔子的奋斗历程是否也引起了大家的共鸣呢？在这里我祝愿大家以后的事业发展能够顺顺利利，大展宏图。

孔庙集结了太多孔老夫子的思想，凝聚了太多后人们的仰望，我们一时半刻是体会不完的，它就像是一个大型的博物馆，要想更深刻地了解还需要我们仔细探究，慢慢体味。好了，我们的孔庙之游到这里就结束了，下面我将带领大家参观一下孔府和孔林。

三、中老年旅游度假团导游词

各位爷爷奶奶们大家好，有首歌叫做《常回家看看》，这里有种渴望叫"常出来转转"。那今天我就带领各位爷爷奶奶们出去散散心，透透气。辛苦了大半辈子了，是时候该享清福喽！首先我向大家做一下自我介绍，我的名字叫做孙红雪，大家可以叫我小孙，我将竭诚为大家服务。而今天小孙带领大家游览的就是文化氛围浓厚的山东曲阜三孔，让我们一起来接受一次文化的洗礼吧。

说到曲阜三孔，就不得不提孔子了。一句"有朋自远方来，不亦乐乎"就凝练出了我们山东文化的精髓——好客山东。孔子晚年曾经删《诗书》、订《礼乐》、赞《周易》、修《春秋》，他创立的儒家文化把中国古代文化推向了一个新的高潮。一道"万仞宫墙"、一座"金声玉振坊"无不显露出孔子思想文化的高深。

孔子不仅仅是我国古代著名的思想家、教育家、政治家，在养生方面也可以称为是万世师表。比如，孔子曾经说过："君子有三戒，少之时，血气未定，戒之在色；及其壮也，血气方刚，戒之在斗；及其老也，血气即衰，戒之在得。"这句话也就是说人应该按照不同时期的体质特点来养生，而到了老年，体质已经衰弱了，就要把名利看得淡一些，就不要再苦心追求什么了。孔子生平大部分时间不得志，经历了许多的政治纷扰，然而他在晚年的时候却仍然能够把握得住、放得开，不为世事所困扰，淡泊名利，但也不是看破红尘，消极避世。我想这与孔老夫子的心胸开阔是分不开的。所以我觉得这也是各位爷爷奶奶们需要学习的地方了，心胸开阔了才能益寿延年啊。

走过奎文阁，我们就不得不看一座碑了，这座碑的名字就叫做成化碑。它高有6米，宽有2米多，非常沉重。而驮这座碑的动物呢，看起来是不是非常像一只乌龟呢？然而它却不是一只乌龟，它的名字叫做赑屃，它就是神话传说中龙的儿子。俗话说"龙生九子不成龙"，而赑屃的特征就是龙头、鹰爪、龟背、蛇尾，善于负重并且长寿。曲阜的百姓经常来这里游玩，他们中流传着这么一句话："摸摸赑屃的头，一辈子不犯愁；摸摸赑屃的腚，一辈子不生病。"所以各位爷爷奶奶们也赶紧过来摸一下吧。在这里小孙祝愿大家能够无病无灾，益寿延年。

游览孔庙，尽在大成，这就是名扬天下的大成殿了。重檐九脊，黄瓦飞甍，雕梁画栋，气势宏伟。最引人注目的当属这檐下的十根深浮雕龙柱了。每根龙柱都是二龙对翔，盘绕升腾，中刻宝珠，雕刻玲珑，无一雷同，栩栩如生啊！

咱们在孔庙既看了也玩了，下面小孙就给大家介绍一下吃的——银杏。它可是孔府菜"诗礼银杏"中的主要材料哦。而银杏非常适合高血压的老年人，它能通畅血管，改善大脑，提高记忆力，所以非常适合老年人食用。但是在这里小孙还要提醒各位爷爷奶奶们，千万不要多吃银杏，一天十颗左右是最好的了，因为银杏也是一种微毒的果实。

好了，各位爷爷奶奶们，我们的孔庙之游到这里就结束了。孔庙集结了太多孔老夫子的思想，凝聚了太多后人们的仰望，我们一时半刻是体会不完的。接下来我将带领大家参观游览一下孔府和孔林。

四、中学生修学团导游词

各位同学大家好，欢迎来到文化圣地——山东曲阜。首先向大家做下自我介绍，我的名字叫做孙红雪，大家可以叫我孙姐姐。今天我们参观游览的就是文化氛围浓厚的山东曲阜三孔，既然我们大家都是学生，那么今天我们就要边学习边游览。在这里也祝愿大家能够游得开心，学得愉快。

说到曲阜三孔，就不得不提孔子了。一句"有朋自远方来，不亦乐乎"就凝练出了我们山东文化的精髓——好客山东。孔子晚年曾经删《诗书》、订《礼乐》、赞《周易》、修《春秋》，他创立的儒家文化把中国古代文化推向了一个新的高潮。一道"万仞宫墙"、一座"金声玉振坊"无不显露出孔子思想文化的高深。

现在耸立在我们面前的这座金黄色的建筑就是孔子当年讲学的地方——杏坛。我们都是中学生，那么在人教版的语文课本上应该学过《论语十则》吧。它教会了我们很多道理，那现在孙姐姐就和大家一起来回忆一下那些脍炙人口的名言警句吧！大家知道孔老夫子提醒大家在日常生活中也要多多注意学习的是哪句话吗？哎，这位同学你回答对了，就是那句"三人行，必有我师焉，择其善者而从之，其不善者而改之"。孔子对我们的学习规律也作了很好的概括，比如："温故而知新，可以为师矣。""学而不思则罔，思而不学则殆。"孔子的教育思想也教大家如何纠正自己的学习态度，"知之为知之，不知为不知，是知也"。听到这些名言，大家是不是有所感触呢？在这里孙姐姐希望这些名言能够真正帮助大家，大家把其运用到学习当中去，使自己的学习成绩提高。

我们中国素有"礼仪之邦"之称。我们作为新时代的四有新人，懂文明、守礼仪是必备的素质。现在我就给大家讲讲孔老夫子和他儿子孔鲤的故事吧。有一次孔子站在院子里见他的儿子孔鲤从身边走过,于是就问他:"你今天学诗了吗?"孔鲤回答说没有。孔子就说:"不学诗,无以言。"就是不学习《诗经》是无法同别人交谈的。于是孔鲤就回去认真学习《诗经》了。后来孔子又问他:"你学礼了吗?"孔鲤又回答说没有,孔子就说"不学礼,无以立",即不学习礼是难以在社会上立身做人的。于是孔鲤就又回去认真学习《礼记》了。这就是孔子教他的儿子孔鲤读诗习礼的美谈。而我们身后这座建筑就是以这件美谈而命名的"诗礼堂"了。

游览孔庙,尽在大成,这就是名扬天下的大成殿了。重檐九脊,黄瓦飞甍,雕梁画栋,气势宏伟。最引人注目的当属这檐下的十根深浮雕龙柱了。每根龙柱都是二龙对翔,盘绕升腾,中刻宝珠,雕刻玲珑,无一雷同,栩栩如生啊!

好了,亲爱的同学们,我们的孔庙之游到这里就结束了,相信大家游览了孔庙之后都有所感触吧,是不是还意犹未尽呢?不要担心,接下来我就和各位同学们一起去孔府和孔林走一走、看一看吧。

【知识链接】

一、导游讲解应遵循的原则

1. 客观性

所谓客观性是指导游讲解要以客观现实为依据,在客观现实的基础上进行意境的再创造。客观现实是指独立于人的意识之外,又能为人的意识所反映的客观存在,它包括自然界的万事万物和人类社会的各种事物。这些客观存在的事物既有有形的,如自然景观和名胜古迹;也有无形的,如社会制度和旅游目的地居民对游客的态度等等。在导游讲解中,导游人员无论采用什么方法或运用何种技巧,都必须以客观存在为依托,必须建立在自然界或人类社会某种客观现实的基础上。譬如,向游客介绍湖北鄂州"吴王城",虽然游客看到的只是城垣、护城河等残垣断壁,但导游人员要以此为基础来创造意境,通过讲解再现1700多年前东吴都城的盛景,既要让游客惊叹不已,又要使游客感到真实可信。

2. 针对性

所谓针对性是指导游人员从游客的实际情况出发,因人而异、有的放矢地进行导游讲解。游客来自四面八方,情况复杂,层次悬殊,审美情趣各不相同,因此,导游人员要根据不同游客的具体情况,在接待方式、服务形式、导游内容、语言运用、讲解的方式方法上有所区别。导游讲解时,导游词内容的广度、深度及结构应该有较大的差异。通俗地说,就是要看人说话，投其所好。导游人员讲的应是游客希望知道的、有能力接受的并且感兴趣的内容。譬如到湖北的外国、外地游客一般都要去武当山旅游，但对不同的游客，导游讲解的内容应有所区别：对初次远道而来的西方游客，导游人员可讲得简单一些，简洁明了地介绍武当山的基本情况；对多次来华的游客则应多讲一些，可从道教文化和古建筑等方面作一些较深入的讲解；对宗教旅游团应以道教文化的介绍为主，还可引导游客欣赏武当山独特的道教音乐；对"功夫团"和"健身疗养团"则要重点介绍著名的武当拳术，讲解武当拳的健身妙用；对由建筑界人士组成的专业团，导游人员可从武当山古建筑严整的规划布局、高超的建筑技艺和建筑与自然高度和谐的特征上去作深入、细致的讲解。这样才能使不同类型的游客各取所需，使游客的不同需求都得到合理的满足。

3. 计划性

所谓计划性是指导游讲解的科学性和目的性，就是要求导游人员在特定的工作对象和时空条件下发挥主观能动性，科学地安排游客的活动日程，有计划地进行导游讲解。

周密的计划是导游服务成功的保证，旅游团在目的地的活动日程和时间安排是计划性原则的具体体现。一般的旅游团在目的地逗留的时间只有短短的几天，这就需要导游人员对旅游团的活动作出周密的安排，使游客在有限的时间里获得最大的满足。遇到因某种原因需缩短或延长在目的地游览的时间时，导游人员更应制定出适应变化的、尽量使游客满意的新日程。

导游人员在按照接待计划带领旅游团进行每一天的旅游活动时，还要特别注意科学地分配时间。如饭店至各参观游点的距离及行车所需时间、出发时间、各条参观游览线所需时间、途中购物时间、午间就餐时间等等。如果在时间安排上缺乏计划性，就会出现"前松后紧"或"前紧后松"的被动局面，甚至有的活动会被挤掉，影响计划的实施而导致游客的不满甚至投诉。

计划性的另一个具体体现是每个参观游览点的导游方案。导游人员应根据游客的具体情况合理安排在景点内的活动时间，选择最佳游览路线，导游讲解内容也要作适当取舍。什么时间讲什么内容、什么地点讲什么内容以及重点介绍什么内容都应该有所计划，这样才能达到最佳的导游效果。譬如，武汉黄鹤楼的讲解一般以一、三、五楼为重点。导游人员通过一楼大厅《白云黄鹤图》的壁画可向游客介绍黄鹤楼"因仙得名"的传说故事；通过三楼的陶板瓷画《文人荟萃》来再现历代文人墨客到黄鹤楼吟诗作赋的情景；登上五楼，既可通过《江天浩瀚》的组画向游客介绍长江的古老文化和自然风光，也可引导游客登高望远，欣赏武汉三镇的秀丽景色。当然，如果游客对历史和古建筑有兴趣，导游人员也可以二楼为重点,为游客讲解《黄鹤楼记》,介绍历代黄鹤楼的模型和建筑特色。

4. 灵活性

所谓灵活性是指导游讲解要因人而异、因时制宜、因地制宜。旅游活动往往受到天气、季节、交通以及游客情绪等因素的影响,我们所讲的最佳时间、最佳线路、最佳景点都是相对而言的,客观上的最佳条件若缺乏主观上完美的导游艺术的运用就不可能产生很好的导游效果。因此,导游人员在导游讲解时要根据游客的具体情况以及天气、季节的变化和时间的不同,灵活地运用导游知识,采用切合实际的导游内容和导游方法。譬如介绍梁子湖水质纯净、清澈见底的特点,导游人员拟通过"分明看见青山顶,船在青山顶上行"的诗句来说明,但游览中不巧下起了小雨,如按计划讲解显然不合时宜,这时,导游人员就要随机应变,可改用"水光潋滟晴方好,山色空濛雨亦奇"的诗句来进行讲解。

导游讲解以客观现实为依托,其针对性、计划性和灵活性体现了导游活动的本质,也反映了导游方法的规律。导游人员应灵活运用这四个基本原则,自然而巧妙地将其融于导游讲解之中,这样才能不断地提高自己的讲解水平。

二、导游词创作要以人为本

在带团活动中,导游与游客生活在一起,特别贴近服务对象,这种行业的特殊性决定了导游必须时刻把游客放在心上,注意导游的方法与技巧,尤其要注意以下几个问题:

1. 事先准备好游客急于想知道的内容

游客层次不同,想要了解知道的内容也不相同。但一般来说,游客到一地旅游就是想了解该地主要的文化底蕴和丰富的文化内涵。比如,游客到西安就想了解千年古都历史,到上海就想了解中国近代和现代的发展历史等。作为导游事先可以从接待计划书中寻找信息,了解游客需求。总之,做一个有心人是导游员了解游客的最佳途径。许多优秀导游员在上团前都做过精心的准备,其受游客欢迎和满意也在情理之中。

2. 因人而异选好"热点"

在同一旅游团中,由于年龄、性别、兴趣爱好以及职业等方面的差别,游客的层次和素质各不相同,因而造成了许多差异性,有时导游员说服不了游客也在所难免。所以,导游员要想做好工作,首先就要考虑到这些特殊情况,具体地准备一些"大众化"的热点话题。同时也要选择好角度,既要小又能说明问题,这样的话题不管对男女老少、层次高低或者兴趣不同的游客都适合道其由来。但有些话题包容性不大又比较专业,比如宗教、建筑艺术等。一名好的导游员,最可贵之处就是其能因人而异选好热点,考虑到游客的实际需要。同样一个景区由于服务的对象不同,选择的侧重点也应有所不同。

　　3. 言辞要有时代感

　　好的导游员要通过讲解直接使游客感受到当地的时代气息,而不是单单地讲解这是什么,那是什么。

　　有一批外省市参观团指定要参观上海中国共产党"一大"会址,并要求在参观后进行座谈。参观团的成员都是年轻人,导游员经过精心准备,决定将"一大"会址和现实生活有机地结合起来,将参加中共"一大"会议的革命青年代表与现在参观中共"一大"会址的年轻一代进行大胆的对比,从而讲出时代青年都怀有一颗"爱我中华、献身中华"的赤诚之心,其精神是一脉相承的。导游员的一番话赢得了大家热烈的掌声,大家纷纷称赞他讲得很有新意和水平。由此可见,对于政治性较强的内容是要随着时代的进步而不断加以修改的,这样才能讲出新意和特色。

　　讲出时代感不仅限于爱国主义题材,一般景点也能讲出新意和特色来。这里的关键就是要有时代感。比如有的导游在准备大观园的导游词时对薛宝钗这一人物重新进行了客观的评价,并列举了一项非常有趣的大学生调查报告:林黛玉和薛宝钗之间,你选择谁作为终身伴侣?结果显示,绝大多数男生选择了薛宝钗。而许多女生则认为,贾宝玉可以喜欢,但不可做丈夫。导游员启发人们去思考,从现代人的角度去观察和理解,从而体现出了时代的气息,以及个人的真实情感。

三、导游词的创作方法

　　1. **收集资料**

　　编写导游词首先需要收集大量的与讲解对象相关的信息资料,包括其自然地理环境信息、历史沿革信息、文学诗词信息、民间传说典故等。导游员既可以通过有关书籍报刊、网站、现有的导游词来收集,也可以深入实地考察调研,掌握第一手资料。

　　收集资料的工作应该是做得越多越好,越深越好,这样可以保证讲解中有足够的素材。这一工作也应该坚持不懈地做,即使已经形成了成熟的导游词,导游员也需要关注讲解对象的变化,不断地充实新的信息,使导游词与时俱进,不断完善。

　　2. **整理资料**

　　导游员前期收集的资料内容涉及广泛,需要加以分类整理,为后期编写导游词奠定基础。可以将有关资料分为历史类、自然类、地理类、文化类、建设成就类等等。由于讲解的内容需要结合景点实际情况、导游员的工作体会、旅游者的兴趣爱好等因素不断地充实完善，收集资料的工作是不应该间断的，所以整理资料的工作也要持之以恒。

3. 确定立意和讲解的主要内容

尽管导游讲解的内容是发散的，要求看到什么就讲什么，属于陈述式或借景发挥式的讲解，但是编写导游词时导游员需要根据收集到的资料和服务对象的特征确定讲解的立意和主要内容，以确保讲解内容的核心，确保导游词的品味。例如编写黄鹤楼的导游词，导游员可以选择黄鹤楼的建筑形制、相关文学作品、黄鹤楼的历史兴衰等不同类型的资料作为讲解的主要内容，立意可以确定为盛赞中国建筑艺术的辉煌，也可以是感慨古代诗词歌赋的博大精深和深远意义或是其他。这样的思考过程其实就确定了前期收集整理的资料的筛选标准：与导游词立意相关的信息要优先选入，并重点讲解；其他信息酌情筛选，在讲解中主要发挥辅助和补充完善的作用。

4. 确定游览路线，决定讲解的先后顺序

导游词是为现场讲解服务，因此内容的先后顺序应该与游览的先后顺序一致。编写之前，导游员应该掌握理想的游览路线，明确各个景点游览的先后顺序，再组织有关信息，形成导游词。对于游览路线，导游员应该做到谙熟于胸，信手拈来，这就是导游讲解的时间线索。有了这一线索，导游词就是"形散而神不散"，即使在实际工作中有各种因素干扰讲解，导游员也可以熟练地将讲解内容拉回到既定的思路中来。

5. 编写导游词

最后一步即为组织语言，编写导游词。导游词中涉及的信息是固定的，但是在编写过程中导游员要注意使用自己熟悉的语言，展示自己独特的语言风格和语言魅力。切忌生搬硬套、照书全抄，否则就失去了编写导游词的意义。无论是在考试中还是在实际工作中，只有自己亲自加工组合、编写出来的导游词，导游员使用起来才能得心应手，导游讲解的质量也就有了最基本的保障。

四、导游词写作的基本要求

创作导游词，技巧很重要，通常包括准确、鲜明、具体、生动、含蓄和幽默等。

1. 准确

准确，这是对一篇导游词最基本的要求。现在有不少导游词准确性很差，表现在：一是对史实掌握不准，以讹传讹，误人子弟；二是片面追求导游趣味，以野史代替正史，使导游词丧失严肃性；三是语言表达不准确，语法错误较多，用词不够精当，容易引起误解。这些问题必须加以克服。

2. 鲜明

在导游词的写作过程中，要想达到鲜明的效果可以采用以下几种基本方法。

（1）采用排比的方法。导游词的写作首先要考虑到自己（或者他人）的讲解是否具有感染力，以给人眼睛一亮的感觉。排比句虽属短句，但由于其有机地排列在一起，导游员一旦讲解起来，即可朗朗上口，一气呵成，会显得十分鲜明有力。

（2）采用对比的方法。在导游词的写作中运用对比的方法，能更充分地体现出事物的本质和形象，写作的中心思想也会变得更加鲜明。比如在南京夫子庙的导游词中，作者巧妙地将夫子庙悠久的文化学术氛围和热闹的商业文明进行对比，突出了其"庙市合一"的独特景观和富有地方特色的秦淮文化：

夫子庙是一个庙市合一的活动场所，这是其最大的特色，而其他城市的孔庙建筑及其文化氛围通常与商业文明、市井文化相隔离。在夫子庙，一方面是围墙内严谨的文化氛围，另一方面是围墙外、秦淮河两岸充满活力的商业文明。如工艺美术品、小商品、花鸟及现代商场、批销中心，以及传统的民风民俗——秦淮灯彩、秦淮风味小吃、云锦工艺、南京白局等，一应俱全，充分体现了夫子庙的繁华和与众不同。

学宫、孔庙与市场（东西市）、民俗文化（秦淮民风民俗）等和谐相处，高雅的儒学文化与通俗的市井文化、商业文化相互兼容、共同发展，形成了富有地方特色的秦淮文化。

（3）采用递进的方法。所谓"递进"，就是指写作的导游词在语意上逐步地加强，给人一种层层深入的感觉。在侵华日军南京大屠杀遇难同胞纪念馆的导游词中，有一段就运用了递进的手法：

日军所到之处，不论是私人住宅，或机关、商店、仓库，均十室九空。1937年12月15日，日军动用军用卡车、马车、自行车、婴儿手推车在内的各种运输工具，在南京有组织地劫掠市民的财物。不仅如此，日军还疯狂抢掠文物、图书，进行文化掠夺。仅国立图书馆就被抢出图书资料88万册，装了300多辆卡车。

日军还到处纵火焚烧。巨火浓烟笼罩住全城达一月之久，被焚烧的房屋数量达全城的1/3以上。当时的南京城伤痕累累，到处是断壁残垣……

（4）采用反复的方法。所谓"反复"，是指某些句子经常不断地出现在整段文章中，给读者留下了鲜明深刻的印象。这就好比一首优美动人的歌曲，其中某几句唱词在整首歌曲中不断出现，以此达到更完美的艺术效果。请看下面这段导游词：

上海城市规划馆是上海市民以及众多游客追忆昔日、感受现在、展望未来的一个不可多得的旅游景点。

规划馆三楼展厅中央有一座比例为1:500的上海市中心城市规划大模型。俯瞰缩小的"母亲城",指点我们生活和工作的各条街道、各幢建筑,感觉熟悉无比。

改革开放以来,上海城市面貌发生了巨大的变化:高楼、绿地、高架桥、地铁、轻轨……剧变的事例数也数不清。

展望明天,上海市区的生态环境将大变样,苏州河综合整治出现新成果,大片绿地如雨后春笋般地涌现出来;展望明天,城市交通更加现代化,磁悬浮列车工程已开始兴建,浦东国际机场二期、三期工程、洋山深水港、芦洋跨海大桥将从图纸变为现实;展望明天,百姓家庭与社会生活的现代化,除体现在智能化的城市管理上外,更体现在智能化的居住小区、智能化的家政服务上……展望明天,我们的生活将更加美好。

3. 具体

在导游词的写作过程中,为了使导游词写得既具体又恰如其分,就必须用自己的笔杆去抓住重要而又突出的内容,写得越确切、越具体、越特殊越好,这样才能给游客留下深刻而有趣的印象。

(1) 描写准确,突出重点。如南京梅园新村纪念馆的导游词中有这么一段:

这幢房子的楼上是代表团的机要科和秘书室。上面是三间低矮的小阁楼,一伸手就能摸到屋顶,在南京炎热的夏季里,里面就像个大蒸笼。窗户很小,通风又不好,但是为了防止31号特务的偷看和偷听,日夜都得用红、黑两层窗帘紧紧地遮住。最热的时候,机要科的同志们只好打一盆凉水,把脚泡在水里解暑。他们就是在这样艰苦的环境下汗流浃背、不分昼夜地工作着。周恩来和邓颖超十分关心大家,常常上楼看望同志们,给他们送一些菊花茶和绿豆汤解暑,并把代表团仅有的一台电扇送给大家用。周恩来同志还风趣地说,你们是干保密工作的,要注意安全,我住在楼下,给你们放哨!一席话让同志们感到十分亲切,也忘记了工作的疲劳和艰苦。

(2) 写得要有"神"。上海豫园的导游词中有一段十分传神的描写:

各位来宾!这里是鱼乐榭。榭,现多指三面临水、建筑在台上的屋子,是园林个体建筑中的小建筑。《鱼乐》出典于《庄子·秋水》。请抬头看,前面墙外有一棵高大的树木,你仿佛会觉得树下的豫园是那么大,这是"仰景"的作用。其实豫园并不大,占地30多亩。您静坐于此,手抚"吴王靠",或称"美人靠",耳听潺潺流水,俯瞰清澈池水——鱼儿畅游,会感到心旷神怡,似有一叶小舟从这儿出发,划向黄浦江。实际上,这清泉到前面一转弯就中断了。这就是园林艺术的魅力所在,它会使您遐想小溪的曲幽深长。

再请看，那堵有拱门的隔水花墙，它把水一分为二。而且墙上有漏窗，通过该窗可以望到墙对面的情景。如果您还嫌看不清楚，那可借助清澈的水面。它宛如一面镜子，把对面的景致映照得淋漓尽致。不过女士们先生们，你们可要留神，对面这地方是男女约会、谈情说爱的地方。鱼乐榭真是鱼乐人亦乐，泉清心更清。在您右手边有花、草、树林、太湖石，左手边有廊和轩，前面是一堵雪白的隔水墙，而后面的世界那就更美了。鱼乐榭在镜子里得到了再现，赤橙青黄紫绿蓝，好一个五彩缤纷的世界。而各位来宾置身在这美丽的世界里，您不觉得自己也宛如这美妙的景色一般，变得更加漂亮潇洒了吗？

（3）适当运用"堆叠"的方法。在导游词的写作中，堆叠运用得当也会有相当的"韵味"，请看下面的一段导游词。

想当年元春中选皇妃，好不容易得到一次省亲机会，贾府得知这一消息里里外外足足忙了近一年。正月十五那天，大观园内的上上下下以及头面人物如贾母、贾政、贾赦等都天不亮就起床等候，从吃了早饭到吃午饭，从下午一点到两点，从两点到四点，从四点又到吃晚饭时间。可是元春还没来。一直等到晚上八九点钟方才等到。那宏大的场面和气势实在令人惊叹。

如果作者将时间的"堆叠"来一个精练概括，写成从早等到晚，或许就没那么精彩的效果了。

（4）具体离不开"深入"。所谓深入，意思是说描写景点内容要不断地向其纵深处延伸，这也是具体描写的一个方面。请看下面的一段导游词。

延安路原是黄浦江的一条"支流"，名叫"洋泾浜"，该浜原介于英租界和法租界之间，沿浜道路在英租界称"松江路"，在法租界称"孔子路"。1914年，两租界当局鉴于浜水污浊有碍卫生，交通不便，决定在同年6月11日填浜筑路。1915年竣工，以英皇爱德华七世名字命名为"爱多亚路"，后又改为"大上海路"，抗战胜利后又改名为"中正大道"，新中国成立后为了纪念革命圣地延安才命名为延安路。

上海人有一句俗语叫"洋泾浜"。因为从前上海人在法租界学讲法语，在英租界学讲英语，他们将吐音咬字不准或带有中国话或上海腔的，称"洋泾浜法语"或"洋泾浜英语"，以后就干脆把不伦不类的语言和事都统称为"洋泾浜"了……

总而言之，具体描写也应有一个"度"，最主要的是把握住景点内容的中心，分清主次。主，要具体，次，要精练。其次，还得考虑文章的篇幅，过分强调具体反而会显得散乱，这是我们要注意的。

4. 生动

绘声绘色、细致刻画、生动形象、幽默诙谐是创作生动的导游词的要素。但是，生动的内涵较为广泛，它有着多方面的功能。下面试举几例供参考：

(1) 用语生动流畅，给人以美感的方法。这是一篇介绍园林假山的导游词。

瞻园在明代时，就以"相传以石胜"著称。据史料记载，瞻园明清时为"金陵园亭之冠"，尤以湖石闻名遐迩。今天我们看到的坐落在静妙堂东侧的这块奇石名为"雪浪石"，相传石上三字为北宋文学家苏轼手书。苏轼，字子瞻，号东坡居士，今四川省眉山县人。苏轼生前酷爱收藏奇石，宋元祐八年，苏轼在河北定县时，曾"于中山后圃，得黑白石脉"。他用大盆盛之，激水其上，并名其室曰"雪浪斋"。他还专门做了一首《雪浪斋铭引》，诗曰"画师争摹雪浪势，天工不见雷斧痕"。我们今天看到的这块雪浪石很可能寓意于宋代同名石，但是哪位文人骚客附庸风雅就不得而知了。然而这块石头确是难得的太湖石。《扬州画舫录》中说："太湖石乃太湖中石骨，浪激波涤，年久孔穴自生。"这块湖石就像一团击在石上的浪花，又像一团积雪，随着太阳自东至西的照射，正在渐渐地融化。石头正面有无数大小不同的涡洞，背面是条条形同雪浪的斜纹。这块石头上的涡洞与斜纹有着极强的透视感和动态感，每面都迥然不同，在不同的光线照射下有各种虚实变化，令人百看不厌，回味无穷……

(2) 运用形容的方法。形容是增强语言生动性的最有效手段，在导游词的创作中也是一种常见的方法，本溪水洞的导游词中有这么一段。

这把剑横空出世，直插水面，长7米，根部直径1.3米，可谓"倚天长剑"。这里的钟乳石倒垂狭长，呈剑状，远远望去刀光剑影，森严可惧。人们不禁发出这样的感叹：云中的神，雾中的仙，神姿仙态水洞的天；情一样的深，梦一样的美，如情思洞中的水；无水无山不连河，无水无山不如神。

(3) 精彩的描写也能达到生动的效果。导游词的写作要靠生动的描写，精彩的描写能最大限度地把景点的内涵充分地揭示出来，以达到"如见其人、如闻其声、如临其境"的氛围。如南京静海寺的导游词有一段香港回归之夜敲响警世钟场面的描写。

这口警世钟最具风采的时候是在难忘的香港回归之夜。那一夜小院被欢庆的人群挤得水泄不通，中央电视台在这里现场直播了静海寺撞钟庆典的盛况。人们静静地等待着零点的到来。一分分，一秒秒，终于钟声响起了，155下的奋力撞击，震撼着小院，震撼着每个人的心灵。最后一声钟响落在零点上，小院爆发出震天动地的欢呼声："香港回来啦!"那感人的场面通过荧屏传遍了海内外，警世钟的钟声也随之在夜空中回响。

五、导游词的创作技巧

写文章要有主题,导游词的写作也不例外。在现实生活中,许多导游员是按照有关专家学者事先编好的导游词进行讲解,这固然不错。但如果能经过自己的加工处理,使其内容完全符合并衬托景点的主题,那就会取得更好的效果。

1. 景点主题要正确、明确

导游员所讲解的内容必须是正确和明确的,以一根主线贯穿始终,从而给游客一个鲜明的印象,并牢牢抓住游客的心,使他们从中得到知识和留下美好深刻的回忆。讲解没主题的现象在导游界为数不少,原因有许多,但大多数人的问题是出在概念的模糊上,假如能在结尾部分点明主题内容,或许能弥补一些不足。

其实,导游词的写作与写文章、写演讲稿等没多大的差别,文章和演讲稿的写作要有中心思想,有主题,导游词也是如此。文章是根据主题将一切关系不大的素材统统舍去,以达到挖掘其深刻内涵,说明主题思想的目的。而导游词的写作,内容却要丰富得多。导游词的写作(公式)=正确和明确的主题思想+景点深刻的内涵+贯穿全篇统一的相关知识+优美生动和风趣幽默的言词。

2. 写作内容要新颖、有特色

导游词只有不断创新,符合时代气息,所讲内容才能引起游客的兴趣和好感。中国国际旅行社总社的几位同志创作的天安门广场的导游词就显得十分精彩。

今天我们站在天安门广场,看着金碧辉煌的天安门和正阳门,尽管它们容颜依旧,但人民却赋予了它新的生命。封建时代的天安门广场两侧,都是皇帝直接掌管的统治机关,他们主宰着人民的生杀大权。东侧是户部、吏部、礼部,西侧是锦衣卫(明朝特务机关)、刑部、都察院。因此古人说:"天安门东边掌生,西边掌死。"现在是人民的天下,天安门广场东侧是革命历史博物馆,记载着中国人民的丰功伟绩,这是总结过去;西侧是人民大会堂,象征着人民至高无上的政治权力,是人民参政议政规划出的未来。从天安门广场的建筑布局,可以看出我国历文文化的延续和发展。

再如南京中山陵的导游词的结尾部分。

各位朋友,孙中山先生一生为革命奋斗,推翻了两千多年的封建帝制,晚年又采取联俄联共扶助农工三大政策,建立了伟大的功勋,赢得了中外进步人士的广泛拥戴和颂扬。新中国成立后,中山陵受到国家的高度重视和保护,1961年被国务院公布为国家级文物保护单位。

如今，作为"中国旅游胜地四十佳"之一的中山陵，每年接待着来自世界各地的无数炎黄子孙与国际友人。人们怀着对孙中山先生伟大精神的崇敬与景仰来到这里来凭吊拜谒。在两岸统一成为大势所趋、成为人心所向的今天，面对目前海峡两岸的现状，海内外炎黄子孙都衷心期盼着祖国统一、繁荣昌盛的那一天早日到来。彼时彼刻，倘若孙中山先生泉下有知，必会含笑长眠的。

像这样的写作方法，既有特色又很新颖，值得广大导游员学习和借鉴。

3. 写作内容要深刻

一般来说，导游词内容精彩新颖，可以给游客一个新颖的思考角度，有助于提高导游服务的质量。但是新颖并不一定深刻，只有深入探讨景点内容的实质，把其丰富的内涵挖掘出来，讲深讲透，深刻才能在本质上得以体现。南京明孝陵的导游词中对神道石像路上的石兽进行了较为全面的介绍，使旅游者得到了更多的美学知识。

石兽设置有蹲有立，体现了建陵者的匠心独具。有朋友说，这些石兽是给皇陵站岗的，站累了蹲着休息，这样好轮流替换。这也许算是一种猜想吧。但是，从景观的美学角度来说，石兽有蹲有立，姿态各异，衬以苍山远树，越显出肃穆而庄严。石兽的排列，随地势的转折起伏，错落有致，体现出了空间分布的节奏感和韵律感。

再看，石兽虽然形体高大，艺术表现手法写实简练，但又有精雕细刻的局部。请看石象的耳朵，耳廓鼓起，筋脉突露，近于夸张。这些正是孝陵石刻艺术巨大的成功之处。观赏这一组造型生动逼真、惟妙惟肖、栩栩如生的石兽，令人对我国古代工匠的鬼斧神工叹为观止。

大家可以想一想，这些石雕骆驼高3.68米，需80吨重的整块巨石才能雕成。如此庞大的石材是用什么方法运输到神道来的呢？那都是在严冬季节，民工在路上先泼水成冰，然后用前拉后推的方法，从一二十公里以外运来的。可见这些石兽，无不洒满了古代劳动人民的血汗，凝聚着他们的才能和智慧……

这样的导游词，摆脱了一般性介绍的套路，内容深刻，挖掘到位，给人以无限的思考空间，很耐人寻味。

六、注意掌握的几个问题

要写好一篇导游词需要注意方方面面的问题，但重点要掌握好以下几个方面。

1. 写作素材要紧扣中心思想

山东台儿庄大战纪念馆的导游词的中心思想是什么？文章一开始就点明："时隔半个多

世纪，英雄的台儿庄人民没有忘记那段血与火的惨烈历史，更没忘记那些为捍卫这块土地而英勇牺牲的千万将士。为了弘扬民族精神，对子孙后代进行爱国主义教育，经中宣部批准，台儿庄人民政府于1992年10月12日奠基，投资2000万元，兴建了台儿庄大战纪念馆。以此永志。"

以上这段导游词开头部分是写作的要点，"弘扬民族精神"、"进行爱国主义教育"是全篇导游词的中心思想。

2. 写作内容要"渐入佳境"

山东台儿庄大战纪念馆的导游词共分五个部分（加上一个开场白），从整个导游词的创作角度看，采用了渐入佳境的写作方法。从第一部分大战前的态势，到光辉的序幕战、辉煌的台儿庄歼灭战，以及台儿庄大捷的巨大影响等，层层深入，扣人心弦。特别是第二部分光辉的序幕战中，还特意编写了三个"小"序幕战，即英勇顽强的淮河阻击战、艰辛卓绝的临沂反击战和壮烈的滕县保卫战。一幕接着一幕，一环扣着一环，其结构之严谨、故事之动人令人肃然起敬。

侵华日军南京大屠杀遇难同胞纪念馆的导游词，从广场陈列与遗骨陈列，到史料陈列厅。厅内又设第一部分，日军在江南一带的暴行；第二部分，日军在南京杀、烧、淫、掠的暴行；第三部分，抗日战争的胜利；第四部分，历史的审判；第五部分，历史的见证；第六部分，前事不忘，后事之师等。这些创作导游词的手法均体现了"渐入佳境"的意境。

当然，类似纪念馆等景点的导游词的创作，因为它主题明确突出，所以主题思想的层层深入要相对集中一些。但是，对园林、寺院、自然山水等导游词的创作就显得相对困难些。原因是它们的主题大而广，难以集中归纳，加上游客的兴趣点是多样的，难以形成层层深入的局面。在文学创作中散文强调形散而神不散，一篇好的导游词，也并非就是随随便便地零散拼凑。"渐入佳境"的概念应该是内容层次明晰，逐步深入主题，使该景点的文化内涵得到充分反映，然后层层加以推动。例如，园林以景区为层次，一个景区一个景区地加以介绍。寺院以殿为层次，一个殿一个殿地进行编写。这样就把单个内容与主题思想有机地结合起来了，在结合中又突出了单个内容的要点，这同样是"渐入佳境"的体现。

3. 导游词要有描绘和抒情

每一位导游员在写作导游词的过程中都应该明白一个道理，优秀的导游词不仅要有准确的内容，还要适当增加一些发自内心的抒情，使游客得到实实在在的美的享受。漓江游的导游词是这样来描绘和抒情的。

　　各位朋友、各位来宾，欢迎大家乘船游览美丽的漓江。漓江属于珠江水系，发源地在桂林北面兴安县境内的猫儿山，离这里88公里。大家都知道，"世上无水不东流"，这是因为我国西部地形高，东部地形低所造成的，但唯有湘江的水是由南向北流去，漓江的水由北向南而下，所谓"湘漓分流"、"相离而去"，漓江故此得名。另外漓江的"漓"字，在字典里面是清澈、透明的意思，大概也是漓江名称最佳的含义。漓江在中国历史上曾经起过重大的作用，灵渠开凿之后，它沟通了岭南与中原，对秦王朝统一中国的大业，以及桂林乃至西南地区的政治、经济、文化、军事都有深刻的影响。漓江发源于兴安境内，流经桂林、阳朔、平乐，至梧州汇入西江，全长437公里。我们通常所指的漓江是指桂林至阳朔一段，全长83公里。这一段奇峰林立，碧水萦回，人称"百里漓江，百里画廊"。唐代大诗人韩愈曾经这样赞美它："水作青罗带，山如碧玉簪。"有道是"千峰环野立，一水抱城流"。当代诗人贺敬之在《桂林山水歌》中更是深情地咏叹道："云中的神啊，雾中的仙，神姿仙态桂林的山；情一般的深啊，梦一般的美，如情似梦漓江的水……"

　　朋友，漓江伸出了热情的双手，欢迎我们的到来。漓江，将为您奏响第一曲美的乐章……

　　进行恰当的描绘和优美的抒情，能使导游词具有较强的感染力，给人热情与鼓舞，因此也能打动人的心灵。

　　四川广安邓小平旧居的导游词写得也十分精彩，请看其中一段。

　　邓小平旧居地也是一处风景迷人的地方。院内盆景别致，花木葱郁。周围翠竹掩映，绿树滴翠，果花飘香，恬静宜人。夏天这儿曾是游客的"避暑胜地"。亲临其境，感受一下曾留有伟人足迹的翠竹林，那是一种什么样的情趣呢？让我先复述一下邓小平同志的女儿毛毛回到家里的感受吧："我真想搬过小凳，拿上一把青竹扇，在这小竹林中坐下，静静地，静静地听一听竹叶的沙响，闻一闻竹枝的清香，透过那茂密的枝叶去看太阳……"

　　优美的描绘和抒情不但能增强讲解的感染力，而且能给人以力量。《黄山，中国的骄傲》中的一段很有特色：

　　朋友们，黄山"无峰不石，无石不松，无松不奇"。人们在看到和感受到黄山松那种顽强的生命力和非凡的气度时，往往把它同中华民族联系到一起：几千年来，中华民族不屈不挠、自强不息、团结向上的斗争精神，不正像这黄山松吗？拥有黄山的安徽省，已经把黄山松定为省树，并总结出黄山松的精神：顶风傲雪的自强精神，众木成林的团结精神，有益社会的奉献精神，广迎四海的开放精神，自立发展的进取精神和坚韧不拔的拼搏精神。用以激励全省人民,努力奋进,把安徽的建设搞上去。

描绘和抒情自然也离不开导游员本身的自我感受。只有善于把景物的文化内涵和自我感受自然有机地结合起来,这样的描绘和抒情才更具魅力。一名导游员在介绍大观园时,就有这样一段令人回味的描述。

各位请走好!我们现在已来到大观园中较有名气的地方——红香圃。整个红香圃由牡丹亭、芍药栏和红香圃厅堂合三为一,格调鲜明,布局合理。牡丹亭六角重檐,清雅秀丽,芍药栏景致四起,遍地红艳。书中是这样描写史湘云醉卧花丛的:湘云卧于山石僻处一个石凳子上,业经香梦沉酣,四面芍药花飞了一身,满头脸衣襟上皆是红香散乱,手中的扇子在地下,也半被落花埋了。一群蜜蜂蝴蝶闹嚷嚷地围着她,又用鲛帕包了一包芍药花瓣枕着。众人看了,又是爱,又是笑,忙上来推唤搀扶。湘云口内犹作睡语说酒令,唧唧嘟嘟……

讲解到这儿,可能有人会说史湘云当众出丑了,其实在《红楼梦》中她却是个性格开朗、活泼可爱的姑娘,不仅人长得漂亮,而且很有学问才情,书中有多处提到这方面的内容。因此,依本人之见,作为女子应当保持自己最完美的东西,那就是自己的本色。女人爱漂亮是一种天性,我想爱到适当的程度就可以了,剩下的理所当然应属学问才情,这方面的平衡哲学就由各位自己去把握了。总而言之,一个女子无须更多讲究,也无须更多技巧,实实在在,时时处处保持着自己最完美的东西,那比什么都来得得体,来得富有魅力……

以上事例告诉我们,描绘和抒情是导游词写作中重要的一环。在描绘某一景物时不要忘了抒情,在抒情时又不要忘了描绘,这两者之间的关系是相辅相成的。

近些年来,全国各地正在兴起一股导游词的创作热潮,这是件好事,是导游业自我完善和成熟的标志。然而,导游词写作的目的绝不仅仅是让游客知道一个景区,了解一个故事传说,重要的是导游员可以通过导游词写作来提高自身的文化修养,通过写作来概括和提炼一种哲理的认识,然后再经过自己精彩而又有针对性的讲解,使我们的服务对象得到物质享受和精神享受的双重满足。只有在这时,导游员才能说是真正达到了目的。

【补充材料6-2】

春满人间
——追记大同国旅常务副总经理、全国特级导游 石春满

20世纪80年代初,石春满走进了大同国旅。时光飞逝,一晃30年过去了。30年很长,让石春满从一名普通导游员成长为了全国特级导游;30年太短,还没有给石春满足够的时间,还不足以让他尽情地施展才华。

1. 导游讲解要"点石成金"

在大同旅游界,人们把石春满称作是"大同旅游的形象代表"、"导游的一面旗帜"、"山西旅游界的明星"。他是一只"杜鹃",用满腹才学和一身正气泣血而啼,虽身患重病,依然在履行着一名导游创造快乐、创造美的神圣使命。

石春满知识渊博,谈吐风趣,他的讲解融知识性与艺术性为一体,寓教于乐。他说:"导游讲解绝不是照本宣科地背诵一遍关于某一景点的讲解词,而是要具有'点石成金'的神奇作用。没有导游的旅行是不完美的旅行,甚至是没有灵魂的旅行。导游讲解最重要的是技巧和语言艺术。"

石春满最喜爱的景点是云冈石窟。在30年的导游工作中,他潜心研究了30年云冈石窟。云冈石窟第十四窟,自然破坏十分严重,洞窟内的主尊佛像已经毁坏了,唯窟前"第十四窟"标牌兀然而立。石春满在这里总是对游客说:"诸位快来,人们都说二十窟露天大佛前留影最好,我却认为在这里留影更妙。如果哪位合掌在该窟中,并将'第十四窟'的标牌一起拍下的话……"客人们听了,先是一愣,随后便爆发出一阵笑声,争先恐后地跑入洞中拍照留影。

一名日本游客在听了石春满的讲解后感叹道:"石先生的日语水平胜人一筹,你能以流畅的日语为我们讲专业知识,跟着你,我们学到了不少东西。"连一些日本著名佛教团体的客人也情不自禁地称赞他:"日本佛学院毕业的人员,恐怕都比不上石先生对佛教、古建筑、雕刻艺术的了解深刻。"日本岸和田市日中友好协会一行14人回国后,给石春满寄来了根据他在云冈石窟讲解的录音和写有全体团员访问中国、访问大同感想的旅游册,对石春满予以了高度赞扬。

石春满是名副其实的"特导",多年的知识积累和潜心研究使他成为大同旅游界的专家。

天镇县新平堡镇位于晋、冀、蒙三省交界,是一座边塞古镇,由于该地的古长城资源

保护得较好，具有发展旅游业的资源优势。大同市旅游局专门邀请石春满来此地考察。石春满考察后，就新平堡在历史上的政治、经济、军事、文化以及古建筑、民居、古堡、商铺、民风等各方面作了详细的说明和讲解，并指出"它是晋北小商都，堡内至今保留了大量的文化遗存，对国内外游客有一定的吸引力，是边塞古长城的文化代表"。石春满的讲解为新平堡镇发展旅游业提供了重要的依据。经过几年的发展，目前新平堡镇已被山西省政府命名为首批旅游名镇，被省建设厅命名为历史文化名镇，成为大同的重点旅游开发建设项目。

2. 他是旅游"活字典"

石春满是一名"学者型"导游。和他同年代的同事和导游有的已走上领导岗位，成为旅行社董事长、总经理，有的已成为有实力的企业家，但他依然专心地做导游工作。每每谈及这些，石春满总是笑着回答："我的事业在大同，我的家乡在大同，我对大同的一草一木、一山一水、一砖一瓦都有深厚的感情，我离不开大同几千年的文化。做祖先遗存的灿烂文化的传人是我最大的心愿。"

做官不争，做学问精益求精。"尽信书则不如无书"，石春满敢于挑战权威，他所有的讲解知识都是经过查阅资料、详细考证后得到的。

石春满的特级导游论文是《谈下华严寺合掌露齿菩萨》。郭沫若誉下华严寺合掌露齿菩萨为"东方维纳斯"，认为这尊菩萨表现的是刚入佛门的少女听到佛祖讲经时，止不住微微一笑。石春满查阅了大量的资料后认为是拈花笑，表达的是释迦牟尼涅槃之前，大梵天王献上金色毕波萝花，释迦牟尼大弟子伽叶微微一笑，众弟子不解，释迦牟尼解释说，他代表了一个不立文字的法门。目前这个观点已成为解说合掌露齿菩萨的经典之谈。

大同为全国首批历史文化名城，各县区留存了许多破旧的庙宇。石春满能讲出每一座庙宇的建庙年代、建筑风格、历史沿革，他的讲解内容为当地开发旅游资源提供了第一手资料。很多县区被尘封了几十年的庙宇，经他策划成为了新的旅游景点。很多破旧不堪的庙宇，经他一讲都有一段鲜为人知的故事。旅游界的朋友都惊叹他有"过目不忘"之功，称他为旅游的"活字典"。在山西，一般来中国的日本学术研究团、学者团都由他来带，他不仅向游客讲授中国历史文化的博大精深，还引导国际友人正确看待中国。

石春满还是一个多才多艺的人，他的日语歌《北国之春》是单位各种接待场合的保留节目。他酷爱文学，古诗词、古文功底很厚。参加工作后，他阅读了大量关于佛教、篆刻、易经、书法、绘画等专业的书籍，先后在各类报刊上发表了10多万字有关古建筑、旅游的文章。

他的最大爱好就是买书、看书，经常一看就是一夜。有人问他为何至今家里还没装潢时，他说："给自己装潢知识才是最重要的，房屋可以不装潢。但如果不给自己装潢知识，即使住在金屋银屋中，也不过是金玉其外、败絮其中。"他现在仍然住在68平方米的房间，卧室和书房为一体，书柜占据他家中的全部空间，除了价值30多万元的各种书籍，石春满再没有其他的财产。他说自己最喜欢的事就是闲下来在家中看书、绘画、练书法。

3. 游客心中的好"先生"

"哎呀，是石先生接我们呀，太好了！"被某些导游评价"事儿多，难接待"、遇事挑剔的日本世界航空公司的旅游团全陪，抵达大同后在车站一见到石春满便高兴地向他唠叨，"随员一路上都在念叨你，说你的讲解吸引人，对佛教、石窟文化等极有研究，只要是你接团，他们就彻底放心了。"

随员还特地拿起话筒向游客介绍："这位就是石春满先生，他不是导游，而是一位学识渊博的学者……"

这是山西省大同市旅游局副局长贺军给记者讲的一个故事。他说，游客们并没有按照常规称呼石春满为小石，而是称其为先生（"先生"在日语中是"老师"的意思）。一个简单的称呼的变化足见游客对石春满工作的满意和认可。

一次以日本前外务大臣大来佐武郎为首的"中日知识交流会访华团"一行19人在国家有关部门领导及陕西省原省委书记王茂林的陪同下访问大同，石春满担任贵宾们的全陪导游翻译工作。他以渊博的知识和精湛的导游技巧受到中日双方贵宾的高度赞扬。临别时，日本贵宾们依依不舍地紧握石春满的手说："这次访问的时间太仓促，今后一定要重访大同，届时希望再次聆听你富有知识性和趣味性的精彩讲解。"

石春满以其渊博的知识和风趣的讲解感动游客的事例还有很多，即便是接待一些比较特殊的团队，石春满也能圆满完成任务，并博得游客的好感。

一次他接待日本禅宗会的十多位客人，这些客人年龄大、身份高、要求严，一开始并没把石春满放在眼里，但是经过云冈石窟一上午的讲解后，这些客人为石春满渊博的知识所折服。中午吃饭时，团长亲自到陪同桌上邀请石春满到主桌就座，并一再强调："您不能坐这儿，您应该跟大师傅们坐在一起。"

一次日本某大型旅游企业负责人在听了石春满的讲解后，极力邀请他前往日本发展，并许以优厚待遇，但他却说："我的家乡在大同，我的事业也在大同，我热爱我的家乡！"

石春满渊博的知识、幽默的谈吐和对家乡的热爱让不少游客敬佩不已，甚至有不少游客想拜石春满为师，日本留学生铃木直博就是其中之一。他在听完石春满的讲解后，深为他的博学所倾倒，再三请求拜石春满为师，回国后仍来信自称"日本弟子"，虚心向他请教各方面的知识和学习方法。

在石春满30年的导游生涯中，这样的例子比比皆是，但是他却从来没有因为自己的资历而放松对自己的要求。他说："导游讲解绝不是照本宣科地背诵一遍关于某一景点的讲解词，而是要具有'点石成金'的神奇作用。没有导游的旅行是不完美的旅行，甚至是没有灵魂的旅行。导游讲解最重要的是技巧和语言艺术。"

4. 同行心中的好榜样

石春满不仅因为其渊博的知识、幽默的谈吐和细心的服务得到了游客的认可，更以其高尚的人格魅力、精湛的导游艺术和出色的工作能力让大同市旅游业界同行敬佩不已，被不少同行形象地称为大同旅游的"活字典"。

但是这一切不是平白得来的，都是石春满严于律己、刻苦钻研的结果。

渊博的知识和精湛的业务能力，源自石春满对知识的热爱和对工作的精益求精。旅游、历史、文化、建筑、易学、佛学、医学、养生、绘画、篆刻……他几乎无书不读，无书不看。石春满的藏书整整摆满了7个书橱，有些书橱的格子架甚至被压弯了。80年代单位分配的不足70平米的居室中，这些书橱格外显眼。

石春满1981年从山西省大同市财经会计学校毕业分配至大同市革委外事处，后转入新成立的大同国旅从事会计工作，1984年赴北京第二外国语学院日语研修班学习，1985年回大同国旅从事日文翻译工作。

被称为"导游奶奶"的大同市第一代导游、大同国旅原董事长王远燕说，石春满是一个非常上进的人，从会计到日语翻译，再到全国特级导游，这些都离不开他对自己的严格要求。

在30年的日语导游生涯中，石春满一直十分注重外事礼仪，因为他要以最完美的形象出现在游客面前。据王远燕回忆，30多年来，石春满带团时从来都是西装革履。他刚参加工作时家庭条件较差，只有一套西装。为了保持整洁，每天晚上他都会将衣服用装有热水的搪瓷缸子熨平。

"干净整洁的着装，是对客人最起码的尊重。"

有人说他是装的，但是他一装就是30年，即便是在病床上，他依然保持着一贯的态度。

在礼仪方面的自我要求只是一个方面，石春满对导游艺术的不懈追求、精益求精更让人敬佩。华严寺门前有一巨匾上面题写着"调御大夫"。第一次见到这4个字时石春满百思不得其解。回去后他多方查阅书籍，终于在佛学经典《阿含经》中查到了这个词，搞明白了它的意思。一些佛学专家都对此敬佩不已。

石春满在为人方面也十分正直，他自觉遵守导游职业道德规范，坚决杜绝旅游购物回扣。恒山景区的一个小商贩对记者说："我在这里做买卖20多年了，从没见石春满要过回扣，即使是我们主动送的礼品他也坚决不收。"

除完成本职工作外，石春满还参与了大同优秀旅游城市的创建，编写了大同市日文旅游景点导游词、大同市旅游城市发展规划，参与了山西省导游材料的审核、修订工作，担任国家旅游局2009年名导进课堂育人计划的教师。山西省的导游有三分之二都是他的学生。

2004年，晋华宫矿井下游项目申报全国工业旅游示范点时因申报材料不合格受阻。这时大同市旅游局相关领导找到石春满，他二话没说就将任务接了下来。当晚，石春满熬了一整夜，将申报材料整理补充，并加以润色。第二天一早，他便将申报材料交到负责此事的领导手中。申报材料得到了上级领导的高度认可，晋华宫矿井下游项目也于2005年成功获得"全国首批工业旅游示范点"称号。

石春满的工作得到了旅游业界的认可，他先后获得了"国旅集团先进导游"、"大同市先进工作者"、"山西省日语口译第一名"、"山西省新长征突击手"、"山西省技术能手标兵"、"全国旅游行业青工服务能手"、"全国旅游行业青年服务标兵"、"全国旅游行业先进工作者"、"全国特级导游员"等荣誉称号。他的个人传略先后被载入《中国高级专业人才辞典》、《中国当代著作家》、《中华成功者辞典》、《世界名人录》等。

大同市旅游局提供的一份《关于石春满同志的先进事迹材料》中这样写道："石春满同志长期以来一直是拼搏在大同市旅游战线上的一位精明强干、充满活力的优秀翻译导游和优秀干部，其磊落的处世态度，精湛的导游业务水平，高超的导游技艺，忘我的工作精神和渊博的知识素养，在我市、我省及我国导游界和日本旅行行业中享有盛誉。"

与石春满共事多年的大同市旅游局副局长贺军说："他是大同乃至全国旅游业界同行学习的榜样！"

山西省浑源县旅游局长李一鹏对石春满敬佩有加，并多次邀请其前往浑源为导游及景区工作人员讲课。他说，严谨的态度、渊博的知识、精湛的导游技艺让他成为山西旅游界的翘楚、大同导游界的领军人物。

对于石春满的离世，大同国旅总经理李慧、国内部经理程海英痛心不已，因为大同国旅少的不仅是一名特级导游，而是少了一面旗帜。程海英说，高尚的人格魅力、严谨的工作态度、精湛的导游技艺、渊博的文化知识，让石春满在大同国旅、大同乃至全省旅游业界备受好评。

大同国旅工会主席武孝说，石春满20多年来工作勤勤恳恳、业务精益求精，为大同旅游业发展作出了重大贡献。

遗体告别仪式当天，正在四川成都出差的台湾一家旅行社的总经理陈旻沁连夜赶到现场，送上花圈，表示了沉痛的哀悼。在得知石春满还有一个正在读大学的女儿后，又主动拿出5000元资助其完成学业。"我被石总的人格和职业魅力所折服，他是一个好的生意伙伴，一个令人尊敬的人。"

石春满的同事和下属也对石春满的为人、工作给予了高度肯定。遗体告别仪式当天，除了有工作在身的同事外，其他的同事都去给石春满送行。大同国旅出境部的刘晶说："他是一个认真、严谨、公正、富有人情味的好领导。"在出境部担任经理期间，石春满每周都会召集员工开一次晨会，为员工们分析上周带团的得失，并提出相应建议；每次分配任务都会照顾到每一个人，绝不厚此薄彼。大同国旅国内部的程海英说："他是一个好人。"工作中，他总是为别人着想，规模最小、最棘手、最难带的旅游团队都留给自己。

资料来源：徐万佳，《中国旅游报》。

能力实训

【实训项目1】用不同方法讲解同一个景点

实训目的：掌握导游讲解的基本方法和技巧。

实训内容：设定一个景点，使用各种方法轮流讲解一遍。

教师主要观测点：

1. 观察学生对导游讲解各种方法的把握。

2. 考察学生对同一个场景的不同的表达和讲解的能力。

【实训项目2】现场创作导游词

实训目的：掌握导游词的创作技能。

实训内容：实地参观某一景区，在30分钟内创作出合适的导游词。

教师主要观测点：

1. 观察不同学生对景点导游词的创作能力。

2. 考察学生归纳和文字表达的能力及其速度。

项目七
导游人员的带团技能

学习目标

知识目标：了解导游带团的特点、原则和模式，熟悉导游人员的主导地位和形象塑造的方法，掌握导游人员的心理服务技能、协作技能和重点游客接待工作的方法。

技能目标：能够独立带团，进行完整系统的导游服务。

工作项目

导游小杨想进一步提高个人的带团能力，他为自己拟定了一个提高个人带团技能的计划，在该计划中，他为自己确定了以下几个任务：

【任务一】掌握导游人员形象塑造的方法。导游小杨需要找到塑造导游人员形象的方法，并进行实践锻炼。

【任务二】掌握提高心理服务技能的方法。导游小杨需要熟记并灵活运用提高心理服务的技能的方法。

【任务三】提高导游人员之间的协作技能。导游小杨需要熟记并灵活运用提高导游人员之间的协作技能的方法。

【任务四】提高重点游客的接待能力。导游小杨需要熟记并灵活运用提高重点游客接待能力的技能。

【导入案例】

从普通导游到博士导游
——专家型导游员职业生涯发展路径分析

孔海燕大学毕业后来到旅行社从事导游工作,从一名普通导游成长为博士导游,她将自己的职业生涯发展总结为三个阶段:探索阶段、积累阶段和奋飞阶段。

一、探索阶段:神州大地如书卷,旅行万里是考场

1991年,孔海燕从青岛大学英语专业毕业来到中国国际旅行社威海分社,从事导游工作。

刚踏上工作岗位的时候,她对导游工作是陌生的,但是,她对导游工作却是发自内心地热爱的。她知道,导游员的工作是令人向往的,他们走遍祖国的大好河山,看遍祖国的名胜古迹,他们的足迹遍布世界各地,他们的背包里装满了太多的经历。但是,她也知道导游员身上的责任是重大的,他们要上知天文,下知地理,是"游人之师";他们要面带微笑,真诚服务,是"游客之友";最重要的是,他们要在不同肤色、不同种族、不同价值观的人们中间架起一座和平、理解与友谊的桥梁,是"民间大使"。

在自己的工作生涯中,她一直坚信:选择喜欢的,坚持选择的,就会做出一番成就。

因为热爱是最好的老师,其激励她更加努力地学习,从书本中学,向同事们学,也从实践中学。那时候,对于刚踏上工作岗位的她来说,神州大地是一幅展开的书卷,魅力无限,需要孜孜不倦地学习;而旅行万里就是一个巨大的考场,充满考验,需要持之以恒地磨炼。

在探索阶段,我们通过三个案例来看导游员的知识、服务和讲解的锻炼:大自然中的课堂、扬州明月分外明和春夏秋冬大明湖。

案例:大自然中的课堂

导游员是美的发现者和传递者。人们常说"江山之美,全靠导游之嘴"。同一个景点,有的导游讲来令人心潮澎湃,而有的导游讲起来却使人感觉平淡。这主要是因为导游讲解的水平不同,因此产生的效果也各不相同。要做到讲解得出神入化,导游员首先必须要热爱大自然。

她感到非常幸运,一毕业就能面对自然这本书,细细阅读。自然是书,一脉春藤,一泓清泉,会令人多感的心震颤;一片草原,一方蓝天,会任人的心飞翔。在这本书中,左顾有山峦叠翠,右盼有绿波浩淼,适合眼睛散步,心灵旅行。对大自然的热爱和感动,使她积累了丰富的史地文化知识,在每次带团过程中,能够以丰富多彩的社会生活和璀璨壮丽的自然美景为题材,以兴趣爱好不同、审美情趣各异的游客为对象,对自己掌握的各类知识

进行整理、加工和提炼，用简要明快的语言进行一种意境的再创造，向游客传递美的信息。

案例：扬州明月分外明

  一名优秀的导游员，不仅要热爱大自然，更要热爱自己的游客。而要做到"游客之友"，最有效的方法之一是为其提供个性化服务。这是一种超出常规的富有人情味的服务。在一次带团过程中，她发现一位原来非常活跃的老华侨，到了上海之后忽然变得满腹心事，默默不语。导游的责任心使她走上前与他聊天，询问原因。细问之下得知，原来老先生祖籍扬州，50多年前在上海被抓走做壮丁，与家人分别，辗转流离到了台湾地区、美国、韩国等地。虽然多次尝试与家人联系，但50年来一直杳无音信。听完老人的叙述，她便决定帮助他寻找失散多年的亲人。当时正是梅雨季节，旅游团队抵达上海时已是深夜，但是她还是陪同老华侨到了邮局，凭着老人的记忆给当地镇政府发去一封电报，上面写着老华侨和家人的姓名，以及他目前所住酒店的联系方式等。电报发出后，老人执意要退团，要留在上海等亲人来相认。尽管在带团过程中，游客退团会导致以下行程中一系列的不便，但是考虑到这位客人的特殊情况，她还是与旅行社联系，帮助其办理了退团手续，同时也帮老人与饭店和当地侨联取得联系，希望他能尽快找到家人，合家团圆。

  几个月后，正在办公室的她接到了老华侨的电话，他在电话中激动地描述着他和他弟弟相认的场面。原来，正是凭着那封发出的电报，老人的弟弟找到了他，一家人分离50年后得以团聚。这次老人又回来了，带着在韩国出生的儿子，特意绕道威海，邀请她和他们一起回扬州，一起分享他们合家团聚的欢乐。在扬州，当看到老华侨一家人含泪相拥的场面，听着老华侨的儿子用英语唱着"故乡的路啊，送我回家"的歌曲，她的心中百感交集。仰望天空，明月高悬，在历代诗人的眼中，扬州的明月是最美的。但是那一次，她发现月亮之所以如此美，如此亮，是因为团圆。也是在那一刻，她深刻体会到了导游员"民间大使"的深刻含义。

案例：春夏秋冬大明湖

  导游员的讲解要不断创新。一名优秀的导游员应博览群书，善于总结，应敢于抛弃僵化的模式，探索新的表现形式，结合实践和自身特点创造出标新立异、与众不同、深受欢迎的导游讲解方式。

  1995年，孔海燕被旅行社选派参加全省导游大赛。当时，各地优秀导游员齐聚省城，要求讲解同一个景点——大明湖。面对众多的选手，要想取胜，必须有所创新，在讲解上与众不同。于是，她没有平铺直叙，也没有千篇一律，而是标新立异，从春、夏、秋、冬四个季节，来介绍一年四季中不同风光、不同姿色的大明湖。并且，表情亲切，情感上如对亲人；构思新颖，创意上与众不同；身临其境，讲解上与游客互动；富有激情，感情上充分投入。在讲解过程中，她运用了多种讲解手法，如触景生情法、制造悬念法、画龙点睛法和虚实结合法等。

标新立异的构思和灵活生动的讲解得到了评委老师的一致好评，所以她获得了山东导游大赛第一名。同年，她代表山东省参加全国导游大赛，获得了"优秀导游员"的荣誉称号。

二、积累阶段：文章是案头之山水，山水是大地之文章

从这个阶段的主题可以看出，神州大地由严峻的考场变成了锦绣文章，这中间自然需要导游员的妙笔生花。而导游员在工作中要口吐兰花，首先必须要知识渊博，而知识则来源于工作中的积累。

在积累阶段，主要突出导游的知识性、工作的全面性和学习的创新性。下面通过三个案例来分析：黄鹤楼上抒情、神农溪上漂流和刘公岛上争论。

案例：黄鹤楼上抒情

一名优秀的导游员要上知天文，下知地理。导游讲解工作是传播文化的重要渠道，游客对旅游地的认识和了解主要是通过导游的讲解来获取的。为了创造良好的导游效果，满足游客对知识的需求，导游员必须掌握丰富的语言知识、史地文化知识、心理学和美学知识。以渊博的知识为基础，以灵活的导游技巧为途径，才能做到游刃有余。没有丰富的知识做后盾，导游讲解就成为了无源之水、无本之木。因此，导游讲解的内容要丰富准确，涉及面广。

旅行社曾经接待一批韩国著名教授团，他们来中国主要是研究三国文化的。这是一个非常重要的旅游团，团队中不仅有著名的教授，也有韩国KBS电视台的记者，他们要随团采访记录，并将旅游行程拍成专题片。尽管这些韩国教授会中文和英文，也了解中国文化，但因为旅途遥远，他们要求旅行社派一名会韩语的男导游。旅行社考虑到这个团队的重要性和服务质量，还是决定派孔海燕担任导游工作，并回复对方：我们派了一名懂英语的女导游。

那是一次丰富的旅行，从刘备的故乡涿州，走到曹操的故乡亳州；从诸葛亮秋风五丈原，走到定军山；从赵子龙救阿斗的长坂坡，走到刘备托孤的白帝城。一路上，她用丰富的知识和真诚的服务获得了教授和记者们的肯定和赞扬。

当团队到达武汉的时候，大家一起登上了黄鹤楼。登上楼阁，她向教授们介绍了黄鹤楼的历史和中国三大名楼的典故。因为他们是研究中国文化的专家，讲解的重点集中在了

与黄鹤楼有关的诗词上。当她介绍到崔颢所写的黄鹤楼时，韩国教授们表现出了极大的兴趣。于是，她邀请他们和她一起背诵。面对浩浩江水，大家高声朗咏：

  昔人已乘黄鹤去，此地空余黄鹤楼。
  黄鹤一去不复返，白云千载空悠悠。
  晴川历历汉阳树，芳草萋萋鹦鹉洲。
  日暮乡关何处是？烟波江上使人愁。

  教授们兴趣盎然，频频鼓掌。看到他们游兴大发，她紧接着问道："这首诗也与著名诗人李白有关，你们知道吗？"并介绍到："当李白来到这里的时候，他看到这里风景如画，也想作诗。但是，当他看到了崔颢的诗词，他没有作诗，而是留下了两句话：'眼前有景道不得，崔颢题诗在上头。'李白作为中国著名的诗人，能够如此推崇他人的诗词，也传为了佳话。"教授们听罢，纷纷点头。紧接着，她又介绍到："因为李白非常喜欢这首诗，所以当他去另一个地方的时候，仿照崔颢的韵律写了另一首诗，这个地方就是凤凰台。这首诗大家知道吗？诗是这样写的：

  凤凰台上凤凰游，凤去台空江自流。
  吴宫花草埋幽径，晋代衣冠成古丘。
  三山半落青天外，二水中分白鹭洲。
  总为浮云能蔽日，长安不见使人愁。

  文以景传，景借文兴。因为有李白、崔颢两位诗人的大作和故事，凤凰台和黄鹤楼也得以声名远播。"

  她的讲解赢得了教授们的热烈掌声。他们回到韩国后，将此次的行程制成了专题片，并进行系列播出。教授们寄来了厚厚的一摞录像带，同时也有一封长长的表扬信。他们说：在行程开始的时候，当得知旅行社派出的是一名女导游，他们有所担心。但一路上她的讲解和服务使他们深深折服，尤其是黄鹤楼上的诗词和解说，是此次旅行中的亮点，使他们的旅途变得更加精彩。

案例：神农溪上漂流

  优秀的导游员要具备多种能力。要出色地完成各种接待任务，导游员应具备良好的组织能力、协调能力、沟通能力和灵活地处理问题、解决问题的能力。

  孔海燕曾陪同一批游客去神农溪漂流。因为当地的旅游资源刚刚开发，中午午餐的时候，她发现游客对饭菜质量很不满意。如果只是从餐饮标准、当地条件来解释，未必能使游客满意。怎样才能缓解游客的不满情绪呢？当她看到给她们撑船的船老大的午餐时，想到了一个解决问题的好办法。等游客们上船后她便讲到:"从表情上看,大家对今天的午餐不是很满意。由于当地的旅游业刚开发,许多地方需要改善。但是,当大家正在餐厅吃着热气腾腾的饭菜时,大家知道船老大的午餐是什么吗?他吃的是黄豆,喝的是神农溪的水。"紧接着,她又讲到他们一家三口用两个小时的漂流将游客送到长江口,却要用3天时间才能返回家中;讲到当地的孩子们向游客兜售鹅卵石时一直说的那句话:"我要上学。"为了开发旅游业,当地人尽了最大的努力。游客们不再抱怨饭菜了,而是聚在一起谈论着当地人的不易和热情。等他们到达长江口的时候,团长代表全团对船老大表示了感谢。一个原来可能引起投诉的问题,通过灵活的方式得到了圆满的解决。

案例:刘公岛上争论

优秀的导游员要不断进取,与时俱进。在工作中,孔海燕不断地提醒自己要用科学的眼光看问题,用辩证的思维想问题,用创新的意识求进取。

2004年,山东省旅游局邀请世界旅游组织专家对山东进行旅游规划,她担任翻译和导游工作。当谈论到一个海岛的旅游规划时,中外专家发生了激烈的争论。中方代表希望将海岛开发成现代化的岛城,而外国专家却提出要保护当地的资源。她对双方的争论感到震惊和茫然,因为很难判断两方孰是孰非。更让她困惑的是,从以往的书本和知识中,她很难找到正确的答案。当她感到所积累的知识不能跟上时代的步伐时,便作出了一个决定:到大学深造,攻读硕士学位。

三、奋飞阶段:天高任鸟飞,海阔任鱼跃

在奋飞阶段,她实现了三种角色的转换:专家型导游、导游式授课和国际型学者。

这个阶段,也通过三个案例来介绍:大学课堂深造、国际讲坛初现和世界各地学习。

案例一:大学课堂深造

导游员需要不断提升自己,丰富经历。带着实践中遇到的问题,在毕业10年后,她又敲开了大学的校门,回到母校青岛大学攻读硕士学位。通过学习,她了解到旅游业的可持续发展的情况,掌握了生态旅游的知识。同时,也对导游员在旅游业可持续发展中的角色和责任进行了新的思考和研究。于是,在多年实践工作的基础上,她将导游研究上升到了理论层面,写了大量的论文,阐述了导游员在生态旅游中的重要性,分析了培养生态型导游的意义,也提出了导游员生态文明建设的培训方法和考评体系。为了促进旅游业的可持续发展,导游员不仅要做好导游讲解、行程安排等协调服务事宜,更应该担负起新的工作任务。他们要作生态资源的宣传者、生态环境的保护者、生态教育的执行者、生态保护的调查者和生态文明的建设者。

案例二：国际论坛初现

导游员需要胸有寰宇，放眼世界。通过系统的理论学习，她掌握了大量的专业知识，也发表了大量中文论文。但是，要进一步开拓自己的职业生涯，仅仅局限在国内是不够的，应该放眼世界。于是，她开始用英文写作，并将英语论文寄到了国际学术会议上。2005年，她的英语论文被旅游界著名的CHRIE会议录用，她也被邀请赴马来西亚参加会议并发言，与世界著名的教授进行学术交流。在会议上，导游工作培养出的良好的沟通能力使她结识了许多中外学者，理论与实践相结合的论文发言也引起了著名专家的关注。在那里，她了解到香港理工大学是引领亚洲的著名院校，其酒店与旅游管理学院在旅游管理领域处于世界领先水平（目前排名为世界第一）。理工大学先进的管理理念和国际著名的师资队伍深深吸引着她，而她丰富的工作经历和扎实的理论基础也得到了学院领导的肯定。于是，经过一系列的雅思（托福）考试和论文研究报告考核，孔海燕获得了香港理工大学酒店与旅游管理学院的全额奖学金，成为一名博士研究生。

案例三：世界各地学习

导游员的职业发展，由"杂家"成为"专家"。进入香港理工大学学习，开阔了她的视野，扩大了她的人生舞台。她将自己的研究范围扩大到了旅游和饭店方面的人力资源管理领域。在这个开放的、前沿的、国际化的学术氛围中，她如沐春风，如鱼得水。她充分利用每一个机会来学习先进的管理理念，掌握国际前沿知识，也利用每一次机会来宣传家乡，促进交流。她参加了学院组织的各种活动，聆听了世界旅游组织秘书长的讲座，参加了世界各地举办的会议，也开始了和世界著名教授的学术合作。每次参加国际会议，在进行学术交流的同时，她也仔细考察了世界各地的导游工作，积累了大量的资料和知识。利用每一个假期，她也从事了一定的导游工作，全面掌握了当前导游的工作动态。因为她知道，只有深入实践，才能了解导游工作的苦与乐；只有走遍世界，才能知道神州大地的广与阔。

从一名普通导游成长为博士导游，人们说她是幸运的。孔海燕认为幸运＝准备＋机会。其实她一直在准备着，所以一有机会就能很容易地抓住。这个准备包括三方面，知识方面的准备，厚积薄发；技能方面的准备，炉火纯青；性格方面的准备，乐观向上。

孔海燕很庆幸自己做过导游工作，因为导游工作使她丰富了经历，提高了能力，磨炼了毅力，开阔了眼界，也提升了创造力。

本案例中孔海燕是如何认识导游工作的？她是如何逐步取得成功的？她的经历对于我们做导游工作的人有什么借鉴意义？

资料来源：中国导游网 http://www.tourguide.net.cn

掌握导游人员形象塑造的方法

树立良好的形象是指导游人员要在游客心目中树立可信赖、可以帮助他们和有能力带领他们安全、顺利地在旅游目的地进行旅游活动的形象。导游人员想要在游客心目中树立良好的导游形象，主要还是要靠自己的主观努力和实际行动。

1. 重视"第一印象"

在人际知觉中，给人留下的第一个印象是至关重要的。如果一个人在初次见面时给人留下了良好的印象，就会影响人们对他以后一系列行为的评判和解释，反之也是一样。

迎接旅游团是导游员与游客接触的开始，导游人员在接团时留给游客的首次印象，对游客的心理有重大的影响，它往往会左右游客在以后的旅游活动中对导游的判断和认识。游客每到一地，总是怀着一种新奇的忐忑不安的心情，用审视甚至近乎挑剔的目光打量前来接团的导游员。因此，导游人员从第一次接触游客起就必须注意树立良好的形象。既要注意外表的形象，又要注意自己的态度对游客心理的影响，而且还要通过周密的工作安排、良好的工作效率给游客留下良好的第一印象。从接站地点到下榻饭店的交通工具、行李运送和沿途导游讲解都要做好妥善的安排，迅速地满足游客的要求。导游人员在接团前如能记住游客的姓名和特征，迎客时能叫出他们的名字，游客会迅速消除初到异地的孤独感和茫然感，增强安全感和对导游的信任感。这是促使导游服务成功的良好开端，也为以后导游人员与游客和睦相处奠定了一定的感情基础。

导游人员真正的第一次"亮相"是在致欢迎词的时候，只有在这时，游客才会静下心来，"掂一掂导游员的分量"。他们会用审视的目光观察导游员的衣着装束和举止风度；用耳倾听导游员的讲话声音、语调，用词是否得体，态度是否真诚……然后通过分析思考对导游员作出初步的结论。譬如，对导游人员的衣着装扮，游客就有自己的想法：如果导游人员太注重修饰自己，游客可能会想："光顾修饰自己的人怎么会想着别人、照顾别人？"但是，如果导游人员衣冠不整，游客又可能会想："连自己都照料不好的人又怎能照顾好客人？"因此，导游人员应特别注意致欢迎词这一环节的言行举止，力求在游客心目中留下良好的第一印象。

2. 维护良好的形象

良好的第一印象只是体现在导游人员接团这一环节，而维护形象则贯穿在导游服务的全过程之中。因此，维护形象比树立形象往往更艰巨、更重要。有些导游人员只注意接团时的形象，而忽视了在服务工作中保持和维护良好的形象，与游客接触的时间稍长一些就放松了对自己的要求，譬如不修边幅，说话不注意，承诺不兑现，经常迟到等等，于是其在游客中的威信度逐渐降低，工作自然不好开展。导游人员必须明白良好的第一印象不能"一劳永逸"，需要在以后的服务工作中注意维护和保持。因为形象塑造是一个长期的、动态的过程，贯穿于导游服务的全过程之中。导游人员在游客面前要始终表现出豁达自信、坦诚乐观、沉着果断、办事利落、知识渊博、技能娴熟等特质，用使游客满意的行为来加深、巩固良好的形象。

3. 留下美好的最终印象

心理学中有一种"近因效应"，它是指在人际知觉中，最后给人留下的印象对人有强烈的影响。美国一些旅游专家有这样的共识：旅游业最关心的是其最终的产品——旅游者的美好回忆。导游人员留给游客的最终印象也是非常重要的。若导游人员留给游客的最终印象不好，就可能会导致前功尽弃的不良后果。一个游程下来，尽管导游人员已感到很疲惫，但从外表上依然要保持精神饱满而且热情不减，这一点常令游客对整个游程抱有肯定和欣赏的态度。同时导游人员要针对游客此时开始想家的心理特点，提供周到的服务，不厌其烦地帮助他们，如选购商品、捆扎行李等。致欢送词时，要对服务中的不尽如人意之处诚恳道歉，广泛征求意见和改进建议，代表旅行社祝他们一路平安，真诚地请他们代为问候亲人。导游人员此时以诚相待是博取游客好感的最佳策略。在仪表方面要与迎客时一样着正装，送别时要行注目礼或挥手示意，一定要等飞机起飞、火车启动、轮船驶离后方可离开。美好的最终印象能使游客对即将离开的旅游目的地和导游人员产生较强烈的恋恋不舍的心情，从而激起其再游的动机。游客回到家乡后，通过现身说法还可起到良好的宣传作用。

掌握提高心理服务技能的方法

1. 把握心理服务的要领

（1）尊重游客。尊重人是人际关系中的一项基本准则。不管游客来自境外，还是来自境内；是来自东方国家，还是来自西方国家；也不管游客的肤色、宗教、信仰、消费水平如何，他们都是客人，导游人员都应一视同仁地尊重他们。

尊重游客，就是要尊重游客的人格和愿望。游客对于能否在旅游目的地受到尊重非常敏感。他们希望在同旅游目的地的人们的交往中，人格得到尊重，意见和建议得到尊重；希望在精神上能得到在本国、本地区所得不到的满足；希望要求得到重视，生活得到关心和帮助。游客希望得到尊重是正常的、合理的，也是起码的要求。导游人员必须明白，只有当游客生活在热情友好的气氛中，自我尊重的需求得到满足时，为他提供的各种服务才有可能发挥作用。

"扬他人之长，隐其之短"是尊重人的一种重要做法。在旅游活动时，导游人员要妥善安排，让游客进行"参与性"活动，使其获得自我成就感，增强其自豪感，从而在心理上令其获得最大的满足。

（2）微笑服务。微笑是自信的象征，是友谊的表示，是和睦相处、合作愉快的反映；微笑还是一种无声的语言，有强化有声语言、沟通情感的功能，有助于增强交际效果。

在旅游服务中，微笑具有特别的魅力。20世纪30年代，西方国家旅馆业受经济危机影响，呈现出大萧条的局面。希尔顿饭店集团的创始人康纳·希尔顿却告诉他的员工："我请各位切记，万万不可把我们心理上的愁云摆在脸上，无论遇到多大的困难，希尔顿饭店员工脸上的微笑永远是属于顾客的阳光。"微笑服务正是希尔顿饭店成功的秘诀之一。

据有关媒体报道，在法国巴黎许多地方处处可见贴着一首提倡微笑的小诗，这首诗将微笑的魅力诠释得十分充分："微微一笑并不费力/但她带来的好运却无法算计/得到一个笑脸会觉得是个福气/给予一个笑脸也不会损失分厘/微微一笑虽然只需几秒/她留下的记忆却不会轻易逝去/没有谁富有得连笑脸也拒绝看到/也没有谁会贫穷得连笑脸也担当不起/微笑为您家庭带来和顺美满/微笑支持您在工作中百事如意/微笑还能帮助传递友谊/对于疲劳者她犹如休息/对于失意者她仿佛鼓励/对于伤心者她恰似安慰/'解语之花'、'忘忧之草'的美名/她当之无愧/她买不来，借不到，偷也偷不去/因为她只能在给人后才变得珍贵。"

导游人员若想向游客提供成功的心理服务，就得学会提供微笑服务，要笑口常开，"笑迎天下客"。只有养成逢人就亲切微笑的好习惯，才会广结良缘，事事顺利成功。

（3）使用柔性语言。"一句话能把人说笑，也能把人说跳。"导游人员有时一句话说好了会使游客感到高兴；有时一不当心，甚至是无意中的一句话，就有可能伤害到游客的自尊心。因此，导游人员在与游客交往时必须注意自己的语言表达方式，与游客说话要语气亲切、语调柔和、措辞委婉、说理自然，常用商讨的口吻与游客说话。这样的"柔性语言"既使人愉悦，又有较强的征服力，往往能达到以柔克刚的效果。

(4) 与游客建立"伙伴关系"。旅游活动中，游客不仅是导游人员的服务对象，也是合作伙伴。只有通过游客的通力合作，旅游活动才能顺利进行，导游服务才能取得良好的效果。要想获得游客的合作，导游人员应设法与游客建立"伙伴关系"。一方面，导游人员可通过诚恳的态度、热情周到的服务、谦虚谨慎的作风、让游客获得自我成就感等方式与游客建立合乎道德的、正常理性的情感关系。当然，这种情感关系应是面对每一位游客的，决不能厚此薄彼。另一方面，导游人员在与游客交往时还应把握正确的心理状态，尊重游客，与游客保持平行性交往，力戒交锋性交往。

(5) 提供个性化服务。个性化服务是导游人员在做好规范化服务的同时，针对游客的个别要求而提供的服务。导游人员应该明白，每位游客既希望导游人员一视同仁、公平相待，又希望其能给予自己一些特别的关照。因此导游人员既要通过规范化服务去满足游客的一般要求，又要根据每位游客的具体情况提供个性化服务，满足游客的特殊要求。这样做游客会感觉到"导游员心中有我"，拉近了与导游人员之间的感情距离，因而会产生满足感。个性化服务虽然不是全团游客的共同要求，而只是个别游客的个别需求，有时甚至只是旅游过程中的一些琐碎小事，但是，做好这类小事往往会起到事半功倍的效果。尤其是对注意细节的西方游客而言，可使他们感受到导游人员求真务实的作风和为游客分忧解难的精神，从而产生对导游人员的信任。"细微之处见真情"，讲的就是这个道理。

提供个性化服务做起来并不容易，关键在于导游人员要将游客"放在心中"，眼中"有活儿"，把握时机主动服务。个性化服务要求导游人员要了解游客，用热情主动的服务尽力满足其合理要求。此外，个性化服务只有与规范化服务完美地结合起来才是优质的导游服务。

2. 了解游客的心理

导游人员要想有效地向游客提供心理服务，必须了解游客的心理及其变化。

(1) 从国籍、年龄、性别和所属阶层等方面了解游客。每个国家、每个民族都有自己的传统文化和民风习俗，人们的性格和思维方式亦不相同，即使是同一个国家，不同地区、不同民族的人在性格和思维方式上也有很大差异；与此同时，游客所属的社会阶层、年龄和性别的不同，对其心理特征和生活情趣也会产生较为明显的影响。导游人员应从这些方面去了解游客，并有针对性地向他们提供心理服务。

①区域和国籍。首先，从区域的角度看，东方人和西方人在性格和思维上有较明显的差异。西方人较开放、感情外露，喜欢直截了当地表明意愿，其思维方式一般由小到大、由近及远、由具体到抽象；东方人较含蓄、内向，往往委婉地表达意愿，其思维方式一般从抽象

到具体、从大到小、从远到近。了解了这些差异,导游人员在接待西方游客时,就应特别注重细节。譬如西方游客认为,只有各种具体的细节做得好,由各种细节组成的整体才会好,他们会把导游人员提供的具体服务抽象为导游人员的工作能力与整体素质。

其次,从国籍的角度看,同是西方人,其在思维方式上也存在着一些差别。如英国人矜持、讲究绅士风度;美国人开放、随意、重实利;法国人浪漫、爱享受生活;德国人踏实、勤奋、守纪律;意大利人热情、热爱生活等等。

②所属社会阶层。来自上层社会的游客大多严谨持重,发表意见时往往经过深思熟虑,他们期待听到高品位的导游讲解,以获得高雅的精神享受;一般游客则喜欢不拘形式的交谈,话题广泛,比较关心带有普遍性的社会问题及当前的热门话题,在参观游览时,期待听到故事性强的导游讲解,希望轻轻松松地旅游度假。

③年龄和性别。年老的游客好思古怀旧,对游览名胜古迹、会见亲朋老友有较大的兴趣,他们希望得到尊重,希望导游人员多与他们交谈;年轻的游客好逐新猎奇,喜欢多动多看,对热门的社会问题有浓厚的兴趣;女性游客则喜欢谈论商品及购物,喜欢听带故事情节的导游讲解。

(2) 从分析游客所处的地理环境来了解游客。游客由于所处的地理环境不同,对于同一类旅游产品会有不同的需要与偏好,他们对那些与自己所处地理环境迥然不同的旅游目的地往往情有独钟。譬如,我国北方游客喜爱南国风情,南方游客偏好北国风光;内陆地区游客喜欢去青岛、三亚等海滨城市,沿海地区游客向往九寨沟、西双版纳独特的风貌;游人们在盛夏时节去大连、哈尔滨等北方名城,隆冬季节奔赴海南岛和东南亚。这种反向、反季节出游已成为一种普遍的现象,导游人员可通过分析地理环境来了解游客的这些心理活动。

(3) 从游客的出游动机来了解游客。人们旅游行为的形成有其客观条件和主观条件。客观条件主要是人们有足够的可自由支配的收入和闲暇时间;主观条件是指人们必须具备旅游的动机。一般说来,人们参加旅游团的心理动机是:

①省心,不用做决定;

②节省时间和金钱;

③有伴侣、有团友;

④有安全感;

⑤能正确了解所看到的景物。

导游人员通过周到、细致的服务和精彩、生动的讲解能满足游客的这些心理需求。

从旅游的角度看,游客的旅游动机一般包括:

①观赏风景名胜、探求文化差异、寻求文化交融的文化动机;

②考察国情民风、体验异域生活、探亲访友寻根的社会动机；

③考察投资环境、进行商务洽谈、购买旅游商品的经济动机；

④休闲度假、康体健身、消遣娱乐的身心动机。

导游人员了解和把握了游客的旅游动机，就能更恰当地安排旅游活动和提供导游服务。

（4）从游客不同的个性特征来了解游客。游客的个性各不相同，导游人员从游客的言行举止可以判断其个性，从而达到了解游客并适时提供心理服务的目的。

①活泼型游客：爱交际，喜讲话，好出点子，乐于助人，喜欢多变的游览项目。对这类游客，导游人员要扬长避短，既要乐于与他们交朋友，又要避免与他们过多交往，以免引起其他团员的不满；要多征求他们的意见和建议，但注意不要让其左右旅游活动，打乱正常的活动日程；可适当地请他们帮助活跃气氛，协助照顾年老体弱者等。活泼型游客往往能影响旅游团的其他人，导游人员应与之搞好关系，在适当的场合表扬他们的工作并表示感谢。

②急躁型游客：性急，好动，争强好胜，易冲动，好遗忘，情绪不稳定，比较喜欢离群活动。对这类比较难对付的游客，导游人员要避其锋芒，不与他们争论，不激怒他们；在他们冲动时不要与之计较，待他们冷静后再与其好好商量，往往能取得良好的效果；对他们要多微笑，服务要热情周到，而且要多关心他们，随时注意他们的安全。

③稳重型游客：稳重，不轻易发表见解，一旦发表，希望得到他人的尊重；这类游客容易交往，但他们不主动与人交往，不愿麻烦他人；游览时他们喜欢细细欣赏，购物时爱挑选比较。导游人员要尊重这类游客，不要怠慢，更不能故意冷落他们；要采取主动多接近他们，尽量满足他们的合理而可能的要求；与他们交谈要客气、诚恳，语速要慢，声调要低；讨论问题时要平心静气，认真对待他们的意见和建议。

④忧郁型游客：身体弱，易失眠，忧郁孤独，少言语但重感情。面对这类游客，导游人员要格外小心，别多问，尊重他们的隐私；要多亲近他们，多关心体贴他们，但不能过分表示亲热；多主动与他们交谈些愉快的话题，但不要与之高声说笑，更不要与他们开玩笑。

这四种个性的游客中以活泼型和稳重型居多，急躁型和忧郁型只是少数。不过，典型个性只能反映在少数游客身上，多数游客往往兼有其他类型个性的特征。而且，在特定的环境中，人的个性往往会发生变化。因此导游人员在向游客提供服务时要因人而异，要随时观察游客的情绪变化，及时调整，力争使导游服务更具针对性，获得令游客满意的效果。

（5）通过分析旅游活动各阶段游客的心理变化了解游客。游客来到异地旅游，摆脱了在家乡紧张的生活、繁琐的事务，希望自由自在地享受愉快的旅游生活。由于生活环境和生活节奏的变化，在旅游的不同阶段，游客的心理活动也会随之发生变化。

①旅游初期阶段：求安全心理、求新心理。游客刚到旅游地，兴奋激动，但人生地疏、

语言不通、环境不同，往往容易产生孤独感、茫然感和不安全感，唯恐发生不测，有损自尊心，危及财产甚至生命。也就是说，在旅游初期阶段，游客求安全的心态表现得非常突出，因此，消除游客的不安全感成为导游人员的首要任务。人们来到异国他乡旅游，其注意力和兴趣从日常生活转移到旅游目的地，全新的环境、奇异的景物、独特的民俗风情，使游客逐渐猎奇的求新心理空前高涨，这在入境初期阶段表现得尤为突出，往往与不安全感并存。所以在消除游客不安全心理的同时，导游人员要合理安排活动，满足他们的求新心理。

②旅游中期阶段：懒散心态、求全心理、群体心理。随着时间的推移、旅游活动的开展以及相互接触的增多，旅游团成员间、游客与导游人员之间越来越熟悉，游客开始感到轻松愉快，会产生一种平缓、轻松的心态。但是，正是由于这种心态的左右，游客往往忘却了控制自己，思辨能力也不知不觉地减退了，常常自行其事，甚至出现一些反常言行及放肆、傲慢、无理的行为。一方面，游客的个性充分暴露出来，开始出现懒散心态，如时间观念较差，群体观念太弱，游览活动中自由散漫，到处丢三落四，旅游团内部的矛盾逐渐显现等等；另一方面，游客把旅游活动想得太理想化，希望在异国他乡能享受到在家中不可能得到的服务，希望旅游活动的一切都是美好的、理想的，从而产生了生活上、心理上的过高要求，对旅游服务横加挑剔，求全责备，求全心理非常明显；再者，由于游客的思考力和判断力减弱，这时，如果团内出现思辨能力较强而又大胆直言的"领袖人物"时，其他游客便会不假思索地附和他，惟其马首是瞻，不知不觉地陷入了一种人云亦云、随波逐流的群体心理状态中去了。

导游人员在旅游中期阶段的工作最为艰巨，也最容易出差错。因此，导游人员的精力必须高度集中，对任何事都不得掉以轻心。与此同时，这个阶段也是对导游人员组织能力和独立处理问题能力的实战检验，是对其导游技能和心理素质的全面检阅，所以每个导游人员都应十分重视这个阶段的工作。

③旅游后期阶段：忙于个人事务。旅游活动后期，即将返程时，游客的心理波动较大，开始忙乱起来，譬如与家庭及亲友联系突然增多，想购买称心如意的纪念品但又怕行李超重等。总之，他们希望有更多的时间处理个人事务。在这一阶段，导游人员应给游客留出充分的时间让其处理自己的事情，对他们的各种疑虑要尽可能耐心地解答，必要时做一些弥补和补救工作，使前一段时间未得到满足的个别要求得到满足。

3. 调整游客的情绪

游客在旅游过程中，会随着自己的需要是否得到满足而产生不同的情感体验。如果他们的需要得到满足，就会产生愉快、满意、欢喜等肯定的、积极的情感；反之则会产生烦恼、不满、懊恼甚至愤怒等否定的、消极的情感。导游人员要善于从游客的言行举止和表情变化中去了解他们的情绪,在发现游客出现消极或否定情绪后,应及时找出原因并采取相应措施来消除或进行调整。

(1) 补偿法,是指导游人员从物质上或精神上给游客以补偿,从而消除或弱化游客不满情绪的一种方法。譬如,如果没有按协议书上注明的标准提供相应的服务,应给游客以补偿,而且替代物一般应高于原先的标准;如果因故无法满足游客的合理要求而导致其不满时,导游人员应实事求是地说明困难,诚恳地道歉,以求得游客的谅解,从而消除游客的消极情绪。

(2) 分析法,是指导游人员将造成游客消极情绪的原委向游客讲清楚,并一分为二地分析事物的两面性及其与游客的得失关系的一种方法。譬如,由于交通原因不得不改变日程,游客要多花时间于旅途之中,常常会引起他们的不满,甚至愤怒抗议。导游人员应耐心地向游客解释造成日程变更的客观原因,诚恳地表示歉意,并分析改变日程的利弊,强调其有利的一面或着重介绍新增加的游览内容的特色和趣味,这样往往能收到较好的效果。

(3) 转移注意力法,是指在游客产生烦闷或不快情绪时,导游人员有意识地调节游客的注意力,使其从不愉快、不顺心的事情转移到愉快、顺心的事情上去。譬如,有的游客因对参观什么内容有不同意见而不快,有的游客因爬山时不慎划破了衣服而懊恼,有的游客因看到不愉快的现象产生联想而伤感等等。导游人员除了说服或安慰游客以外,还可通过讲笑话、唱山歌、学说本地话或讲些民间故事等形式来活跃气氛,使游客的注意力转移到有趣的文娱活动上来。

4. 激发游客的游兴

导游服务要取得良好的效果,需要导游人员在游览过程中激发游客的游兴,使游客自始至终沉浸在兴奋、愉悦的氛围之中。兴趣是人们力求认识某种事物或某种活动的倾向,这种倾向一经产生,就会出现积极主动、专注投入、聚精会神等心理状态,形成良好的游览心境。导游人员可从以下方面去激发游客的游兴。

(1) 通过直观形象激发游客的游兴。导游人员应通过突出游览对象本身的直观形象来激发游客的游兴。譬如,湖北通山九宫山喷雪崖,崖顶之云中湖水喷薄而出,直落涧底峡谷,深达70余米。因谷口风势,跌落之水化成缕缕雾霭,绕崖旋转,色白如雪,蔚为壮观。导游人员要引导游客从最佳的角度去观赏,才能突出喷雪崖的直观形象,使游客产生叹为观止的观感,激起游客强烈的兴趣。

(2) 运用语言艺术激发游客的游兴。导游人员运用语言艺术可以调动游客的情绪,激发游客的游兴。譬如,通过讲解历史故事可激发游客对名胜古迹和民间艺术的探索欲望;通过朗诵名诗佳句可激起游客漫游名山大川的豪情;通过提出生动有趣的问题可以引起游客的思考和探讨。这样营造出的融洽、愉快的氛围可使游客的游兴更加浓烈。

(3) 通过组织文娱活动激发游客的游兴。一次成功的旅游活动,仅有导游讲解是远远不够的,导游人员还应抓住时机,组织丰富多彩的文娱活动,动员全团游客共同营造愉快氛围。譬如,在旅游活动开始不久,导游人员请游客们做自我介绍,以加速彼此之间的了解,缓解拘泥的气氛,同时还可以发现游客的特长;如所去景点的路途较长,在返程时,导游人员可组织游客唱歌、猜谜语、做游戏,教外国游客数数、使用筷子、学说中国话等等。还可以用"记者招待会"的形式,回答游客提出的各种问题。如果团内有多才多艺的游客,可请他出来主持或表演等等。导游人员也应有一两手"绝活",来回报游客的盛情邀请。如有的导游人员会演奏民族乐器,常常带着唢呐、笛子上团,有的导游人员会唱山歌,他们常在途中为游客演奏民乐和演唱山歌,这使外国游客惊叹不已,对中国民间艺术兴趣倍增。

(4) 使用声像导游手段激发游客的游兴。声像导游是导游服务重要的辅助手段,每天去景点游览之前,导游人员如能先为游客放映一些相关的幻灯片、录像或光盘,往往能收到事半功倍的效果。有时有些景点因受客观条件限制或因游客体力不支,游客难以看到景点的全貌,留下不少的缺憾,通过声像导游可以弥补这一缺憾,给游客留下完整的、美好的印象。如果是在旅游车上进行导游讲解,导游人员还可利用车上的音响设备配上适当的音乐,或在讲解间歇时播放一些有着浓郁地方特色的歌曲、乐曲、戏曲等,使车厢内的气氛轻松愉快,让游客始终保持游兴和兴奋、愉悦的心情。

5. 引导游客观景赏美

旅游活动是一项寻觅美、欣赏美、享受美的综合性审美活动。它不仅能满足人们爱美、求美之需求,而且还能起到净化情感、陶冶情操、增长知识的作用。俄国教育家乌申斯基说:"美丽的城郭,馥郁的山谷,凹凸起伏的原野,蔷薇色的春天和金黄色的秋天,难道不是我们的老师吗?我深信,美丽的风景对青年气质的发展具有的教育作用,是老师都很难与之竞争的。"因此,导游人员在带团旅游时,应重视旅游的美育作用,正确引导游客观景赏美。

(1) 传递正确的审美信息。游客来到旅游目的地,由于对其旅游景观,特别是人文景观的社会、艺术背景不了解,审美情趣会受到很大的影响,往往不知其美在何处,从何着手欣赏。作为游客观景赏美的向导,导游人员首先应把正确的审美信息传递给游客,帮助游客在观赏旅游景观时,感觉、理解、领悟其中的奥妙和内在的美。譬如,欣赏武汉市黄鹤楼西门牌楼背面匾额"江山入画",既要向游客介绍苏东坡"江山如画,一时多少豪杰"的名句,又要着重点出将"如"改"入",一字之改所带来的新意和独具匠心的审美情趣;再如游览武汉市古琴台,导游人员除了要向游客讲解"俞伯牙摔琴谢知音"的传说故事外,还应引导游客欣赏古琴台这座规模不大但布局精巧的园林的特色,介绍古琴台依山就势,巧用借景手法,把龟山月湖巧妙地借过来,构成了一个广阔深远的艺术境界。当然,为了向游客传递正确的审美信息,导游人员首先应注意所传递的信息是准确无误的。很难想象在游览武汉东湖时,导游人员介绍"水杉是第四世纪冰川时期遗留下来的珍贵树种",内行的游客听后会是一种什么感觉。

(2) 分析游客的审美感受。游客在欣赏不同的景观时会获得不同的审美感受,但有时游客在观照同一审美对象时,其审美感受也不尽相同,甚至表现出不同的美感层次。我国著名美学家李泽厚就将审美感受分为"悦耳悦目"、"悦心悦意"和"悦志悦神"三个层次。

①悦耳悦目,是指审美主体以耳、目为主的全部审美感官所体验的愉快感受。这种美感通常以直觉为特征,仿佛主体在与审美对象的直接交融中,不加任何思索便可于瞬间感受到审美对象的美,同时唤起感官的满足和愉悦。譬如,漫步于湖北九宫山森林公园之中,当游客看到以绿色为主的自然色调,呼吸到富含负离子的清新空气,嗅到沁人心脾的花香,听到林间百鸟鸣唱,就会不自觉地陶醉其中,从而进入"悦耳悦目"的审美境界。

②悦心悦意,是指审美主体透过眼前或耳边具有审美价值的感性形象,在无目的中直观地领悟到对方某些较为深刻的意蕴,获得审美享受和情感升华。这种美感是一种意会,有时很难用语言加以充分而准确的表述。譬如,观赏齐白石的画,游客感到的不只是草木鱼虾,而是一种悠然自得、鲜活洒脱的情思意趣;泛舟神农溪,聆听土家族姑娘优美动人的歌声,游客感到的不只是音响、节奏与旋律的形式美,而是一种饱含着甜蜜和深情的爱情信息流或充满青春美的心声。这些较高层次的审美感受,使游客的情感升华到了一种欢快愉悦的状态,进入了较高的艺术境界。

③悦志悦神,是指审美主体在观照审美对象时,经由感知、想象、情感、理解等心理功能交互作用,从而唤起的那种精神意志上的昂奋和伦理道德上的超越感。它是审美感受的最高层次,体现了审美主体大彻大悟、从小我进入大我的超越感,体现了审美主体和审美对象的高度和谐统一。譬如,乘船游览长江,会唤起游客的思旧怀古之情,使游客产生深沉崇高的历史责任感;登上崟子岭俯视繁忙的三峡工程建设工地,会激起游客的壮志豪情,使游客产生强烈的民族自豪感。

导游人员应根据游客的个性特征,分析他们的审美感受,有针对性地进行导游讲解,使具有不同美感层次的游客都能获得审美愉悦和精神享受。

（3）激发游客的想象思维。观景赏美是客观风光环境和主观情感相结合的过程。人们在观景赏美时离不开丰富而自由的想象，譬如泰山石碑上的"虫二"二字，如果没有想象，我们很难体会到其中"风月无边"的意境。人的审美活动是通过以审美对象为依据，经过积极的思维活动，调动已有的知识和经验，进行美的再创造的过程。一些旅游景观，尤其是人文景观的导游讲解，需要导游人员制造意境，进行美的再创造，才能激起游客的游兴。譬如，游览西安半坡遗址，导游人员面对着那些打磨的石器、造型粗糙的陶器，只是向游客平平淡淡地介绍这是什么，那是什么，游客就会感到枯燥乏味。如果导游人员在讲解中制造出一种意境，为游客勾画出一幅半坡先民们集体劳动、共同生活的场景："在六千年前的黄河流域，就在我们脚下的这片土地上，妇女们在田野上从事农业生产，男人们在丛林中狩猎、在河流中捕鱼，老人和孩子们在采集野果。太阳落山了，村民们聚集在熊熊燃烧的篝火旁，童叟无欺、公平合理地分配着辛勤劳动的成果，欢声笑声此起彼伏……半坡先民们就是这样依靠集体的力量向大自然索取衣食，用辛勤艰苦的劳动创造了光辉灿烂的新石器文化。"游客们就会产生浓厚的兴趣，时而屏息细听，时而凝神遐想。

（4）灵活掌握观景赏美的方法

①动态观赏和静态观赏。无论是山水风光还是古建园林，任何风景都不是单一的、孤立的、不变的画面形象，而是活泼的、生动的、多变的、连续的整体。游客漫步于景物之中，步移景异，从而获得空间进程的流动美，这就是动态观赏。譬如在陆水湖中泛舟，游人既可欣赏山上树木葱笼、百花竞艳，也可领略水上浮光跃金、沙鸥翔集，还有镶嵌在绿波之上的几百个岛屿，灿灿地撩你的思绪，楚楚地勾你的魂魄，让你在移动中流连忘返。

然而，在某一特定空间，观赏者停留片刻，选择最佳位置驻足观赏，通过感觉、联想来欣赏美、体验美感，这就是静态观赏。这种观赏形式时间较长、感受较深，人们可获得特殊的美的享受。譬如在湖北九宫山山顶观赏云雾缭绕的云中湖，欣赏九宫十景之一的"云湖夕照"，让人遐想，令人陶醉。

②观赏距离和观赏角度。距离和角度是两个不可或缺的观景赏美的因素。自然美景千姿百态，变幻无穷，一些似人似物的奇峰巧石，只有从一定的空间距离和特定的角度去看，才能领略其风姿。譬如游客在长江游轮上观赏神女峰，远远望去，朦胧中看到的是一尊风姿秀逸、亭亭玉立的中国美女雕像，然而若借助望远镜观赏，游客定会大失所望，因为看到的只是一堆石头而已，毫无美感可言；又如，在黄山半山寺望天都峰山腰，有堆巧石状似公鸡，头朝天门，振翅欲啼，人称"金鸡叫天门"，但到了龙蟠坡，观看同一堆石头，看到的则似五位老翁在携杖登险峰，构成了"五老上天都"的美景。这些都是由于空间距离和观赏角度不同造就的不同景观。导游人员带团游览时要善于引导游客从最佳距离、最佳角度去观赏风

景，使其获得美感。

除空间距离外，游客观景赏美还应把握心理距离。心理距离是指人与物之间暂时建立起的一种相对超然的审美关系。在审美过程中，游客只有真正从心理上超脱于日常生活中功利的、伦理的、社会的考虑，摆脱私心杂念，超然物外，才能真正获得审美的愉悦，否则就不可能获得美感。譬如，恐海者不可能领略大海的波澜壮阔，刚失去亲人的游客欣赏不了地下宫殿的宏伟，有恐高症的游客体验不到"不到长城非好汉"的英雄气概等等。常年生活在风景名胜中的人往往对周围的美景熟视无睹，也不一定能获得观景赏美带来的愉悦，"不识庐山真面目，只缘身在此山中"就说明了这个道理。

③观赏时机。观赏美景要掌握好时机，即掌握好季节、时间和气象的变化。清明踏青、重阳登高、春看兰花、秋赏红叶、冬观腊梅等都是自然万物的时令变化规律造成的观景赏美活动。

变幻莫测的气候景观是欣赏自然美景的一个重要内容。譬如在泰山之巅观日出，在峨眉山顶看佛光，在庐山小天池欣赏瀑布云，在蓬莱阁观赏海市蜃楼，这些都是因时间的流逝、光照的转换造成的美景，而观赏这些自然美景，就必须把握住稍纵即逝的观赏时机。

④观赏节奏。观景赏美是为了让游客愉悦身心、获得享受，如果观赏速度太快，不仅使游客筋疲力尽达不到观赏目的，还会损害他们的身心健康，甚至会影响旅游活动的顺利进行，因此导游人员要注意调节观赏节奏。

第一，有张有弛，劳逸结合。导游人员要根据旅游团成员的实际情况安排有弹性的活动日程，努力使旅游审美活动既丰富多彩又松紧相宜，让游客在轻松自然的活动中获得最大限度的美的享受。

第二，有急有缓、快慢相宜。在审美活动中，导游人员要视具体情况把握好游览速度和导游讲解的节奏，哪儿该快、哪儿该慢、哪儿多讲、哪儿少讲甚至不讲，必须做到心中有数。对年轻人讲得快一点、走得快一点、活动多一点，对老年人则相反。如果游客的年龄相差悬殊、体质差异大，要注意既让年轻人的充沛精力有发挥的余地，又不使年老体弱者疲于奔命。总之，观赏节奏要因人、因时、因地随时调整。

第三，有讲有停，导、游结合。导游讲解是必不可少的，通过讲解和指点，游客可适时地、正确地观赏到美景，但在特定的地点、特定的时间让游客去凝神遐想，去领略、体悟景观之美，往往会收到更好的审美效果。

总之，在旅游过程中，导游人员应力争使观赏节奏适合游客的生理负荷、心理动态和审美情趣，安排好行程，组织好审美活动，让游客感到既顺乎自然又轻松自如。只有这样，游客才能获得旅游的乐趣和美的享受。

提高导游人员之间的协作技能

1. 提高导游人员与领队的协作能力

领队是受海外旅行社委派，全权代表该旅行社带领旅游团从事旅游活动的人员。在旅游团中，领队既是海外旅行社的代表，又是游客的代言人，还是导游服务集体中的一员，在海外社、组团社和接待社之间以及游客和导游人员之间起着桥梁作用。导游人员能否圆满完成任务，在很大程度上要靠领队的合作和支持，因此，搞好与领队的关系就成为了导游人员不能忽视的重要工作内容。

（1）尊重领队，遇事与领队多磋商。带团到中国来旅游的领队，多数是职业领队，在海外旅行社任职多年并受过专业训练，对我国的情况尤其是我国旅游业的业内情况相当熟悉。他们服务周到细致，十分注意维护组团社的信誉和游客的权益，深受游客的信赖。此类领队是中方旅行社长期合作的海外客户代表，也是旅游团中的"重点客人"，对他们一定要尊重。尊重领队就是遇事要与他们多磋商。旅游团抵达后，地陪要尽快与领队商定日程，如无原则问题应尽量考虑采纳领队的建议和要求。在遇到问题、处理故障时，全陪、地陪更要与领队磋商，争取领队的理解和支持。

（2）关心领队，支持领队的工作。职业领队常年在异国他乡履行自己的使命，进行着重复性的工作，十分辛苦。由于他的"特殊身份"，游客只能要求他如何关心自己而很少去主动关心领队。因此，导游人员如果在生活上对领队表示关心、在工作上给予领队支持，他会很感动。当领队的工作不顺利或游客不理解时，导游人员应主动助其一臂之力，能办到的事情尽量给予帮助，办不到的多向游客作解释，为领队解围，如说明原因不在领队而是本方条件所限或是不可抗拒的原因造成的等等。但要注意，支持领队的工作并不是取代领队，导游人员应把握好尺度。此外，作为旅游团中的"重点人物"，导游人员要适当给领队以照顾或提供方便，但应掌握分寸，不要引起游客的误会，使其心理上不平衡。

（3）多给领队荣誉，调动领队的积极性。要想搞好与领队的关系，导游人员还要随时注意给领队面子。遇到一些显示权威的场合，应多让领队尤其是职业领队出头露面，使其博得游客们的好评，如游览日程商定后，地陪应请领队向全团游客宣布。只要导游人员真诚地对待领队，多给领队荣誉，领队一般也会领悟到导游人员的良苦用心，从而采取合作的态度。

（4）灵活应变，掌握工作主动权。由于旅游团成员对领队工作的评价会直接影响到领队的得失进退，所以有的领队为讨好游客而对导游工作指手画脚，当着全团游客的面"抢话筒"，一再提"新主意"，给导游人员出难题，使地陪的工作比较被动。遇到类似情况时地陪应采取措施变被动为主动，对于"抢话筒"的领队，地陪既不能马上反抢话筒，也不能听之任之，而应灵活应变，选择适当的时机给予纠正，让游客感到"还是地陪讲得好"。这样，导游人员既表明了自己的态度又不失风范，工作上也更为主动了。

（5）争取游客支持，避免与领队正面冲突。在导游服务中，接待方导游人员与领队在某些问题上有分歧是正常现象。一旦出现此类情况，接待方导游人员要主动与领队沟通，力求及早消除误解，避免分歧扩大发展。一般情况下，接待社导游人员要尽量避免与领队发生正面冲突。

在入境旅游团中也不乏工作不熟练、个性突出且难以合作的领队。对此，导游人员要沉着冷静，坚持原则，分清是非，对违反合同内容、不合理的要求不能迁就；对于某些带侮辱性的或"过火"的言辞不能置之不理，要根据"有理、有利、有节"的原则讲清道理，使其主动道歉，但要注意避免与领队发生正面冲突。

有时领队提出的做法行不通，导游人员无论怎样解释说明，领队仍固执地坚持己见。这时导游人员就要向全团游客讲明情况，争取大多数游客的理解和支持。但要注意，即使领队的意见被证明不对也不能把领队"逼到绝路"，要设法给领队台阶下，以维护领队的自尊和威信，争取他以后的合作。

2. 提高导游人员与司机的协作能力

旅游车司机在旅游活动中扮演着非常重要的角色，司机一般熟悉旅游线路和路况，经验丰富，导游人员与司机配合得好坏，是影响导游服务工作能否顺利进行的重要因素之一。

（1）及时通报信息

①旅游线路有变化时，导游人员应提前告诉司机；

②如果接待的是外国游客，在旅游车到达景点时，导游人员用外语向游客宣布集合时间、地点后，要记住用中文告诉司机。

（2）协助司机做好安全行车工作。大部分旅游车的司机具有丰富的驾驶经验，可以胜任旅游团的安全驾驶任务。但有些时候，导游人员适当给予协助能够减轻司机的工作压力，便于工作更好地开展。可经常性地为司机做一些小的事情：

①帮助司机更换轮胎，安装或卸下防滑链，或帮助司机进行小修理；

②保持旅游车挡风玻璃、后视镜和车窗的清洁；

③不要与司机在行车途中闲聊，影响驾驶安全；

④遇到险情，由司机保护车辆和游客，导游人员去求援；

⑤不要过多干涉司机的驾驶工作，尤其不应对其指手画脚，以免司机感到被轻视。

（3）与司机研究日程安排，征求司机对日程的意见。导游人员应注意倾听司机的意见，从而使司机产生团队观和被信任感，积极参与导游服务工作，帮助导游人员顺利完成带团的工作任务。

3. 提高导游人员与全陪或地陪的协作能力

无论是做全陪或地陪，都有一个与另一个相配合的问题。协作成功的关键便是各自应把握好自身的角色或位置，要有准确的个人定位。要认识到虽受不同的旅行社委派，但都是旅游服务的提供者，都在执行同一个协议。导游人员与全陪或地陪的关系是平等的关系。

导游人员正确的做法应该是：首先要尊重全陪或地陪，努力与合作者建立良好的人际关系；其次，要善于向全陪或地陪学习，有事多请教；此外，要坚持原则，平等协商。如果全陪或地陪"打个人小算盘"，提出改变活动日程、减少参观游览时间、增加购物等不正确的做法，导游人员应向其讲清道理，尽量说服对方并按计划执行，如对方仍坚持己见、一意孤行，应采取必要的措施并及时向接待社反映。

4. 提高导游人员与旅游接待单位的协作能力

旅游产品是一种组合性的整体产品，不仅包括沿线的旅游景点，还包括沿线提供的交通、食宿、购物、娱乐等各种旅游设施和服务，需要旅行社、饭店、景点和交通、购物、娱乐部门等旅游接待单位的高度协作。作为旅行社的代表，导游人员应搞好与旅游接待单位的关系。

（1）及时协调，衔接好各环节的工作。导游人员在服务过程中，要与饭店、车队、机场（车站、码头）、景点、商店等许多部门和单位打交道，其中任何一个接待单位或服务工作中的某一环节出现失误和差错，都可能导致"一招不慎，满盘皆输"的不良后果。导游人员在服务工作中要善于发现或预见各项旅游服务中可能出现的差错和失误，通过各种手段及时予以协调，使各个接待单位的供给正常有序。譬如，旅游团活动日程变更涉及到用餐、用房、用车时，地陪要及时通知相关的旅游接待单位并进行协调，以保证旅游团的食、住、行能有序地衔接。

（2）主动配合，争取协作单位的帮助。导游服务工作的特点之一是独立性强。导游人员一人在外独立带团，常常会有意外、紧急情况发生，仅靠导游人员一己之力，问题往往难以解决，因此导游人员要善于利用与各地旅游接待单位的协作关系，主动与协助单位有关人员配合，争取得到他们的帮助。譬如，迎接散客时，为避免漏接，地陪可请司机站在另一个出口处举牌帮助迎接；又如，旅游团离站时，个别游客到达机场后发现自己的贵重物品遗忘在饭店客房内，导游人员可请求饭店协助查找，找到后将物品立即送到机场。

提高重点游客的接待能力

游客来自不同的国家和地区，他们在年龄、职业、宗教信仰、社会地位等方面存在较大的差异，有些游客的特点尤为突出，导游人员必须给予特别重视和关照，因此称之为特殊游客或重点游客。虽然他们都是以普通游客的身份而来，但接待方法有别于一般的游客。

1. 对儿童的接待

出于增长见识、健身益智的目的，越来越多的游客喜欢携带自己的子女一同到目的地旅游，其中不乏一些少年儿童。导游人员应在做好旅游团中成年游客的服务工作的同时，根据儿童的生理和心理特点，做好专门的接待工作。

（1）注意儿童的安全。儿童游客，尤其是2～6岁的儿童，天生活泼好动，因此要特别注意他们的安全。地陪可酌情讲些有趣的童话和小故事吸引他们，既活跃了气氛，又使他们不到处乱跑，保证了安全。在旅游过程中，经常会出现中国游客因喜爱要和外国儿童合影留念的情况。面对好客的中国人，外国孩子和家长开始很兴奋、新鲜，很愿意合作。但时间一长，次数一多，他们就会产生厌烦情绪。遇到这种情况，导游员一方面要代他们婉言谢绝，另一方面也可做一些工作，尽量让双方都满意。

（2）掌握"四不宜"原则。对有儿童的旅游团，导游人员应掌握"四不宜"的原则：

①不宜为讨好儿童而给其买食物、玩具；

②不宜在旅游活动中突出儿童，而冷落其他游客；

③即使家长同意也不宜单独把儿童带出活动；

④儿童生病，应及时建议家长请医生诊治，而不宜建议其给孩子服药，更不能提供药品给儿童服用。

（3）对儿童多给予关照。导游人员对儿童的饮食起居要特别关心，多给一些关照。如天气变化时，要及时提醒家长给孩子增减衣服，如果天气干燥，还要提醒家长多给孩子喝水等等；用餐前，考虑到儿童的个子小，且外国儿童不会使用中餐用具，地陪应先给餐厅打电话，请餐厅准备好儿童用椅和刀、叉、勺等一些儿童必备用具，以减少用餐时的不便。

（4）注意儿童的接待价格标准。对儿童的收费，根据不同的年龄有不同的收费标准和规定，如机票，车、船票，住房，用餐等，导游人员应特别注意。

2. 对高龄游客的接待

在我国入境旅游和国内旅游市场，老年游客均占有较大的比例。而在这些老年游客中还有年龄在80岁以上的高龄游客。尊敬老人是我们中华民族的传统美德，因此，导游人员应通过谦恭尊敬的态度、体贴入微的关怀以及不辞辛苦的服务做好高龄游客的接待工作。

（1）妥善安排日程。导游人员应根据高龄游客的生理特点和身体情况，妥善安排好日程。首先，日程安排不要太紧，活动量不宜过大，项目不宜过多，在不减少项目的情况下，尽量选择便捷路线和有代表性的景观，少而精，以细看、慢讲为宜。其次，应适当增加休息时间。参观游览时可在上、下午各安排一次中间休息，在晚餐和看节目之前，应安排回饭店休息一会儿。晚间活动不要回饭店太晚。此外，带高龄游客团不能用激将法和诱导法，以免使游客消耗体力过大，发生危险。

（2）做好提醒工作。高龄游客由于年龄大，记忆力减退，导游人员应每天重复讲解第二天的活动日程并提醒注意事项。如预报天气情况，提醒增减衣服，带好雨具，穿上旅游鞋等。进入游人多的景点时，要反复提醒他们提高警惕，带好自己的随身物品。其次，由于外国游客对人民币不熟悉，加上年纪大，视力差，使用起来较困难。为了使用方便或不被人蒙骗，地陪应提醒其准备适量的小面值人民币。此外，由于饮食习惯和生理上的原因，带高龄游客团队时，地陪还应适当增加去厕所的次数，并提前提醒他们准备好零钱（收费厕所）。

（3）注意放慢速度。高龄游客大多数腿脚不太灵活，有时甚至力不从心。地陪在带团游览时，一定要注意放慢行走速度，照顾走得慢或落在后面的高龄游客，选台阶少、较平坦的地方走，以防游客摔倒碰伤。在向高龄游客讲解时，导游人员也应适当放慢速度、加大音量，吐字要清楚，必要时还要多重复。

（4）耐心解答问题。老年游客在旅游过程中喜欢问问题，好刨根问底，再加上年纪大，记忆力不好，一个问题经常重复问几遍。遇到这种情况，导游人员不应表示反感，要耐心、不厌其烦地给予解答。

（5）预防游客走失。每到一个景点，地陪要不怕麻烦、反复多次地告诉高龄游客旅游路线及旅游车停车的地点，尤其是上下车地点不同的景点，一定要提醒高龄游客记住停车地点。另外，还要提前嘱咐高龄游客，一旦发现找不到团队，千万不要着急，不要到处乱走，要在原地等待导游人员的到来。

（6）尊重西方传统。许多老年西方游客，在旅游活动中不愿过多地受到导游人员的特别照顾，认为那是对他们的侮辱，以证明他们是无用之人。因此，对此类游客应尊重其西方传统，注意照顾方式。

3. 对残疾游客的接待

在外国旅游团队中，有时会有聋哑、截瘫、视力障碍（盲人）等残疾游客，他们克服了许多常人难以想象的困难来到中国旅游，这既表明他们有着比常人更加强烈的对旅游的渴望，也说明他们对中国有着特殊的感情，对中国悠久的历史文化有着浓厚的兴趣，而且还告诉我们他们之所以在众多的旅游目的地中选择了中国，就是相信在中国不会受到歧视。因此，在任何时候、任何场合都不应讥笑和歧视他们，而应表示尊重和友好。残疾游客的自尊心和独立性特别强，虽然他们需要关照，但又不愿给别人增添麻烦。因此，在接待残疾游客时，导游人员要特别注意方式方法，既要热情周到，尽可能地为他们提供方便，又要不给他们带来压力或伤害他们的自尊心，真正做到让其乘兴而来、满意而归。

（1）适时、恰当的关心照顾。接到残疾游客后，导游人员首先应适时地询问他们需要什么帮助，但不宜问候过多，如果对其过多当众表示关心照顾，反而会使他们反感；其次，如果残疾游客不主动介绍，不要打听其残疾的原因，以免引起不快；此外，在工作中要时刻关注残疾游客，注意他们的行踪，并给予恰当的照顾。尤其是在安排活动时，要多考虑残疾游客的生理条件和特殊需要，譬如选择路线时尽量不走或少走台阶，提前告诉他们洗手间的位置，通知餐厅安排在一层餐厅就餐等。

（2）具体、周到的导游服务。对不同类型的残疾游客，导游服务应具有针对性。接待聋哑游客要安排他们在车上前排就座，因为他们需要通过导游人员讲解时的口形来了解讲解的内容。为了让他们获得更多的信息，导游人员还应有意面向他们放慢讲解的速度。对截瘫游客，导游人员应根据接待计划分析游客是否需要轮椅。如需要应提前做好准备。接团时，要与计调或有关部门联系，最好派有行李箱的车，以便放轮椅或其他物品。对有视力障碍的游客，导游人员应安排他们在前排就座，能用手触的地方、物品可以尽量让他们触摸。在导游讲解时可主动站在他们身边，讲解内容要力求细致生动，口语表达更要准确、清晰，讲解速度也应适当放慢。

4. 对宗教界人士的接待

来中国旅游的外国游客中，常常会有一些宗教界人士，他们以游客的身份来华旅游，同时进行宗教交流活动，导游人员要掌握他们身份特殊、要求较多的特点，做好接待工作。

（1）注意掌握宗教政策。导游人员平时应加强对宗教知识和我国宗教政策的学习，接待宗教旅游团时，既要注意把握政策界线，又要注意宗教游客的特点。譬如，在向游客宣传我国的宗教政策时，不要向他们宣传"无神论"，尽量避免有关宗教问题的争论，更不要把宗教、政治、国家之间的问题混为一谈，随意评论。

（2）提前做好准备工作。导游人员在接到接待宗教团的计划后，要认真分析接待计划，了解接待对象的宗教信仰及其职位，对接待对象的宗教教义、教规等情况要有所了解和准备，以免在接待中发生差错。如果该团在本地旅游期间包括有星期日，要征求领队或游客的意见，看是否需要安排去教堂，如需要，要了解所去教堂的位置及开放时间。

（3）尊重游客的宗教信仰习惯。在接待过程中，要特别注意宗教游客的宗教习惯和戒律，尊重他们的宗教信仰和习惯。譬如，由天主教人士组成的旅游团，每天早晨开车前，他们会在车上讲经、做祈祷。这时，导游人员和司机应主动下车，等他们祈祷完毕后再上车。

（4）满足游客的特殊要求。宗教界人士在生活上一般都有些特殊的要求和禁忌，导游人员应按旅游协议书中的规定，不折不扣地兑现，尽量予以满足。譬如，对宗教游客在饮食方面的禁忌和特殊要求，导游人员一定要提前通知餐厅做好准备。又如，有些伊斯兰教人士用餐时，一定要去有穆斯林标志牌的餐厅用餐，导游人员要认真落实，以免引起误会。

5. 对有特殊身份和地位的游客的接待

所谓"有特殊身份和地位的游客"是指外国在职或曾经任职的政府高级官员、皇室成员；对华友好的官方或民间组织团体的负责人；社会名流或在国际国内有一定影响的各界知名人士；国际或某国著名的政治家、社会活动家、大企业家等。这些游客是世界各国人民的使者，他们来到中国除了参观游览外，往往还有其他任务或使命，因此，做好他们的接待工作意义重大。首先，导游人员要有自信心，不要因为这些游客地位较高、身份特殊而胆怯、畏惧。往往越是身份高的人，越懂得尊重别人。他们待人接物非常友好、客气，十分尊重他人的人格和劳动。如果导游人员因为心理压力过大，工作起来缩手缩脚，反倒会影响导游效果。其次，由于这些游客文化素质高、知识渊博，导游人员要提前做好相关的知识准备，如专用术语、行业知识等等，以便能选择交流的话题，并能流利地回答他们提出的问题。此外，在接待这些游客时，由于有时中央领导人或有关负责人要接见他们，与他们会谈，所以游览日程、时间变化较大，导游人员要注意灵活掌握，随时向有关领导请示、汇报，尽最大努力安排好他们的行程和相关活动。

【补充材料 7-1】

浅谈怎样才能接好教师团

现在的团难带,特别是教师团更难带。众所周知,遇上教师团,不仅导游不愿意上,连司机都不愿意上,为什么呢?因为老师是园丁,是育人的人,加上一部分教师(认为自己)博学多才、满腹经纶、上知天文、下晓地理,自己做老师是屈了才,一般的人根本就看不上,何况你一个小小的导游和司机。再加上(认为)自己冷眼观世界,一览众山小,你导游和司机那些小把戏能骗得了我?因此从心底里就没把导游放在眼里,并在心中产生了一种对立的思绪。当这种思绪在其大脑中占了主体地位后,不管导游出于何种思想对待客人,都会使老师们同时产生一种想法:你在骗我,你想骗我们的钱!于是乎他们就会出现各种大家意料之外的想法和做法,甚至直接和导游发生冲突。如果再遇上一个没有经验的导游,那就是电影《天下无贼》中黎叔的那句名言:后果很严重!

那怎样才能带好教师团呢?一位仁兄说得好:老师也是人呀!我个人认为(我也是这么做的),要(当一名合格的导游)接好教师团(包括所有团),必须做到以下几点:

1. 端正自己的思想,摆正自己的位置

和同事聊天时,我常常说:"首先要明白我自己是干什么的。"我就是服务人员,说好听了我是服务员,说难听了我就是侍候人的。而且作为服务员就必须真正地为别人服务,只有服务到位了,你才会获得你想得到的东西。做旅游的人要想做好旅游,就必须先给自己定位。而心态就是给自己定位的标尺,服务到没到位,很大程度在于自己的心态。经常有人说:我凭什么为别人服务,我凭什么去侍候别人,我还想让别人侍候我呢!我想如果旅游人有这种思想,那他(她)绝对不是一个成功的旅游人。又有人说了:那不是让我们当着客人的面点头哈腰,低三下四,降低我的人格了吗?其实也不是,我个人认为:为人做事都要有一个底线,也就是有一个"度"。而我的底线就是八个字:不卑不亢,服务至上!

2. 服务第一,挣钱第二,尊重别人就是尊重自己

作为旅游人,我们不仅要面对客人,同时更要面对现实。旅游团里的客人素质参差不齐,什么样的人都有。而现在很多新导游由于没有摆正自己的位置、调整好自己的心态,只是一味地想着如何挣钱。在这种思想的左右下,导游的服务就发生了"质"的变化,使很多小事大事化,不仅造成客服关系的紧张,而且还引起了组团社和地接社之间的误解,甚至引发激烈的冲突!因此,尊重客人就是尊重自己,加强服务意识,提高服务质量才是解决问题的关键!

3. 丰富自己的知识，提高带团的技巧

有人说了，有的客人和教师团太狂妄，瞧不起人。可大家想过没有，他们为什么这么狂妄？我想这就和导游所掌握的知识面和带团技巧有很大的关系（个别存心捣乱的客人除外）。有的导游在客人面前经常胡言乱语，口气张狂，有的解说甚至前言不搭后语，漏洞百出，这样的导游你能让客人信服吗？反之，如果你的知识面广，平时学的东西多，为人谦和，带团经验老成，那你还怕带教师团吗？孔老夫子云，"三人行，必有我师"。而我更信服一位哲人所言，"二人行，互为师"。我的个人理解是：两个人在一起，虽然一个人比另一个人各方面都高，甚至高出很多，但是，这个低的人身上肯定有你不如的地方，肯定有你要学的东西。不管你有多高的水平，只要你肯放下架子去学，同样你会学到更多的东西。因此，只要好学，你就能掌握更多的文化和知识。当你掌握了众多的文化和知识时，再现加上你有良好的服务意识，不管你面对的是什么人，你还有什么搞不定、拿不下的吗？世上无难事，只怕有心人！

精诚所至，金石为开。带好教师团关键的一点就是要把自己当成她们的乖学生。一般来说，教师是不会为难自己的乖学生的。

其实教师团中也有许多是比较不错的，她们的心态还是很宽松的，不会对旅游有太大的希望，也就是说不会对导游抱有多大的期望。鉴于这样，我们只需要按标准操作，安排好合理可行的行程路线。而导游只要是富有责任心、热心、真诚的，他们还是会配合导游的工作的。关键还是大家的心态。

资料来源：导游栖息地网，http://www.dy7cd.com

【知识链接】

1. 导游人员带团的特点

（1）环境的流动性。导游人员的工作环境不是静止和固定的，要随着游客的不同和业务的需要不断改变工作场地。全国各地的风景名胜、文物古迹、宾馆饭店、机场码头、购物场所、娱乐场馆都是导游人员工作的地方。

（2）接触的短暂性。导游人员与旅游团的游客之间通常互不熟悉，仅仅是通过短期的旅游活动才相互有了接触。旅游活动的时间往往不长久，导游人员和游客的接触也多是一种浅层次的泛泛之交。

（3）服务的主动性。导游人员的职责决定了他是旅游团队的焦点，是团队的中心人物。在带团过程中，导游人员负有组织游客、联络协调、传播文化的职能。无论是哪个环节的工作，都需要导游人员动脑筋、想办法，积极主动地为游客做好服务。

2. 导游人员带团的原则

导游人员带团时，一般应遵循以下原则：

（1）游客至上原则。导游人员在带团过程中，要有强烈的责任感和使命感，工作中要明辨是非曲直，任何情况下都要严格遵守职业道德，遇事多从游客的角度去思考，将维护游客的合法利益摆在首位。

（2）履行合同原则。导游人员带团要以旅游合同为基础，是否履行了旅游合同的内容，是评价导游人员是否尽职的基本标尺。一方面，导游人员要设身处地为游客考虑；另一方面，导游人员也应考虑到本企业的利益。力争使游客在合同约定的范围内获得优质的服务，使旅行社获取应得的利益。

（3）公平对待原则。尊重他人是人际交往中的一项基本准则。不管游客是来自境外或境内，也不管游客的肤色、语言、信仰、消费水平如何，导游人员都应一视同仁，公平对待。特别是不应对一些游客表现出偏爱，从而造成旅游团队内部关系的紧张，影响到导游服务工作的正常进行。

3. 导游人员带团模式

导游人员带团模式是指导游人员在带领旅游团队开展旅游活动过程中所表现出来的一种行为特征。应该强调的是，不同的导游人员具有不同的带团模式和带团风格；同一个导游面对不同的团队和不同的场所，带团模式和风格也应不断地变化，以适应游客的需要和工作的开展。

日常工作中，有的导游人员以活泼热情而受游客欢迎，有的以严谨细心而博得游客赞赏，有的以任劳任怨而获得游客支持。一般受旅游计划和游客需要两方面的影响，导游人员带团的模式可大体分为自我中心型和游客中心型两种。

（1）自我中心型。自我中心型的带团模式是指导游人员带团的主要目标是为了完成旅游活动的既定计划。在这种模式下，导游人员的所有工作都以旅行社与游客预定的旅游计划为核心，尽量不做调整，对有可能影响或破坏计划实施的因素予以坚决排除。他们往往很少答应游客计划外的要求，除非万不得已。

虽然此种做法可能让部分游客感到旅游的愿望没有被全部满足，但由于导游人员注重计划内的服务质量和水平，往往超出游客对服务质量的预期，使游客的情绪和注意力被高度调动起来，从而冲淡了他们的不悦之感，并且大大降低了意外事故发生的可能性。

（2）游客中心型。游客中心型的带团模式是指导游人员带团的主要目标是为了尽量满足游客的需要。在这种模式下，导游人员的工作重点是游客而非旅游计划，他们非常关心游客的感受，尽一切可能满足游客各方面的旅游愿望。他们往往根据游客的特点灵活调整自己的导游服务，注重与游客的情感交流，使游客体会到导游人员对自己的关怀，从而获得在精神层面的旅游满足感。但由于这种模式容易使游客滋生松懈和依赖心理，往往会提出许多难度过大的要求，从而易导致旅游意外事故的发生。

自我中心型和游客中心型并不是对立的，自我中心型的带团模式并不排斥对游客的关怀，游客中心型的带团模式也要求恪守一定的原则。导游人员可根据自己的个性特点和能力水平，融合以上两种带团模式，针对不同的团队进行不同的导游服务。

4. 导游如何确立其在旅游团中的主导地位

旅游团队是由素不相识的、各种各样的游客构成的临时性的、松散性的团体。导游人员在带团过程中应该尽快确立自己在旅游团中的主导地位，这是带好一个旅游团的关键。导游人员只有确立了主导地位并取得了游客的信任才能具有凝聚力、影响力和调控力，才能真正带好一个旅游团。

（1）以诚待人，热情服务。导游服务具有周期性短的特点。导游人员每接一个团与游客接触的时间都不长，做全陪十几天，做地陪只有几天，难以"日久见人心"，因此，导游人员要尽快与游客建立良好的人际关系，这样才能顺利开展工作。真诚对待游客是建立良好的人际关系的感情基础，心诚则灵，有诚意才可靠。当导游人员的真诚和热情被游客认可，就能赢得游客的好感与信赖。

刚参加工作不久的年轻导游员带团时难免会出现一些差错，但他们之所以能得到游客的肯定和欢迎，就是因为他们的热情和真诚感动了游客。真诚和热情有时还能弥补导游工作中的某些不足。当游客认定导游人员是真心维护他们的利益时，即使遇到了问题、故障，他们也会持合作的态度。譬如，某旅游团因故提前离开武汉，游客心中不快。游览东湖时又下起了大雨，这时，该团全陪请地陪放慢前进速度，让游客边听讲解边避雨，他一人冒雨跑到停车场，在旅游车中找到游客的雨具，并冒雨将雨具送到每位游客手中。他的真诚感动了游客，提前离汉的不快很快消失，全团游客十分合作，全陪的工作进行得非常顺利。

（2）换位思考，宽以待客。换位思考是指导游人员站在游客的角度，以"假如我是游客"的思维方式来理解游客的所想、所愿、所求和所为，从而做到"宽以待客"，想方设法满足游客的要求，理解他们的"过错"或苛求。由于客观存在的物质条件、生活水平的差距，往往游客在客源地很容易办到的事情到目的地就很难办到，甚至成了"苛求"。如果导游人员能站在游客的角度，对游客提出的种种要求平心静气地对待，努力寻找其中的合理成分，尽力使游客的要求得到满足，即使是苛求也一定能妥善地加以处理。

(3) 树立威信，善于"驾驭"。由于导游服务是一种引导组织游客进行各种旅游活动的积极行为，因此导游人员必须是旅游团的主导者，对旅游团具有"驾驭"能力。导游人员要确立自己在旅游团中的威信，主导游客的情绪和意向，努力使游客的行为趋于一致，使一个临时组成的松散的游客群体成为一个井然有序的旅游团队。

5. 心理服务

心理服务亦称情绪化服务，是导游人员为调节游客在旅游过程中的心理状态所提供的服务。导游服务的对象是游客。带好旅游团，关键是带好游客，而带好游客的关键，是向他们提供包括心理服务在内的周到细致的全方位的优质服务，真正使他们高兴而来、满意而归。

旅游团不同于散客，散客的自由度大，旅游团中的游客则受团体的限制，游客的个别要求难以在旅游合同中反映出来。当游客到达旅游目的地后，其个人的想法和要求会在心里产生，继而在情绪上、行动上有所反映。此外，在旅游目的地的旅游过程中，还可能遇到一些问题。这些问题有的来自于接待服务某个环节的欠缺，有的来自与旅游团中其他游客的关系，有的出自游客本人或其家庭，但碍于团体关系不便表示出来，而形成心理障碍。这些情况就要求导游人员除了要提供旅游合同中规定的游客有权享受的服务之外，还有必要向游客提供心理服务。

【补充材料7-2】

导游成长的三种境界

著名学者王国维先生在他的《人间词话》中提出了"境界"之说，他认为古今之成大事业、大学问者，必经过三种之境界。三种境界，其实也非常适合用来描述一个逐步提高、逐步成熟的导游的成长过程。

第一境界，"昨夜西风凋碧树，独上高楼，望尽天涯路"。这句词出自晏殊的《蝶恋花》，其内涵是成大事业者，首先要有执著的追求，登高望远，勘察路径，明确努力的目标与方向，了解事物的概貌。既知长路漫漫，便得下定决心，将这条长路走下去；既然选择了远方，便得风雨兼程。这是多么贴切地形容了我们当初选择导游这一行业作为自己一生的努力目标时的心情。纵使各方羁绊，道路艰难，纵使我们对导游的了解还不是全面透彻，但我们仍然坚持了自己心中游遍天下的梦想。如果没有当初学导游、做导游的志气与决心，哪里会有我们今天享受导游工作的幸福？

第二境界，"衣带渐宽终不悔，为伊消得人憔悴"。此句引自北宋柳永《蝶恋花》的最后两句，原词是表现作者对爱的艰辛的感慨和对爱的无悔。若把"伊"字理解为导游所追求的理想和毕生从事的事业，亦无不可。以此两句来比喻要做精做深导游工作，不是轻而易举、随便可得的，必须坚定不移，经过一番辛勤劳动，废寝忘食，孜孜以求，忘我奋斗，直至憔悴消瘦，连衣服都变得宽大。这一切努力都是为了心中的导游梦想啊！我们导游找到了生活的目标，并且辛苦地为之奋斗着，也许历经曲折，也许身心憔悴，但是至少我们拥有了一个可以依靠的精神支柱——把导游工作做好，为我们的游客服务，为我们的旅游形象增光添彩，为我国旅游事业的发展奉献自己的青春与热情。在这个世界上做什么工作都没有平坦大道，导游亦然。执著地追求、忘我地奋斗才是我们对自己进入导游行业时承诺的誓言的践行。

导游工作是一项体力劳动和脑力劳动高度结合的高强度的综合性劳动。它的最高境界是要求导游员必须具备运动员的体魄、经济学家的头脑、外交家的圆滑、演说家的口齿和学者的渊博。而这些都源于平时的学习和积累，都需要我们付出辛苦的努力来获得。正像歌曲里唱的："不经历风雨，怎能见彩虹？"

第三境界，"众里寻他千百度，蓦然回首，那人却在灯火阑珊处"。这是引用南宋辛弃疾《青玉案》词中的最后四句。王国维以此词最后的四句为"第三境界"，即最终最高境界。这虽不是辛弃疾的原意，但也可以引出悠悠的远意：做导游工作、成为专家导游，要达到这一境界，必须要有专注的精神，反复地追寻、研究，下足工夫之后，自然就会豁然贯通，有所发现，有所成就。就能够从最初的懵懂无知，过程中的倍感艰难，达到以导游工作为生活享受的境界。

第三种境界是经过不断的导游工作的磨炼，经过多少次的失败、多少次的委屈，于某一时刻忽然灵犀一点通，参透导游人生的真谛。在旁人看来，多少会羡慕"蓦然回首"是如何偶然而幸运，但导游工作背后的用功之勤、平时的积累之深、导游过程中的苦辣酸甜之味，又岂是常人所能坚持、所能想象的？经过多次周折，经过多年的磨炼与自己的分析、总结经验教训之后，对导游工作的认识就会逐渐成熟起来。一般导游看不到的东西他能明察秋毫，一般导游不理解的事物他能豁然领悟贯通。这时他在导游事业上就会有创造性的独特的贡献，这是功到事成，这是用血汗浇灌出来的鲜花，是用导游毕生精力铸造的大厦。哪一位导游大家的成长经历不是这三种境界的完美体现？突如其来的成功的导游体验，那种感觉不是每个导游都会有的，只有经历了，奋斗了，才能体会其中的艰辛和快乐。

导游的三种境界，我们都是必须要经历的，没有第一和第二境界的铺垫，我们是没有可能直接达到第三境界的。路都是人走出来的，导游人生不会处处有绿灯。它需要的是我们脚踏实地，尽快地成长起来。

资料来源：仪孝法，《中国导游网》。

能力实训

【实训项目】"难缠"的客人

实训目的：掌握游客应对技巧。

实训内容：让学生分组分别扮演地陪、全陪、领队、游客、旅行社经理。设计为游客极端不合作，是一个典型的麻烦制造者或者他是一名儿童、老人、僧侣、残疾人或者高级领导，模拟带团场景。

教师主要观测点：

1. 观察学生对自己情绪的控制。
2. 考察学生对问题的处理能力和应变能力，以及其对特殊游客的接待能力。

参考文献
REFERENCES

[1] 徐芳耿. 导游业务. 北京：旅游教育出版社
[2] 甘朝有，齐善鸿. 旅游心理学. 天津：南开大学出版社
[3] 杜江. 旅行社管理. 天津：南开大学出版社
[4] 蒋炳辉. 导游带团艺术. 北京：中国旅游出版社
[5] 王连义. 怎样做好导游工作. 北京：中国旅游出版社
[6] 王连义. 幽默导游词. 北京：中国旅游出版社
[7] 王连义. 导游翻译十二讲. 北京：旅游教育出版社
[8] 袁俊，夏绍兵. 导游业务. 武汉：武汉大学出版社
[9] 杨发金，王景荣，黄天平. 中国涉外知识全书. 北京：中国社会科学出版社
[10] 王健民. 出境旅游领队实务. 北京：旅游教育出版社
[11] 魏星. 实用导游语言艺术. 北京：中国旅游出版社
[12] 国家旅游局人教司. 政策与法规. 北京：旅游教育出版社
[13] 中国海关法规（第三版）. 中港国际企业公司
[14] 夏征农. 辞海. 上海：上海辞书出版社
[15] 傅东升. 旅游业务实用指南. 北京：中国旅游出版社
[16] 王新军，龙晓华. 出国旅游领队工作实务. 北京：旅游教育出版社
[17] 导游服务质量. 国家技术监督局发布
[18] 旅游服务基础术语. 国家技术监督局发布
[19] 帕特里克·克伦. 导游的成功秘诀. 北京：中国旅游出版社
[20] 山东省旅游局. 导游实务. 济南：山东科学技术出版社
[21] 周志宏. 导游知识与技能. 北京：中国劳动社会保障出版社
[22] 黎泉. 从新导游做起. 北京：中国旅游出版社
[23] 黎泉. 导游趣味讲解资料库. 北京：中国旅游出版社
[24] 李天民. 现代国际礼仪知识. 北京：世界知识出版社
[25] 孔庆生. 导游细微服务. 北京：中国旅游出版社

[26] 国家旅游局人事劳动教育司. 导游业务. 北京：旅游教育出版社

[27] 熊剑平. 导游业务. 武汉：武汉大学出版社

[28] 杜炜，张建梅. 导游业务. 北京：高等教育出版社

[29] 杨光，王冬青. 导游业务. 北京：电子工业出版社

[30] 刘国强，张辉. 导游业务实训教程. 北京：科学出版社

[31] 赵冉冉. 导游应急处理一本通. 北京：旅游教育出版社

[32] 全国导游资格考试教材编写组. 导游实务. 北京：旅游教育出版社

[33] 张明清. 导游业务与技巧. 北京：高等教育出版社

[34] 姜文宏. 导游服务规范. 沈阳：辽海出版社

[35] 中国旅游报 http：//www.ctnews.com.cn/

[36] 仪孝法的博客 http：//blog.sina.com.cn/guideyi

[37] 中国导游网 http：//www.tourguide.net.cn